JN272814

演習新経済学ライブラリ＝3

演習
財政学

第2版

井堀 利宏 著

新世社

第2版へのまえがき

　初版を刊行してから18年が経過し，財政学や日本の財政も大きく変貌している。国内的には，バブル崩壊後の日本経済の長期低迷を背景に，景気刺激策の効果が乏しい一方で，財政赤字が拡大し，財政再建が大きな課題となっている。また，予想を超えた少子化・高齢化が進展して，公的年金や医療制度の将来不安も現実化しつつある。さらに，連立政権の時代に入って，政権交代を経験する中で，政治の不透明性が予算編成，財政政策や財政規律に及ぼす弊害も顕著になってきた。国際的には，情報化・市場化の流れが支配的になる中で，リーマン・ショックや欧州の財政金融危機など，わが国経済も含めて，世界経済にマイナスの影響を与える不安材料が顕在化した。総じて，このような現実の政治・経済・財政の動向は，財政学に新しい課題を与えているといえよう。

　第2版では，こうした変化を考慮して，よりわかりやすく，より新しい視点で改訂を行った。改訂の大きなポイントは以下の2点である。

　第1に，1990年代後半以降のわが国財政における変化，たとえば，財政運営，財政再建や財政赤字の考え方，税制改革や消費税の増税，公的年金などの社会保障制度改革や地方分権など，今日的な財政問題を考える上で重要と思われる諸概念について，新しく説明を加えている。

　第2に，コラムを全面的に刷新するとともに，日本財政に関する重要なマクロ・データについても最新のものに改訂して，解説している。

　その一方で，財政理論の説明内容も全面的に見直した。その結果，財政学の基本概念をきちんと説明するとともに，多くの財政問題を演習することで，財政学と日本財政を理解するという本書の特長が，初版にも増して，明快に

なった。比較的コンパクトな分量の中で,初版以上に,理論と現実,制度面とのバランスのとれたよりよい演習書にすることができたと,著者は考えている。

　最後に,改訂作業における新世社編集部の御園生晴彦氏,清水匡太氏,佐藤佳宏氏の温かいご尽力に,厚くお礼の言葉を述べたい。

　2013年3月

著　者

初版へのまえがき

　本書は例題を用いて財政学の理論と日本の現状，政策に関して，体系的に解説したものである．読者は例題形式の解説を通じて，財政理論に関する計算問題を解き，日本の財政が直面する問題を議論することで，大学や公務員試験などの試験問題とほぼ同程度の水準の内容を，容易に理解することが可能となる．したがって，大学などで財政学を学ぶ学生のみならず，日本の財政問題に興味のある社会人も，読者として想定している．

　本書の各章は，解説，例題，練習問題の3つの部分から構成されている．解説では財政学の基礎知識が整理されており，例題では代表的で重要な問題が詳細に解き明かされている．練習問題は読者の理解を確認するためのものであるが，巻末にすべての解答が用意されている．

　新世社から公刊されているテキスト『財政学』（新経済学ライブラリ7）と本書を同時に活用することで，財政学の原理と日本財政への応用を十分に学ぶことができるだろう．本書では，テキスト『財政学』では捨象した地方財政や国際財政の分野もカバーしており，理論面でも制度の解説においても，財政学の主要な分野をすべて考慮している．また，現実の財政に関するデータも最新のものに改訂している．比較的コンパクトな分量の中で，理論と現実，制度面とのバランスのとれた演習書にすることができたと，著者は考えている．

　なお，本書で用いられている日本の財政に関する図表は，大蔵省の冊子や『図説 日本の財政』（大蔵省官房企画調査課長編，東洋経済新報社），『図説 日本の税制』（大蔵省主税局調査課長編，財経詳報社）に基づいている．本書の企画および出版に際しては，新世社の小関　清氏から多くの助力を得た．この場を借りて，厚くお礼を申し上げたい．

1995年2月

　　　　　　　　　　　　　　　　　　　　　　　　　　　　　　著　　者

目　次

1　財政学の考え方
1.1　財政の機能 …………………………………………………………… 1
1.2　政府に対する見方 …………………………………………………… 6
1.3　財政学の発展 ………………………………………………………… 10

2　予算制度
2.1　予算の仕組み ………………………………………………………… 15
2.2　予算の編成 …………………………………………………………… 25
2.3　財政投融資制度 ……………………………………………………… 31
2.4　日本の財政運営 ……………………………………………………… 34

3　公共財の理論
3.1　公共財の概念 ………………………………………………………… 39
3.2　公共財の最適供給 …………………………………………………… 42
3.3　公共財供給の理論的分析 …………………………………………… 47

4　日本の政府支出
4.1　政府支出の大きさ …………………………………………………… 55
4.2　社会保障費 …………………………………………………………… 60
4.3　防衛費 ………………………………………………………………… 67
4.4　経済協力費 …………………………………………………………… 69
4.5　文教および科学振興費 ……………………………………………… 72

4.6　公共投資 …………………………………………………77

5　課税の効果
　　5.1　課税の分類 …………………………………………………83
　　5.2　労働所得税 …………………………………………………84
　　5.3　資本所得税 …………………………………………………94
　　5.4　企業課税 ……………………………………………………99
　　5.5　消費税 ……………………………………………………101

6　税制改革
　　6.1　日本の税制 ………………………………………………107
　　6.2　税制改革の考え方とこれからの方向 …………………117

7　公債
　　7.1　公債の発行 ………………………………………………135
　　7.2　公債発行の問題点 ………………………………………143
　　7.3　将来世代に対する負担 …………………………………151

8　財政政策
　　8.1　ケインズ・モデル：その1 ………………………………157
　　8.2　ケインズ・モデル：その2　*IS–LM* 分析 ………………163
　　8.3　新古典派モデル …………………………………………167
　　8.4　経済成長モデル …………………………………………171
　　8.5　経済政策の考え方 ………………………………………175

9　地方財政
　　9.1　地方公共財 ………………………………………………183
　　9.2　地方分権 …………………………………………………185

- 9.3 地方財政の現状 …………………………………… 190
- 9.4 地方財政の改革 …………………………………… 197

10 国際経済
- 10.1 固定相場と財政政策 ……………………………… 207
- 10.2 変動相場と財政政策 ……………………………… 211
- 10.3 国際課税 …………………………………………… 214
- 10.4 グローバル経済での財政運営 …………………… 221

練習問題解答 ……………………………………………… 231
索　引……………………………………………………… 266

1 財政学の考え方

1.1 財政の機能

◆3つの機能

財政の機能としては、次の3つがあげられる。

1. **資源配分上の機能**：どのような状況のもとで、政府が市場に介入することが資源配分の効率性からみて、正当化されるか。

　厚生経済学の基本定理は、政府が市場に介入すべきでないことを意味する。しかし、市場が失敗する場合には、資源配分の効率性を実現するために、政府の介入が必要になる。その例としては、公共財、外部性、自然独占などが考えられる。

> **厚生経済学の基本定理**：市場がうまく機能していれば、市場メカニズムにまかせておくだけで、市場は望ましい財を自ら作り出し、資源配分は（パレート（Pareto, V. F. D.）最適の意味で）効率的になる。

> **パレート最適**：ほかの人の経済厚生（効用水準）を低下させることなしには、ある人の経済厚生を改善することが不可能な状況。この条件が満たされなければ、他人を犠牲にすることなしに、ある人の経済厚生を改善できるから、その状態は資源が効率的に配分されていないことを意味する。

> **市場の失敗**：何らかの理由で、厚生経済学の基本定理が成立せず、市場メカニズムでは資源が効率的に配分されないとき、市場は失敗していると

いう。公共財の存在はその一つの例である。

2. **所得再分配機能**：公平性の観点から，資産や所得を再分配して，より公平な経済社会を実現するために，政府が税制や補助金，支出面で介入すること。

　機会の均等と結果の格差：市場メカニズムが完全であったとしても，人々の経済的な満足度（効用水準）は，当初の資産の保有状況に依存する。また，機会が均等であっても，運・不運などで結果に格差が生じる。
　より公平な社会を実現するため，累進的な税制や生活保護，年金などの社会保障，教育への公的な支出が必要とされる。

3. **安定化機能**：景気変動を平準化し，経済全体の安定的な成長を可能にするため，主として，需要面からの景気補整的な政策が必要になる。
　ただし，裁量的な安定化政策の有効性については，議論の余地がある。また，財政の制度自体がマクロ経済の安定化に寄与する自動安定化（ビルト・イン・スタビライザー：第8章参照）効果もある。

◆公共部門とは

　公共部門は，一般政府（中央政府，地方政府，社会保障基金）と公的企業（政府系金融機関など）から構成される（次頁図1.1参照）。

◆財政学の課題

　財政学は，政府の経済活動を支出，租税，公債という3つの側面から分析する。次の3つの観点から理解するのが有益だろう。
(1)　公共部門の経済活動の現状を理解する。
　予算制度の理解（第2章），財政の現状の理解（第4，6，9章）。
(2)　政府の経済活動の影響を包括的に分析する。
　課税の経済分析（第5章），公債の負担（第7章），政府支出の経済的な効果の分析（第3，8章）。

1.1 財政の機能

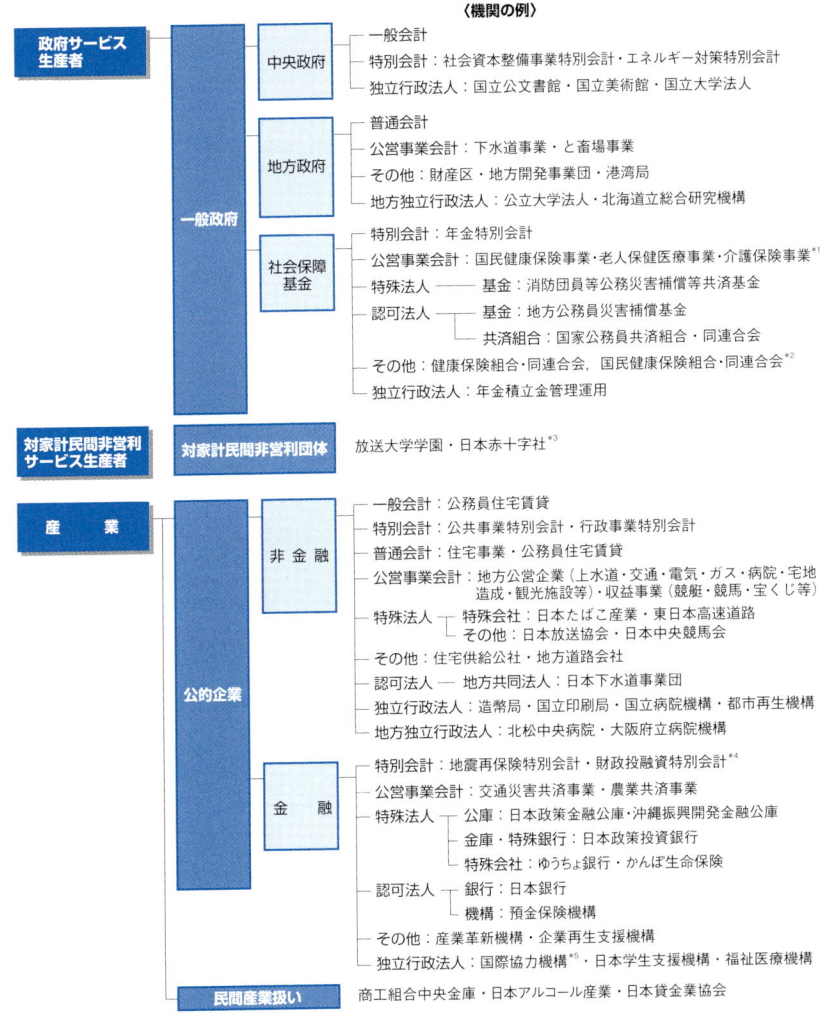

〈機関の例〉

- 政府サービス生産者
  - 一般政府
    - 中央政府
      - 一般会計
      - 特別会計：社会資本整備事業特別会計・エネルギー対策特別会計
      - 独立行政法人：国立公文書館・国立美術館・国立大学法人
    - 地方政府
      - 普通会計
      - 公営事業会計：下水道事業・と畜場事業
      - その他：財産区・地方開発事業団・港湾局
      - 地方独立行政法人：公立大学法人・北海道立総合研究機構
    - 社会保障基金
      - 特別会計：年金特別会計
      - 公営事業会計：国民健康保険事業・老人保健医療事業・介護保険事業[*1]
      - 特殊法人——基金：消防団員等公務災害補償等共済基金
      - 認可法人——基金：地方公務員災害補償基金
              └共済組合：国家公務員共済組合・同連合会
      - その他：健康保険組合・同連合会，国民健康保険組合・同連合会[*2]
      - 独立行政法人：年金積立金管理運用

- 対家計民間非営利サービス生産者
  - 対家計民間非営利団体
    - 放送大学学園・日本赤十字社[*3]

- 産業
  - 公的企業
    - 非金融
      - 一般会計：公務員住宅賃貸
      - 特別会計：公共事業特別会計・行政事業特別会計
      - 普通会計：住宅事業・公務員住宅賃貸
      - 公営事業会計：地方公営企業（上水道・交通・電気・ガス・病院・宅地造成・観光施設等）・収益事業（競艇・競馬・宝くじ等）
      - 特殊法人──特殊会社：日本たばこ産業・東日本高速道路
              └その他：日本放送協会・日本中央競馬会
      - その他：住宅供給公社・地方道路公社
      - 認可法人──地方共同法人：日本下水道事業団
      - 独立行政法人：造幣局・国立印刷局・国立病院機構・都市再生機構
      - 地方独立行政法人：北松中央病院・大阪府立病院機構
    - 金融
      - 特別会計：地震再保険特別会計・財政投融資特別会計[*4]
      - 公営事業会計：交通災害共済事業・農業共済事業
      - 特殊法人──公庫：日本政策金融公庫・沖縄振興開発金融公庫
              ├金庫・特殊銀行：日本政策投資銀行
              └特殊会社：ゆうちょ銀行・かんぽ生命保険
      - 認可法人──銀行：日本銀行
              └機構：預金保険機構
      - その他：産業革新機構・企業再生支援機構
      - 独立行政法人：国際協力機構[*5]・日本学生支援機構・福祉医療機構
  - 民間産業扱い
    - 商工組合中央金庫・日本アルコール産業・日本貸金業協会

(注)
- *1 介護保険事業の介護サービス事業勘定は非金融公的事業。
- *2 国民健康保険組合・同連合会の医療・施設経理は民間産業扱い。
- *3 日本赤十字社の医療分は民間産業扱い。
- *4 財政投融資特別会のうち特定固有財産整備勘定は中央政府の特別会計。国際協力機構は有償資金協力業務のみ金融公的企業。

(出所)「2010年度国民経済計算確報」（参考資料Ⅴ）

図1.1 国民経済計算における公共部門の範囲と分類

(3) 政府の政策相互間での評価をする。

　課税調達か公債調達か（第7章），税制改革のあり方（第6章），財政政策の評価（第8，10章）。

例題 1.1

　資源配分の効率性の観点から政府が本来行うべき経済活動とは，どのようなものか。

【解答】

　政府が公共サービスを提供する基本的な理由は，市場の失敗の是正である。もし市場が失敗しないならば，厚生経済学の基本定理が示すように，基本的には，各経済主体が自らの利益のみを追求して，利潤極大化行動なり，効用最大化行動をとっていれば，結果として資源配分は最適になる。しかし，市場が失敗している場合，利潤の極大と便益の極大とが両立せず，政府の介入する余地が生じる。たとえば，独占，平均費用逓減，外部経済，公共財などがその例である。

　公共財あるいは，広い意味で外部性のあるケースでは，民間の経済主体の利己的な行動では，外部性を完全には考慮しないで行動しているために，効率的な配分が実現されない。また，独占の場合でも，消費者の便益の最大化とは異なる量の財サービスしか供給されない状況が生じる。費用逓減の場合にも，政府は，費用逓減産業においても十分な供給量を確保するため，大幅な規制を受けた公企業に生産をまかせたり，企業の損失を補うための補助金を出すなどの手段によって，市場に介入することが正当化される。

　とくに，公共財は，政府が積極的に経済活動を行うべき対象として，重要な概念である。純粋公共財（国防，外交，検疫，司法制度など）は，資源配分の効率性の観点から政府が責任を持つべき，代表例である。アダム・スミス（Adam Smith）の夜警国家においても，この点からの政府の介入は支持されている。

練習問題

1.1 財政活動の特質に関して，説明せよ．
1.2 財政の所得再分配機能について，説明せよ．
1.3 財政の安定化機能について，説明せよ．
1.4 政府の財政活動に関する記述として，正しいものは次のうちどれか．
 (a) 政府は，国民が希望する財・サービスを全面的に提供する責任がある．
 (b) 政府は，市場で私的に売買される財・サービスを提供する責任がある．
 (c) 政府は，市場で私的に供給されるのが困難である財・サービスを提供する責任がある．
 (d) 政府は，市場で私的に供給されることが禁止されている財・サービスを提供する責任がある．
 (e) 政府は，国民があまり希望しない財・サービスを提供する責任がある．
1.5 財政の機能に関する記述として，正しいものはどれか．
 (a) 政府は，国民が希望する財・サービスを，民間部門よりも安く供給できるように，公的企業を通じて資源を配分している．
 (b) 政府は，広く薄く税金を国民全体に負担させることで，所得の再分配を行っている．
 (c) 政府は，市場メカニズムでは資源が効率的に配分されないときに，より公平な社会を実現するために，累進的な税制を用いて介入している．
 (d) 政府は，景気の過熱を防ぎ，経済全体の安定的な成長を可能にするため，公共財を供給している．
 (e) 政府は，失業手当などの社会保障政策によって，経済全体の安定に寄与している．

1.2 政府に対する見方

◆政府に対する見方の変化

　政府をどうみるかは，時代とともに大きく変化している。

1．**古典派の議論（アダム・スミス）**：政府の役割を限定的に解釈し，市場経済では不十分にしか供給されない純粋公共財の供給など，ミクロ・レベルでの政策に限定する（→小さな政府を理想とする。自助努力の個人主義）。

2．**ケインズ（Keynes, J. M.）の考え方**：より積極的に政府の役割を評価する。失業を非自発的とみなすことで，自助努力の個人主義を修正し，政府がマクロの有効需要をコントロールすべきであるとして，マクロ・レベルでの政策を重視する（→大きな政府を理想とする。福祉国家，相互扶助）。

　政府の社会保障に関する責任は，わが国の憲法第25条でも，次のように述べられている。「すべて国民は，健康で文化的な最低限度の生活を営む権利を有する。国は，すべての生活部面について，社会福祉，社会保障及び公衆衛生の向上及び増進に努めなければならない」。

3．**公共選択の理論（ブキャナン（Buchanan, J. M.））**：ケインズ的な考え方を「エリートによって政策が実行される」と想定するハーベーロードの前提であり，非現実的であると批判。ブキャナンによると，不況期における景気刺激策は容易に実行されるのに対し，好況期の引締め政策は政治家の抵抗にあいやすい。理想主義的に政府のあり方を分析するのではなく，政府がなぜ失敗するのかを，政府の動かす各経済主体（政党，官僚，選挙民，圧力団体）などの利己的な利害の調整として，分析する（→政治学との対応，ゲーム理論による分析，規範的分析から事実解明的分析へ）。

1.2 政府に対する見方

例題 1.2

「大きな政府対小さな政府」という政府に対する2つの異なる見方に関して，その歴史的推移を説明せよ。

【解答】

　大きな政府は，政府の役割を重視するケインズ的な考え方に対応している。市場メカニズムは不完全であり，市場が失敗する弊害が失業や不況として現れると考える。これは，社会的にも大きなコストであるから，政府の介入も積極的に認めるべきとする。このような考えは，政府主導の社会保障思想の一つの根拠となり，戦後の先進諸国の福祉国家政策に影響を与えた。完全雇用を目的としたマクロ経済活動の安定化のみならず，生存権に基づく社会保障の充実によって，政府の規模は次第に拡大していった。

　しかし，1970年代の後半から，大きな政府に対する疑問もかなり生じるようになった。手厚い福祉のおかげで場合によっては働かなくても一定の生活水準が維持できるようになった反面，それらを支えるために，税率，社会保険料が上昇して，労働，貯蓄・投資意欲を阻害し始めるとの弊害が強調された。また，この時期には，石油ショックなどのために，経済成長が先進諸国で鈍化・低迷し，大きな政府の財政負担が意識され始めてきた。

　政府の守備範囲をより限定して，ミクロ的な効果を重視する小さな政府への動きは，民営化，自由化をスローガンとするイギリスでのサッチャー政権やアメリカでの共和党政権がその代表例である。また，1980年代後半からの東欧諸国や旧ソ連での自由化，民主化の動きも，経済的な面では，市場メカニズムを重視し，政府の役割の縮小を求める動きとして理解できる。わが国での中曽根政権，小泉政権における民営化，規制緩和政策は，小さな政府への動きとして理解できる。

---- **例題 1.3** ----
政府はなぜ失敗するのか。

【解答】
4つの理由が考えられる。
(1) 政府の政策の結果を正しく予測することが，困難である。政府の政策は，短期的には当初の目的を達成できるとしても，中長期的には，必ずしも意図した結果をもたらさないかもしれない。たとえば，最低賃金制の施行によって，失業が増加する可能性がある。
(2) 政府は，政策のもたらす結果について限られた影響力しか持っていない。結果を規制しようとしても，経済的な誘因が伴わなければうまくいかない。
(3) 政策の立案と政策の実行とがうまく調整されない。政府部門の中で多くの組織がある政策に関係していると，組織間での利害の調整が第一義的な目的となってしまう。
(4) 公務員の目的は利潤の極大ではないから，自らの努力がそのまま自らの収入の増加につながらない。安定志向，前例志向になってしまい，社会の適切な変化に対応する誘因にかける。汚職などの不正が起きる温床にもなっている。

政府の目的が，実際には，公共のためにその社会の構成員の経済厚生を最大にするという理想主義的なものではなく，政府を構成する政党や政治家，官僚などのそれぞれ異なった集団の自らの利益の追求の産物であると考えると，政府の行動は理想的なものではなく，政府の失敗による非効率性は避けられない。

市場の失敗と政府の失敗のどちらを重要視するかで，政府に対する見方も左右される。

練習問題

1.6 アダム・スミスの財政学説とは何か。
1.7 公共選択の理論の説明として，正しいものは次のうちどれか。
 (a) 政府がどう行動すべきかについて，理想的な政策論を展開した。
 (b) 政府を動かす政党，官僚，選挙民，圧力団体などの行動を分析し，ケインズ的な政策論にミクロ的な基礎を与えた。
 (c) 政府がなぜ失敗するのかを強調し，理想主義的な政府像を批判した。
 (d) 福祉国家の発展のメカニズムを解明し，より大きな政府の必然性，もっともらしさを示した。
 (e) 長期的な成長のメリットを強調し，貯蓄を刺激する政策を展開した。

1.3 財政学の発展

◆サプライサイド経済学

人々の労働供給や貯蓄・投資意欲に対する政策的な介入の悪影響を重視して，供給を刺激するような政策の中長期的なメリットを評価しようとする立場（フェルドシュタイン（Feldstein, M. S.）に代表される）。1970年代後半からの小さな政府の動きの理論的な背景となってきた。マクロ的視点からミクロ的視点への移行，経済成長の重視が特徴。

◆公共経済学

政府の経済活動を分析する応用経済学として，制度や予算を重視する財政学と近似している経済学の一分野。ミクロ経済学のさまざまな分析用具で政府の支出，課税行動を分析する。公共経済学は，最近では，財政学とほぼ同意義で用いられており，若い世代の研究者に幅広い影響を持つようになっている。

◆政治経済学

予算編成を与党が主導して議会で最終的に決定するように，財政は政府の政治的活動でもある。政治家，政党，官僚，利益団体，有権者など複数の関係者の利害調整を明示的に分析することは公共選択論でも行われてきたが，ゲーム論の発展とともに，こうした研究分野は政治経済学として一つの学問領域を形成するようになった。

◆理論から実証へ

財政活動は，予算に代表されるように，歳出，歳入いずれも，定量的なデータと不可分である。ITの技術，環境が発展して，データの蓄積，整理が進むとともに，精緻な計量分析が容易にできるようになったため，財政の実証分析は飛躍的に進歩している。財政理論も実証で裏付けられてはじめて，意義を持つ。

1.3 財政学の発展

例題 1.4

財政学とマクロ経済学との関係を述べよ。

【解答】

　財政学も経済学の一つの応用分野であり，政府の経済活動を対象に，経済学の分析用具を用いてさまざまな考察を行う。財政学は 19 世紀以来の古典的な伝統を持つ学問の一つではあるが，第 2 次世界大戦後に近代的な財政学として標準的な理論的枠組みが完成したのは，マクロ経済学の発展によるところが大きい。

　とくに政府が安定的な経済活動全体の維持発展につとめるように，財政面から政策的に対応することが国民的な合意となった戦後の経済政策において，その理論的な根拠となったのがケインズ的なマクロ経済学であり，マクロ面を重視した標準的な財政理論であった。政府支出の需要拡大効果はどのくらいか，減税政策によって景気はどのくらい刺激されるのか，公債の発行によって資本蓄積はどの程度抑制されるのか，経済活動を自動的に安定化させるビルト・イン・スタビライザーにはどのような財政制度が考えられるか，などが議論の焦点であった。また，完全雇用のもとで財政赤字がはじめて解消すればよいのであって，不況期には積極的な財政政策が当然のこととして前提とされていた。

　また，最近では新古典派のモデルを用いて，政府支出拡大の乗数効果がケインズ・モデルよりも小さくなる可能性や，供給サイドを重視した長期的な経済成長への財政政策の効果や世代間の利害の対立に公債や年金などの財政政策が及ぼす効果なども注目されている。さらに，政治経済学の視点からの経済分析も進められている。

例題 1.5
サプライサイド経済学について，説明せよ。

【解答】

　人々の労働供給や貯蓄，投資に与える政策的な効果を分析して，供給サイドを刺激する政策を推進することが，中長期的な経済厚生の上昇に結び付くということを重視するアプローチである。1980年代に入って，ケインズ的なマクロ政策への批判から，ミクロ的な視点で家計や企業の供給サイドへの最適な意思決定を明示的に分析する研究が盛んに行われた。

　とくに，フェルドシュタインは，それまでのケインズ的な福祉政策が，結果として，労働意欲や貯蓄，投資意欲を損ない，アメリカの経済成長にマイナスに作用しているとして，減税による供給刺激政策を主張した。

　社会保障制度の充実が貯蓄をどの程度抑制するのか，資本所得に対する課税が貯蓄・投資意欲をどの程度削減するのか，インフレを調整しない課税制度が，インフレのもとでどの程度恣意的な攪乱効果を持っているのか，公共投資や人的投資の生産能力効果はどのくらいかが，重要な研究対象とされてきた。

　また，コンピュータの統計的な解析，処理能力の向上によって，供給重視政策が長期的にどの程度の経済厚生を改善させるかについての，定量的なシミュレーション分析が容易に行われるようになって，一層こうした側面での研究が促進された。

　たとえば，公的年金制度が民間の貯蓄を抑制して，資本蓄積を損なっている点，年金負担の増大が労働供給意欲に悪い影響を与えている点，利子所得税や，資本利得税，法人税などの資本所得に関連する課税の軽減によって，貯蓄・投資意欲が刺激され，経済成長が促進され，長期的に大きな経済厚生の改善が図られる点などが，強調されている。最近では，人的資本形成への公的助成のメリットや公共投資の生産能力効果を重視する研究も盛んである。

練習問題

1.8 ミル（Mill, J. S.）の財政学説とは何か。

1.9 ワグナー（Wagner, R.）の財政学説とは何か。

1.10 マスグレイブ（Musgrave, R. A.）の考え方とは何か。

1.11 新厚生経済学的財政論の特徴とは，何か。

1.12 ブキャナンの財政学説とは，何か。

1.13 財政学の説明として，正しいものは次のうちどれか。
(a) 政府は市場で活動しないから，財政学には経済学とは別の理論的枠組みが有効である。
(b) 財政に関するデータが膨大にあるため，財政の実証分析は複雑であり，あまり研究蓄積がない。
(c) 公共経済学では，財政学以上に公共部門の制度について関心があるから，歴史的な制度論が中心になっている。
(d) 財政学でも政府の経済活動について，シミュレーション分析によって，その定量的な効果を明らかにする研究がさかんになってきた。
(e) 財政学も経済学の応用分野であるから，財政運営や予算制度改革について，現実的な政策提言を行うのは適していない。

1.14 財政学の考え方に関する次の①〜④の記述のうち，正しいものを1つ選べ。
(a) 供給面での長期的影響を重視する公共選択の理論が現実の政策にも大きな影響を与えたのは，大不況を経た1930年代であった。
(b) 財政学が1930年代以降に近代的な応用経済学として発展してきたのは，ケインズ的なマクロ経済学が小さな政府の考え方を批判した結果である。
(c) 大不況を経た1930年代に入って，夜警国家の理念が財政学にも大きな影響を与えるようになった。
(d) サプライサイドを重視する経済学が現実の政治過程を考慮するようになったのは，大不況をもたらした1920年代の財政政策を重視したからである。

コラム　先送りの経済学

　経済学は最近では心理学，脳科学などの学際領域でも研究が盛んである。この分野はニューロエコノミクス（神経経済学）と呼ばれており，脳科学と経済学の境界領域である。近年，脳の活動状態を安全かつ精密に測る機器が開発され，人間を対象にした脳科学の実験が容易にできるようになった。人間行動では決定が感情に左右されたり，時間的に揺らいだりといった曖昧さを持っていることが指摘されている。

　たとえば，経済学では通常，幸福感や満足感は1つの尺度で測れると考えている。つまり，不幸や不満足はマイナスの幸福や満足だと考える。しかし，こうした見方は必ずしも適切でないかもしれない。神経経済学は利得と損失が同じ大きさであっても，人々は損失のほうをより強く感じることを明らかにする。幸福と不幸な出来事に対して脳の反応部位が違っていれば，その評価が違うのも当然だと理解できる。

　先送り現象も神経経済学で説明可能である。すなわち，人間は遠い将来同士の選択肢について比較を行う場合，計画的，理性的な行動と関連の深い大脳皮質前頭前野（理性の脳）などが活躍する一方，現在と将来を比較して考える場合には，本能的な行動に関連の深い大脳辺縁系（感情の脳）も強く活動するという研究成果が報告されている。また，直近の時間割引率は遠い将来より大きい。

　たとえば，健康のために運動するのがよいことはわかっていても（理性の脳），今日から運動するのは大変だから，明日からに先延ばしして，今日は体を休めよう（感情の脳）という誘因が働く。こうした行動は，理性の脳が評価する現在と将来の重みと，感情の脳が評価する異時点間の重みが異なることで説明できる。

　今日から努力をするか，10年後に努力をするかは，このように，個人的にも重要な選択であるが，同時に政府の選択にも同じことが当てはまる。将来のメリットを重視するか，現在のコストを重視するか，という選択である。若い人ほど理性の脳による選択が望ましい。逆に，高齢者は長期的視点で判断することに消極的であり，感情の脳のほうを優先する。少子高齢化で賦課方式の社会保障制度を維持する場合，あるいは，財政再建を遅らせて，借金を将来世代に先送りする場合には，若い世代ほど損になるので，世代間の対立が深刻になる。

2 予算制度

2.1 予算の仕組み

◆わが国の予算

わが国の予算をみておこう。予算は，政府の経済活動を集計したもので，公共部門の経済活動のあり方をまとめたものである。予算制度は，憲法や法律によって，その基本的な仕組みが決められている。

> **会計年度**：収入と支出を合理的に行うために，それらを一定の期間ごとに区切って計画をたて，処理する必要がある。この期間を会計年度という。日本の場合は，4月1日から翌年の3月31日までである。

◆予算の形式

国会に提出される予算の形式は，法律によって定められている。
(1) **予算総則**
(2) **歳入歳出予算**
(3) **継続費**
(4) **繰越明許費**
(5) **国庫債務負担行為**

の5つからなる。このうち，歳入歳出予算は予算の本体であり，一定の基準によって歳入歳出の項目と金額が示されている。このうち歳入はあくまでも見積りであり，それを越える収入があってもよいが，歳出のほうは，単なる見積りではなく，政府が支出できる金額の上限を示すものである。

> **例題 2.1**
> 一般会計予算と特別会計予算の相違を説明せよ。

【解答】

　国の予算は，一般会計予算と特別会計予算に分かれている。一般会計予算は，国の予算のうちでもっとも基本的な予算であり，社会保障，教育，公共事業など国の重要な財政活動をするために基本的な経費を賄う会計である。

　特別会計予算は，国が特定の事業を行う場合か，特定の資金を保有してその運用を行う場合の予算であり，経理内容の明確化，行政コストの効率化を意図している。

　特別会計の種類は次の通りである。

(1) 事業特別会計：特定の事業を行う。収益性のあるものとないものに区別される。
(2) 管理特別会計：特定のものの管理や需給調整を行う。
(3) 保険特別会計：民間ベースに乗りにくい特殊な保険，再保険，社会保険的なものと，民間保険会社的なものがある。
(4) 融資特別会計：社会資本の整備，経済の効率化などのため，公的資金を振り向けるものである。
(5) 整理特別会計：一定の資金の出入りを整理して，その整理状況を明確にするもの。

　なお，政府関係機関は，特別の法律によって設立された全額政府出資の法人で，その予算は，一般会計予算や特別会計予算と一体として，国会の議決を必要とする。2012年現在，沖縄振興開発金融公庫株式会社，日本政策金融公庫株式会社，国際協力銀行，独立行政法人国際協力機構有償資金協力部門がある。これらの機関は，企業的な経営によって効率的な運営が行えるよう省庁とは独立した機関になっている。

● クローズアップ　特別会計の改革

　特別会計の改革方針を実現するために2007年に特別会計に関する法律が成立した。(1) 2011年度までに，特別会計の数を2006年度時点での31から17へ縮減する，(2) 特別会計にだけ認められていた特例規定を見直し，共通ルール（剰余金の処理など）を策定する，(3) 企業会計の考え方を活用した財務書類の作成・国会提出やインターネットの利用などによる情報開示を行う方針で，特別会計の剰余金の処理として，予算で定めるところにより，一般会計に繰り入れることができる規定を，事業を行うすべての特別会計に適用する共通ルールとして整備した。

　その後の主な見直しは，以下の通りである（表2.1）。国有林野事業特別

表2.1　特別会計・勘定の廃止・統合
（東日本大震災復興特別会計は除く）

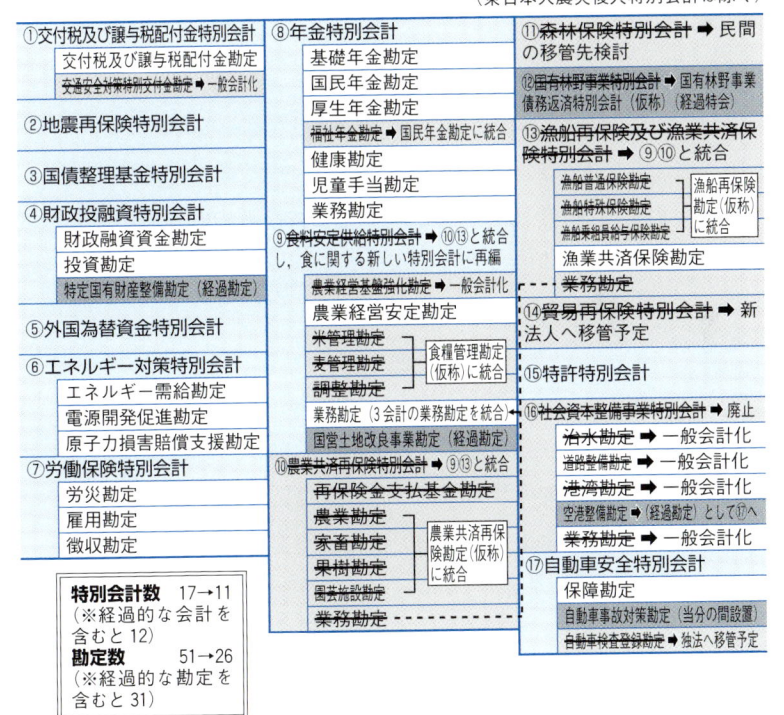

①交付税及び譲与税配付金特別会計	⑧年金特別会計	⑪森林保険特別会計 ➡ 民間への移管先検討
交付税及び譲与税配付金勘定	基礎年金勘定	⑫国有林野事業特別会計 ➡ 国有林野事業債務返済特別会計（仮称）（経過特会）
交通安全対策特別交付金勘定 ➡ 一般会計化	国民年金勘定	⑬漁船再保険及び漁業共済保険特別会計 ➡ ⑨⑩と統合
②地震再保険特別会計	厚生年金勘定	
	福祉年金勘定 ➡ 国民年金勘定に統合	漁船普通保険勘定 ┐ 漁船再保険勘定（仮称）に統合
③国債整理基金特別会計	健康勘定	漁船特殊保険勘定 ┤
④財政投融資特別会計	児童手当勘定	漁船乗組員給与保険勘定 ┘
財政融資資金勘定	業務勘定	漁業共済保険勘定
投資勘定	⑨食料安定供給特別会計 ➡ ⑩⑬と統合し，食に関する新しい特別会計に再編	業務勘定
特定国有財産整備勘定（経過勘定）	農業経営基盤強化勘定 ➡ 一般会計化	⑭貿易再保険特別会計 ➡ 新法人へ移管予定
⑤外国為替資金特別会計	農業経営安定勘定	⑮特許特別会計
⑥エネルギー対策特別会計	米管理勘定 ┐ 食糧管理勘定（仮称）に統合	⑯社会資本整備事業特別会計 ➡ 廃止
エネルギー需給勘定	麦管理勘定 ┤	治水勘定 ➡ 一般会計化
電源開発促進勘定	調整勘定 ┘	道路整備勘定 ➡ 一般会計化
原子力損害賠償支援勘定	業務勘定（3会計の業務勘定を統合）	港湾勘定 ➡ 一般会計化
⑦労働保険特別会計	国営土地改良事業勘定（経過勘定）	空港整備勘定（経過勘定）として⑰へ
労災勘定	⑩農業共済再保険特別会計 ➡ ⑨⑬と統合	業務勘定 ➡ 一般会計化
雇用勘定	再保険金支払基金勘定	⑰自動車安全特別会計
徴収勘定	農業勘定 ┐ 農業共済再保険勘定（仮称）に統合	保障勘定
	家畜勘定 ┤	自動車事故対策勘定（当分の間設置）
特別会計数　17→11 （※経過的な会計を含むと12） **勘定数　51→26** （※経過的な勘定を含むと31）	果樹勘定 ┤	自動車検査登録勘定 ➡ 独法へ移管予定
	園芸施設勘定 ┘	
	業務勘定	

（注）　■：廃止・統合による減少分
　　　　■：経過的な特会・勘定（改革前から経過的に置かれている勘定を含む）
（出所）　財務省「特別会計改革の基本方針（工程表）について」（平成24年1月19日）

会計は，2012年度末に廃止し，一般会計へ移管する。森林保険特別会計は，2014年度中に廃止する。貿易再保険特別会計は，2015年度末までに廃止し，独立行政法人改革の結果である新法人としての日本貿易保険（NEXI）に移管する。社会資本整備事業特別会計は，2012年度末に廃止する。治水勘定，道路整備勘定，港湾勘定および業務勘定は，一般会計に統合する。

例題 2.2

予算原則を説明せよ。

【解答】

行政的原則と経済的原則に分けて考えるのが有益だろう。行政的原則としては，

(1) 公開性：予算は国民に公開されなければならない。
(2) 統一性：歳出と歳入が統一的に記録される必要がある。
(3) 限定性：財政運営上の拘束力を持つものでなければならない。
(4) 年度性：会計年度を単位期間として，予算の収支をその年度内に完結させる必要がある。

予算の経済的原則としては，

(1) 公平性：予算の公正な支出ルールが必要。
(2) 効率性：資源配分の効率性を確保する。
(3) 目的性：支出の経済的機能に応じた的確な分類を行う。
(4) 機能性：経済的機能について正確な推定を行う。
(5) 伸縮性：適切な支出が機動的に行えるような弾力性。
(6) 計画性：長期の目標達成に対応した継続性。
(7) ノン・アフェクタシオン：特定の収入と特定の支出を関係付けないで，すべての収入を一括して，すべての支出計画を作成すべきである。

このような予算の重要性に即して，わが国では憲法第7章に基本原則の定めがあり，財政法をはじめとして多くの法律も整備されている。そして，

(1) 事前議決の原則：執行前にあらかじめ国会の議決を受ける。
(2) 総計予算の原則：支出と収入は全額予算に計上する。
(3) 財政状況の国会，国民に対する報告：内閣が少なくとも年1回は国の財政状況を国会と国民に報告する。

などの予算原則が定められている。

> **例題 2.3**
> 予算制度の行政的な効率性を重視すると，どのような予算原則が重要か。

【解答】

予算を組織別，使途別区分によって決定するという通常のやり方では，政府活動が非効率になるという反省から生まれたのが，政府の機能，活動，作業計画に基礎を置いて決定する予算＝事業別予算という概念であり，パフォーマンス予算とも呼ばれている。また，事業別予算における投入手段の能率的な管理とともに，政策目的に関する算出効果を判断基準に取り入れて，予算政策に関する意思決定プロセスの改革を意図する予算が，計画別予算である。

このような考え方に基づく代表的な予算改革が，アメリカで開発された行政管理としての予算改革＝PPBS（計画策定，実施計画，予算編成制度：planning-programming-budgeting system）である。これは，システム分析と費用便益分析を適用したものであり，政策目的の選定のもとで，総括的な分析の枠組みを決め，目的実現のための複数の代替案ごとの科学的な政策効果の分析を行い，それに基づく政策提言を意図している。

また，ゼロベース予算も，膨張する政府支出の効率化のために提案されている。ゼロベース予算は，すべてのプログラムをあたかも新規事業とみなして，調査，評価して実施計画作成までの過程を，積み上げ方式として行うものである。その中で，費用・便益分析，ローリング方式（年度ごとの予算の再

検討），サンセット方式（目的を達成したものを直ちに終了させる）などを有効に組み合わせることも可能となる。

わが国の予算原則は，基本的に増分主義と呼ばれるものであり，いったん予算として認められたものは，それ以降自動的に認められ，新規の要求が各省庁の予算規模を押し上げる場合にのみ，厳しい査定が行われる。このような方式では，全体としての予算の規模をコントロールするには有効であるが，経済状況に合わせて，予算の内容を大幅に見直す誘因にかけるというデメリットも持っている。

例題 2.4

会計年度独立の原則について説明せよ。

【解答】

国の歳入・歳出計画，つまり予算は，通常1年間ごとに区分経理される。これを会計年度と呼ぶ。日本の会計年度は，財政法第11条により，4月1日から翌年3月31日までと規定されているが，このように4月からとなったのは1886年にさかのぼり，当時の税収の主力だった地租を納める時期と合わせたという説がある。外国では暦年と同じ1～12月がもっとも多く（ドイツ，フランス，イタリアなど），アメリカは1977年度から7月開始を改め，10月から翌年の9月までとした。日本と同じ4月に開始するのはイギリス，カナダなどの国である。

「各会計年度における経費は，その年度の歳入を以て，これを支弁しなければなら」ず（財政法第12条），翌年度以降においては原則として使えない。これを**会計年度独立の原則**という。この原則は財政を計画的に運用し，また，歳入・歳出の均衡を図るために必要とされる。しかし，歳出予算の繰越しなどの例外もある。ただし，継続費はそれぞれの年度の歳入で賄われるものであり，本原則に対する例外とはならない。

2.1 予算の仕組み

■データ　2012年度（平成24年度）予算

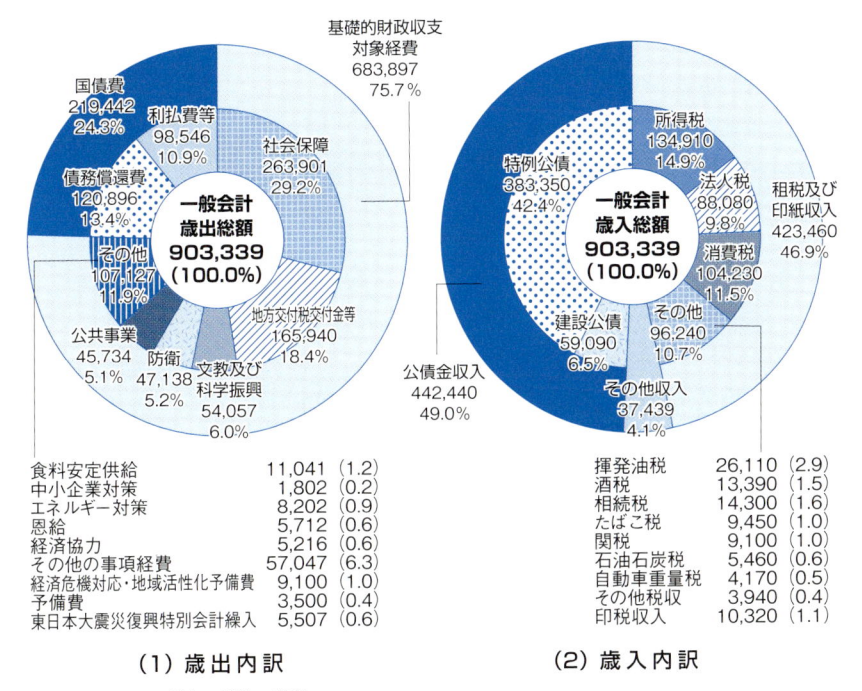

(1) 歳出内訳

- 基礎的財政収支対象経費　683,897　75.7%
- 国債費　219,442　24.3%
  - 利払費等　98,546　10.9%
  - 債務償還費　120,896　13.4%
- 社会保障　263,901　29.2%
- 地方交付税交付金等　165,940　18.4%
- 文教及び科学振興　54,057　6.0%
- 防衛　47,138　5.2%
- 公共事業　45,734　5.1%
- その他　107,127　11.9%

一般会計歳出総額　903,339（100.0%）

食料安定供給	11,041	(1.2)
中小企業対策	1,802	(0.2)
エネルギー対策	8,202	(0.9)
恩給	5,712	(0.6)
経済協力	5,216	(0.6)
その他の事項経費	57,047	(6.3)
経済危機対応・地域活性化予備費	9,100	(1.0)
予備費	3,500	(0.4)
東日本大震災復興特別会計繰入	5,507	(0.6)

(2) 歳入内訳

- 租税及び印紙収入　423,460　46.9%
  - 所得税　134,910　14.9%
  - 法人税　88,080　9.8%
  - 消費税　104,230　11.5%
  - その他　96,240　10.7%
- 公債金収入　442,440　49.0%
  - 特例公債　383,350　42.4%
  - 建設公債　59,090　6.5%
- その他収入　37,439　4.1%

一般会計歳入総額　903,339（100.0%）

揮発油税	26,110	(2.9)
酒税	13,390	(1.5)
相続税	14,300	(1.6)
たばこ税	9,450	(1.0)
関税	9,100	(1.0)
石油石炭税	5,460	(0.6)
自動車重量税	4,170	(0.5)
その他税収	3,940	(0.4)
印税収入	10,320	(1.1)

（注）　単位：億円
（出所）　財務省「日本の財政関係資料」（平成24年9月）p.1, p.2

図2.1　平成24年度一般会計予算（平成24年4月5日成立）

(1)　平成24年度一般会計予算における歳出は約91兆円である。
(2)　そのうち国債費は約22兆円，全体の2割強を占めている。
(3)　一般会計歳出から国債費を除いたものを，「基礎的財政収支対象経費」さらに，地方交付税交付金などを除いたものを「一般歳出」という。社会保障関係費でこの一般歳出の半分以上を占めている。
(4)　一般会計予算における歳入の約半分は租税およびその他収入で賄われているが，残り約44兆円は公債金収入に依存している。

練習問題

2.1 予算の機能とは何か。
2.2 予算の種類を説明せよ。
2.3 行政運営上の効率を考慮した予算原則として，正しいものは次のうちどれか。
 (a) 国民経済の計画的な運営のために，総合的な観点から予算を決定し，運営しなければならない。
 (b) 政府は，予算の勘定としての機能を通じて，各省庁の事業計画を効率的に遂行しなければならない。
 (c) 政府は，予算に定められた金額の範囲内で，できる限り効率的に予算を執行しなければならない。
 (d) 政府の各機関は，予算の運営を効率的に行うために，緊密な相互連絡と協力がなければならない。
 (e) 政府は，収入と支出とを対比させ，租税などの負担の配分と支出効果を対比し，政治的な配慮も加えて，効率的に予算を決定しなければならない。
2.4 予算原則の説明として，正しいものは次のうちどれか。
 (a) 統一性の原則とは，会計年度を単位期間として，予算の収支をその年度内に完結させねばならないということである。
 (b) 伸縮性の原則とは，適切な支出が機動的に行えるように，弾力性を持たせるという意味である。
 (c) 事前議決の原則とは，予算を国民に公開させるための原則である。
 (d) 目的性の原則とは，歳出と歳入が統一的に記録されるために必要な原則である。
 (e) 限定性の原則とは，予算執行の前に，あらかじめ国会の議決を受けなければならないことを意味する。
2.5 予算に関する次の記述のうち，正しいものを選べ。
 (a) 予算の事前議決の原則とは，予算の執行前にあらかじめ国会の議決を受けることである。
 (b) 本予算が成立した後で，新たな経費を追加したり，その内容を変更する予算を，特別予算という。
 (c) 増分主義のもとでは，新規の予算要求が認められやすく，柔軟な予算編成が可能となる。
 (d) 予算の審議は必ずしも衆議院から始まる必要はないが，予算の成立には衆議

院と参議院の両方の議決が必要である。
(e) 日本の予算では歳出は一定の見積りを示したものであるから，経済状況の変化に対応して，ある限度内で歳出規模を調整できる。
(f) 国の予算は，一般会計予算と補正会計予算から成っている。
(g) わが国の予算編成では，12月末までに各省庁の概算要求が提出され，政府は3月までに翌年度の予算原案を策定する。

> **コラム　東日本大震災復興特別会計**

　2011年の東日本大震災は，未曾有の人的経済的被害をもたらした。阪神淡路大震災の復興費用総額10兆円をはるかに上回る膨大な復興財源が必要である。ところで，大災害では早急な復旧・復興が重要な政策課題である。今回の大震災の復興対策では，20兆円という被害規模を前提として，日本政府は5年間で総額19兆円規模の復興予算を用意し，すでに14兆円程度の予算が執行されている。また，そのための財源も当面は国債発行で調達するが，その後は所得税，法人税の臨時増税などで賄われることになっている。

　2012年度予算で，震災復興や防災事業を管理する「東日本大震災復興特別会計」が創設された。その予算総額は，4,000億円の予備費を含めて3兆7,754億円であり，災害廃棄物の処理や原子力発電所事故の被災地の除染などに支出される。この特別会計の歳入は復興債で2兆6,823億円を見込む。復興特別税は増税開始初年度で5,305億円であり，法人税に上乗せする復興特別法人税で4,810億円，復興特別所得税で495億円の税収を見込んでいる。これまで2011年度第1次～3次補正予算で14兆円台半ばの経費を計上しており，累計の復興事業費は約18兆円に達する。震災からの復旧・復興事業の総枠は，5年間で19兆円を見込んでいる。災害復興には，自助，共助，公助の3つが求められるが，今回のような大災害では税金を投入する公助の役割が大きい。

　しかし，通説に反して，今回の震災復興に必要な金額はせいぜい6兆円にすぎず，10兆円程度は過剰計上になっていて，無駄な公共事業が実施されると批判する論者もいる。一般的に，現地の被災状況がよくわからない中央政府・官庁が復興予算を取り仕切ると，無駄な公共事業がはびこるだけで，真の復興につながらない。震災復興と直接の関係がない地域振興に膨大な予算が投入されかねない。

　たしかに，阪神淡路大震災でも，火災で大きな被害を受けた神戸市長田地区の地域振興事業が失敗したように，そうした地域振興プロジェクトの多くで巨額の予算に見合った成果は上がっていない。政府の被害推計が過大かどうかはともかく，非常時には，冷静な議論なしに，復旧復興に結び付けて，過度に予算が計上されるバイアスがある。こうした政治的風潮に流されずに，厳密なデータに基づく被害評価が不可欠である。いくら増税しても無駄に予算が使われると，真の復興につながらない。

2.2　予算の編成

◆予算編成過程

1．予算案の決定：国の予算の編成権，すなわち予算を作成して国会に提出する権限は内閣に属しており（憲法第73条5項），予算編成は財務省（主計局が中心）が行う。2012年度予算の例でみると2011年9月に「11年度予算の概算要求組替基準について」を決定した。この基本方針に基づいて，新規施策を実現するため，すべての予算を組み替え，新たな財源を生み出すこととされた。また10月5日には各省庁からの2012年度一般会計概算要求額が決定され，12月24日に政府案が閣議決定された（表2.2）。

2．予算の審議：衆議院の予算先議権：国会での審議は衆議院から始まる。委員会での審議を経て，予算が衆議院で可決されると，参議院へ送付され，参議院でも可決されると，予算が成立する。参議院で否決された場合は，衆議院の可決が優先され，憲法第60条第2項の規定により成立する。また，参議院が30日以内に議決しないときには，予算は自然成立する。

表2.2　2012年度予算の編成日程

摘　　要	日　　程
概算要求に係る作業についての財務大臣通知	2011年8月23日
概算要求組替え基準閣議決定	9月20日
各省庁において予算の見積り作業	9月
各省各庁の概算要求	10月5日
各省庁より概算要求の説明	10月上旬～中旬
財務省の予算編成作業	10月上旬～12月下旬
政府案閣議決定	12月24日
予算国会提出	2012年1月24日
財務大臣財政演説	〃
予算衆議院可決	3月8日
予算参議院否決，予算成立	4月5日

3．予算の執行：予算が成立すると，内閣から各省庁に予算が配分され，執行される。歳入はあくまでも目安であり，予算で決められた額以上（以下）の税収があってもよいが，歳出は経費の目的，金額など予算に拘束され，これを超えては支出できない。その差額は，公債の発行あるいは補正予算による調整などで，対応することになる。

4．予算の決算：決算は会計検査院の検査を経て，その検査報告とともに例年 12 月頃に国会に提出される。国会では両院の決算委員会で審議される。会計検査院の検査は，単なる帳簿上の突合せにとどまらず，公共事業に手抜きはないか，補助金が適切な目的として使われているかなど，広範囲に及ぶ（図 2.2）。

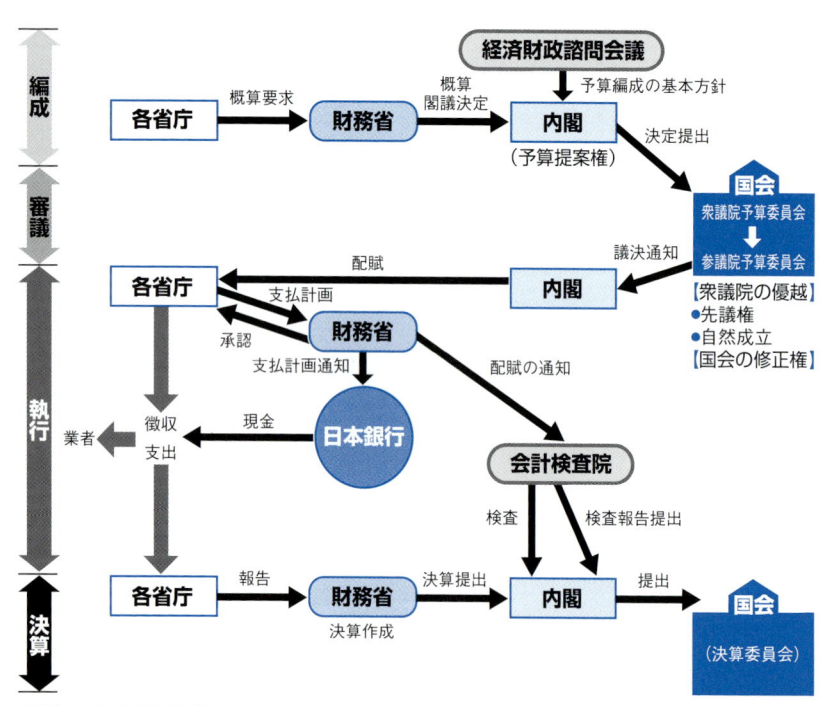

（出所）　西田安範編著『平成 23 年度版　図説 日本の財政』（東洋経済新報社，2011）を参考にして作成。

図 2.2　予算編成から決算まで

2.2 予算の編成

例題 2.5

日本の予算編成過程について，説明せよ。

【解答】

　政府内での予算編成は，通常，8月末までに各省庁から概算要求が財務省に出される時期から始まる。概算要求では，一定の枠を設けて，予算要求の重点化と歳出を義務付けている制度の改正などによる効率化を図っている。これが，概算要求基準である。概算要求とは，各省庁が来年度予算で使いたい歳出額の見積りである。ただし，概算要求は各省庁が自由に設定できるものではなく，安易な予算要求を避けるため，事前に概算要求基準が設けられている。この概算要求基準では，概算要求の上限をシーリング（ceiling）として設定するのが最近のやり方である。

　なお，2003年度予算から，年金・医療費など制度的に歳出規模が決まってしまう「義務的経費」，政策判断で歳出規模が増減しうる「裁量的経費」，および総額の縮減が決まっている「公共投資関係費」に歳出を3分類し，「裁量的経費」「公共投資関係費」それぞれのシーリングの削減率が明記されている。財務省では，主計局を中心に予算編成作業が行われる。これは査定作業によって，予算を積み上げていく作業である。一方で，別に推計される歳入とバランスするように，財務省として予算案を策定する。その際に重要となるのが，翌年度経済見通しである。これが，税収の見通しを決める重要な要因となる。

　主税局では，翌年度の税収の見積りをするとともに，財源の必要性やあるべき税体系の変更などのために税制改正も行われる。通常，年末に財務省としての予算案（財務原案）が各省庁に内示され，各省庁との最終的な調整が行われる。（復活折衝）その結果，政府案が決定され，国会に提出される。

---- 例題 2.6 ----

わが国の予算制度の特色を説明せよ。

【解答】

わが国の予算制度の大きな特徴は，赤字公債の（原則）禁止とその特例という建て前と本音の乖離である。財政法では，歳出に見合うだけの税収が得られないような歳入不足が予想される財源を補うための赤字公債の発行を認めていない。原則として公債発行による収入は，公共事業費，出資金，貸付金にのみ充てられることになっている。これは，公債の利払い，償還の費用が将来世代に負担されるから，公債発行による収入は将来世代にも便益が及ぶような支出の財源に当てられるべきであるとの考え方に基づく。

この原則による公債（建設公債）は，1965年度補正予算においてはじめて発行され，それ以降引き続いて発行されている。しかし，1975年度以降毎年公債発行による特別の立法を行い，経常的な支出に充てるための特例公債（赤字公債）も発行されてきた。

従来，特例公債（赤字公債）については借換えをせずに満期に全額現金償還することとされてきたが，1985年度以降，赤字公債の大量償還が始まるに際し極端な国民の負担増や歳出削減を避けるため，赤字公債についても，建設公債同様その償還財源の大部分を借換債の発行によって賄うこととする方針転換が行われた。また大量の償還，借換えを金融情勢に応じ円滑に行うため，短期の借換債の発行および借換債の年度越え前倒し発行ができるよう，制度改正が行われた。

与党が過半数を持っていない参議院では野党側が特例公債法案に反対する。参議院で否決された法案を成立させるには，衆議院で3分の2以上の賛成で再可決する必要がある。2012年現在，与党は3分の2の議席を確保していない。このため，特例公債法案の扱いは政局と関わってくる。なお，2011年には，菅総理（当時）の退陣と引替えにこの法案が8月末に成立した。

2.2 予算の編成

例題 2.7

中期的な予算管理について説明せよ。

【解答】

　単年度主義のもとで財政規律を維持しようとしても現実的ではない。わが国の経験でも，当初予算で形式的に財政規律を維持して，実質的には補正予算で歳出を増やすという予算編成が行われた。マクロ経済が数年単位で景気循環しているときに，1年間の枠内で景気対策をやろうとすると，結果として無駄な歳出の目立つ補正予算を編成することになる。

　単年度主義の予算編成を見直して，多年度にわたる予算編成の枠をあらかじめ設定する中期的な予算管理は，無駄な歳出を抑制する上で有効である。また，多年度にまたがる予算を編成し，その大枠を厳格に維持しながら，短期的な景気変動に柔軟に対応するほうが財政規律を維持しつつ，マクロ経済の変動を緩和することができる。

　不要額を後年度に回すことができる多年度の予算管理では，単年度予算制度以上に，効率的な査定をすることが求められる。その際に，歳出額と公共サービスとの対応関係を明確に数量化して予算査定と会計検査を行うことが重要である。

　多年度予算管理への第一歩として，公債発行に関して数年間の大枠を設定することで放漫財政を回避しつつ，同時に，各歳出項目で発生する不要額を次年度へ繰り越せる仕組みを導入すべきだろう。数年先までの中長期的にわたって予算編成に何らかの縛りをかけることは，財政制度改革にも寄与する。義務的経費の財源不足をほかの経費削減か増税で賄うというペイゴー原則（PAYGO；Pay-As-You-Go）の導入も，社会保障歳出の見直しに有効である。また，公共事業の中身を大幅的に見直す場合でも，中長期的に量的制約があるほうが制度改革はしやすいだろう。

練習問題

2.6 新会計年度の開始までに予算の成立が間に合わない場合の措置について，説明せよ。

2.7 予算の決算の手続きについて，説明せよ。

2.8 わが国の予算制度を，アメリカの制度と比較して説明せよ。

2.9 予算に関する次の記述のうち，正しいものを選べ。
 (a) 国の予算は，一般会計予算と特別会計予算から成っている。
 (b) 歳入，歳出ともにその金額は予算に拘束されるが，必要があれば予算で決められた額以上（あるいは以下）の歳入，歳出も認められる。
 (c) 継続費は，年度内に契約を結んでおく必要はあるが，実際の支出は翌年度以降にずれ込む場合に，契約の締結が先にできるようにしておくものである。
 (d) 暫定予算は，国が特定の事業を行う場合か，特定の資金を保有してその運用を行う場合の暫定的な予算である。
 (e) すでに国庫債務負担行為として認められた経費の支出については，あらためて歳出予算に計上する必要はない。
 (f) 年度開始までに本予算が国会で成立しない場合，本予算が成立するまでに必要な経費の支出を可能とするための予算が，暫定予算である。

2.3 財政投融資制度

財政投融資計画は，予算とともに国会に提出され，承認される。第2の予算とも呼ばれている。国の制度・信用を通じて集められる各種の公的資金を財源にして，国の政策目的実現のために行われる政府の投資および融資の計画である。1953年度から財政投融資計画として形を整え，1973年度から資金運用部資金と簡保資金について，その運用の期間が5年以上のものについては，その運用額を運用対象区分ごとに特別会計の予算総則に規定することで国会で議決されることになった。2001年度から財政投融資制度は抜本的に改正された。主要な変更点は以下である（図2.3）。

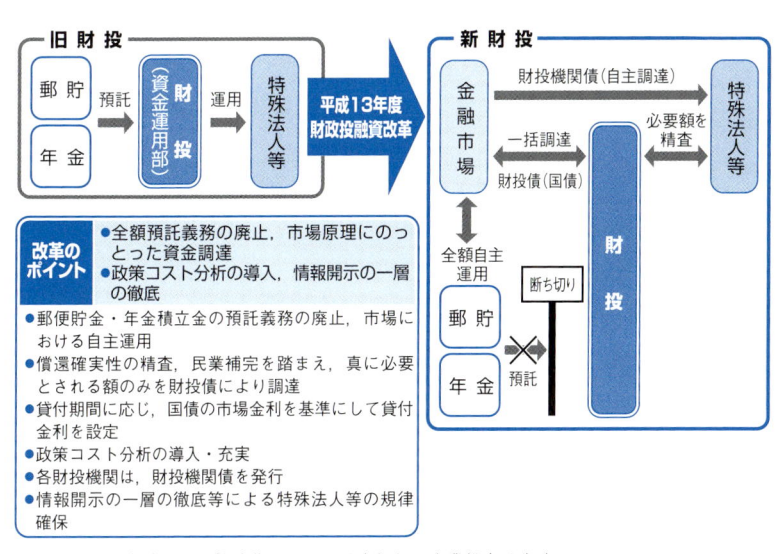

(注) 1. 簡略化のため，政府保証，産業投資は省略している。
    2. 簡保については，財投改革前より預託義務はなかった。
(出所)「財政投融資リポート 2011」

図2.3 財政投融資改革のイメージ

(1) 郵便貯金や年金積立金を，資金運用部に全額預託する従来の制度は廃止された。それらの資金は全額自主運用され，今後それぞれの担当部局独自の判断で，金融市場を通じて自主的に運用される。
(2) 簡易生命保険の積立金も，財政投融資対象機関などに対する融資を原則廃止して，金融市場を通じて自主運用を行う。
(3) これにともない，資金運用部は廃止され，その代わりに**財政融資資金**が新設された。財政融資資金は，資金運用部への預託義務を廃止する改革にともない，国債による市場での資金調達を行う。財政融資資金特別会計が発行する国債のことを，**財投債**という。財政融資資金は，財投債の発行で得た資金を用いて，公庫・公団・事業団などの特殊法人などの財投機関に対して融資を行う。

例題 2.8

財政投融資の資金の仕組みについて，説明せよ。

【解答】

財政投融資には，具体的な資金供給の手法として，①財政融資，②産業投資，③政府保証の3つの方法がある。

財政融資とは，財政融資資金を活用し，国の特別会計や地方公共団体，政策金融機関，独立行政法人などに対して行う融資である。財政融資資金は国債の一種である財投債の発行により調達された資金や，政府の特別会計から預託された積立金・余裕金などによって構成されており，これを原資として，政策的に必要な分野への融資が行われている。

産業投資とは，(株)日本政策金融公庫などの国庫納付金や財政投融資特別会計投資勘定が保有するNTT株，JT株などの配当金を原資として行っている産業の開発および貿易の振興のための投資である。

政府保証とは，政策金融機関・独立行政法人などが金融市場で資金調達する際に政府が保証を付けることで，事業に必要な資金を円滑かつ有利に調達

するのを助けるものである。財政投融資改革により,国は財投債で調達した資金を財政融資として貸し付けることができるようになったため,財投債よりコスト高であり,また,国にとってオフバランスシート債務である政府保証債は,抑制的・限定的に用いることとされてきた。

例題 2.9

経済金融危機における財政投融資の役割を述べよ。

【解答】

財政投融資には,主に税財源により賄われる一般会計予算に比較し,経済情勢の変化に対応して,柔軟に資金供給を行うことができるという特徴がある。経済金融危機において安定的な資金供給を行い,金融市場の混乱により逼迫した資金需要に的確に対応することも財政投融資の役割の一つである。

2008 年秋のいわゆるリーマン・ショック後の経済金融危機においては,日本政策金融公庫を通じて企業の資金繰り支援措置が講じられ,その実施に必要な主な原資として財政投融資が活用された。日本政策金融公庫による国民一般向け業務・中小企業者向け業務とは,社会的・経済的環境の変化の影響により,一時的に売上高や利益が減少しているものの,中長期的にはその業況が回復し,発展が見込まれる中小企業者などを対象に,経営を支援するためのセーフティ・ネット(安全網)貸付けを行うものであり,2008〜2010 年度で累計 11 兆円の信用供与を実施した。

練習問題

2.10 国庫収支について,説明せよ。
2.11 財政資金対民間収支について,説明せよ。

2.4　日本の財政運営

◆ 1990年代前半の財政出動

1990年代に入ると，バブルが崩壊して金融機関の不良債権問題が表面化し，金融システムが円滑に機能しなくなって，日本経済は長期の低迷に突入した。金融政策が手詰まりとなる中で，財政政策によるバブル崩壊後の景気対策が実施されてきた。

◆ 1990年代半ばの財政再建

1994年に村山内閣は，1994～1996年の所得税の特別減税と1997年度から消費税率を5%（うち1%分を道府県税である地方消費税とする）に引き上げることを決定した。その後，景気回復の兆しがみられる中，1997年に「財政構造改革元年」と称して，消費税の引上げと公共事業などの歳出削減が行われ，1997年11月に財政健全化目標を明記した財政構造改革法が成立した。しかし，1997年後半に発生した金融システム不安やアジア経済の混乱のため，1998年4月以降，財政運営は構造改革から景気刺激策へとその軸足を変化させていった。

◆ 1998年以降の「何でもあり政策」

1998年7月に誕生した小渕政権で，より積極的な財政刺激政策が採用され，財政構造改革法は事実上凍結された。1999年になると財政構造改革が最終的に放棄され，地域振興券も実施され，景気対策に基づく積極的な補正予算編成が行われた。財政状況は大幅に悪化し，小渕総理は世界一の借金王になった。

◆ 2001年からの小泉改革

2001年に登場し，国民的な人気にも支えられて2006年までの5年間の長期政権を維持した小泉政権では経済財政諮問会議が最大限に活用され，予算編成など財政運営面でも政策決定の透明性と説明責任がより明確になった。財政運営に関する政策目標は，国の一般会計において公債発行を30兆円枠

以下に抑えることであった。マクロ経済が回復基調にあることを反映して，小泉政権の最後でこの公約がようやく実現した。

例題 2.10

2012年の「税と社会保障の一体改革」について，説明せよ。

【解答】

　2012年6月に，消費税の増税を柱とする「一体改革」で民主，自民，公明3党合意ができ，消費税率は2014年4月に8％，15年10月に10％に引き上げることになった。消費増税の際に「名目3％，実質2％」の経済成長率を目標とする景気条項は法案の付則に残す。所得・相続増税は年末の来年度税制改正論議に結論を先送りした。消費増税時の低所得者対策では，税率を8％に引き上げる条件に現金給付の実施を明記したほか，軽減税率を導入することも検討する。

　社会保障制度については，民主党マニフェスト（政権公約）の主要政策である「最低保障年金の創設」「後期高齢者医療制度の廃止」両政策の撤回方針を明示せず，新設する「社会保障制度改革国民会議」に検討を事実上棚上げした。「総合こども園」の創設は見送り，自公政権時に導入した認定こども園を存続させる。

　一体改革で，財政規律の確立に向けて建設的な道筋ができたのは，市場でも評価されている。当面，わが国の国債が，スペイン国債のように，リスク資産とみなされ，金利が上昇する事態は避けられる。しかし，社会保障制度の改革については，具体的な方向性が不透明なままである。社会保障費の増大に歯止めがかからなければ，2010年の欧州債務危機を他人事と思えない財政危機に日本が追い込まれる可能性は残されている。

─── 練習問題 ───

2.12 2009年の政権交代で実現した民主党政権の財政運営を評価せよ。

> **コラム　党派的景気循環論**
>
> 　理念の異なる政党間での政権交代を伴う選挙は，経済政策や景気循環に影響を与える。こうした点を重視するのが，党派的な景気循環の議論である。この議論では，党派的な目的を持つ複数の政党を重視する。異なった理念を持つ政党は政権についた場合に，異なった政策を行う。たとえば，ヨーロッパ諸国での社会民主主義政党やアメリカでの民主党は，ヨーロッパ諸国での保守政党やアメリカでの共和党よりも，大きな政府を志向し，拡張的なマクロ経済政策を好み，インフレのコストを軽視する。その結果，拡張的でインフレ・コスト軽視の政策を採用して，高所得者からを低所得者に所得を再分配しようとする。逆に，アメリカの共和党やイギリスの保守党などは小さな政府を志向して，減税や規制緩和を実施しようとする。
>
> 　こうした政権交代による政策変更は，民間経済にショックをもたらして，政治的景気循環ではなく，党派的な景気循環をもたらす。たとえ，実物経済に与えるショックが一時的であっても，為替や株価など資産市場に与える効果は大きいだろう。実際にも選挙結果で，株価は大きく変動する。
>
> 　とくに，接戦が予想されている場合，どちらの候補が勝つのか選挙結果は事前に不確実である。企業や家計が経済活動する際に，将来の経済運営を予想して意思決定を行うことになるが，選挙後の政策（たとえば，新政権が減税をどれだけするのか，社会保障改革はどうなるのか，外国との協調関係はどうなるのかなど）を事前に正確には予想できない。選挙が終わったあとではじめて，新政権の政策を織り込んで行動できる。選挙結果を事前に予想しにくいほど，マクロ経済に与えるショックも大きくなり，企業の投資意欲や家計の消費意欲が大きくぶれて，景気循環の規模も大きくなる。
>
> 　さらに，政権交代の結果生じるこのような党派的景気循環の幅は，2つの政党の理念の相違の程度に対応している。2つの政党間でのインフレ率や成長率に対する評価がより異なるほど，景気循環の規模も大きくなる。アメリカ大統領選挙

でも，候補者間で経済政策の目標や手段の考え方が大きく異なるほど，選挙前の予想と選挙後の実際の経済運営とのギャップも大きくなる。その結果，アメリカの景気変動が大きくなる。

　最近では，メディアによる事前の世論調査や投票所での窓口調査で，公式の選挙結果が確定する前に，大体の結果を予測できるケースも多い。こうした調査は，マクロの実体経済や株価の動向にも影響するだけに，恣意的に情報が操作されないことも必要である。

3 公共財の理論

3.1 公共財の概念

◆公共財の特徴

公共財の特徴としては，次の2点があげられる。

1. **消費における非競合性**：ある人の消費がほかの人の消費を妨げない。
2. **排除不可能性**：ある人をその財の消費から排除することができない。

◆外部性による区別

公共財の中でも，外部性の程度に応じて，2つに区別する。

1. **純粋公共財**：すべての人に公共財の便益が等しく及ぶ，等量消費で消費される公共財（基本的な行政サービス，防衛，検疫など）。
2. **準公共財**：便益が人によって異なる公共財（街灯，地域の社会資本，教育など）。

◆公共財の問題点

公共財特有の問題として，ただ乗りの問題がある。

> **ただ乗りの問題**：公共財の負担を回避しながら，公共財の便益を享受しようとする行動。

> **クラーク＝グローブス**（Clarke-Groves）**・メカニズム**：ただ乗りの問題を解決するため，政府が各個人の表示する選好に応じた負担，補助金の制度をうまく構築することで，自ら本当の公共財に対する評価を表することが，利己的な利害から最適となる（支配戦略となる）メカニズム。

―― 例題 3.1 ――
公共財の具体的な例を述べよ。

【解答】
　移転支出をのぞいた政府支出は，ミクロ的視点からは公共財供給のための支出とみなすことができる。このうち，純粋公共財は，社会の基本的な制度の設定とその維持運営に必要な立法，司法，警察，消防などの一般行政サービス，および，外交，一般的安全保障のような全国レベルでの公共財を意味し，それ以外の支出，たとえば，教育，保険，運輸，地域開発などは，準公共財とみなせる（図3.1）。

　最近は，純粋公共財より準公共財への支出のほうが拡大傾向にある。純粋公共財から準公共財へ公共支出の内容が変化している背景として，政府の活動や役割に対する国民の期待が急速に拡大してきたこと，および，国民の間での異質性が増大していることが考えられる。

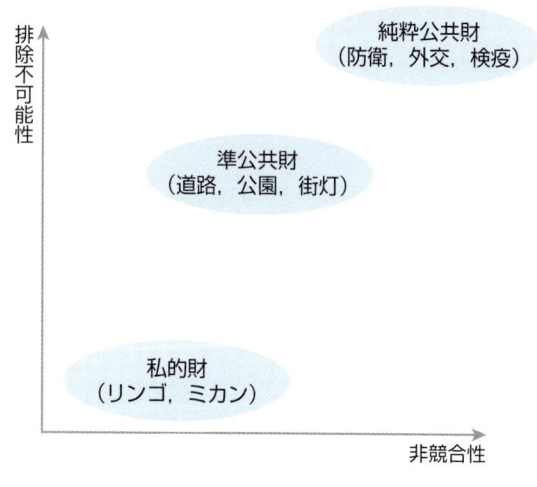

図3.1　財の種類

―― 例題 3.2 ――
　公共財の場合に，ただ乗りが問題となるのはなぜか。

【解答】
　公共財に対する本当の選好を正直に表示しないことによるただ乗りの問題は，実は私的財の場合にも存在する。私的財の市場においても，需要を過小に表示することで，均衡価格が低下すれば，その分負担が減少して，効用が増加するかもしれない。ただ乗りの問題が公共財供給にとって，重要な理由として外部性がある。

　すなわち，私的財の場合には，均衡価格の変化を通じるただ乗りの利益がほかの経済主体に及ぶ外部性は，きわめて小さい。経済主体の数が多くなると，各個人にとって，ただ乗りの行動をとる誘因はなくなってしまう。これに対して，公共財の場合にはほかの人の負担にただ乗りできるために，経済主体の数が多くなっても，ただ乗りの誘因は減少しない。したがって，経済主体の数が相当多い完全競争に近い経済では，公共財の場合にただ乗りの可能性が現実的な問題として生じる。

練習問題

3.1　公共財に関する記述として，正しいものは次のうちどれか。
(a)　公共財は，政府が供給する財である。
(b)　公共財は，私的な企業によっては供給されない。
(c)　ある国の中にとどまっている限り，その国の政府が供給する公共財の負担から逃れることはできない。
(d)　公共財は，私的な財よりも，供給する意味のある財である。
(e)　公共財であっても，政府は国民の希望通りにむやみに供給すべきではない。

3.2 公共財の最適供給

資源配分の効率性の観点から，パレート最適を実現する公共財供給のルールを考えよう。

> **サムエルソンのルール**：各個人の公共財に対する限界評価の総和が公共財の限界費用に等しくなるところまで，公共財を供給するのが資源配分の効率性からみて望ましい。

サムエルソン（Samuelson, P.）のルールを図を用いて，説明しよう。

図 3.2 (1), (2) は，個人 1, 2 の無差別曲線を，(3) は経済全体の消費と生産の関係を示している。図 3.2 (1) で，x_1 は個人 1 の私的財の消費量，$y_1 = Y$ は公共財の消費量，また，図 3.2 (2) で，x_2 は個人 2 の私的財の消費量，$y_2 = Y$ は公共財の消費量を示す。図 3.2 (3) で，$X = x_1 + x_2$ は私的財の生産，Y は公共財の生産を示す。

図 3.2 (1) で，個人 1 の効用水準をある水準 I_0 に固定すると，それに対応する無差別曲線が求められる。この無差別曲線を図 3.2 (3) に描くと，生産可能曲線とこの無差別曲線との縦方向の差は，個人 1 に I_0 の効用を保証したときに，個人 2 にとって利用可能な私的財と公共財の消費可能な組み合わせを示す。この曲線 AB を図 3.2 (2) に示すと，AB と無差別曲線との接点 E は，個人 2 の効用水準がもっとも高くなる点である。

いい換えると，E 点は，個人 1 にある効用水準 I_0 を与えたときの個人 2 の効用最大点である。これは，他人の効用を下げることなしには，特定の個人の効用を高めえないという，パレート最適点であり，資源配分の効率性からみた最適点である。

ところで，E 点は，図 3.2 (3) では J 点と L 点に対応しているが，AB 曲線の導出から明らかなように，L 点での接線の傾きは，J 点での接線の傾きと E 点での接線の傾きの和に等しい。L 点での接線の傾きは，私的財を

3.2 公共財の最適供給

図 3.2 サムエルソンのルール

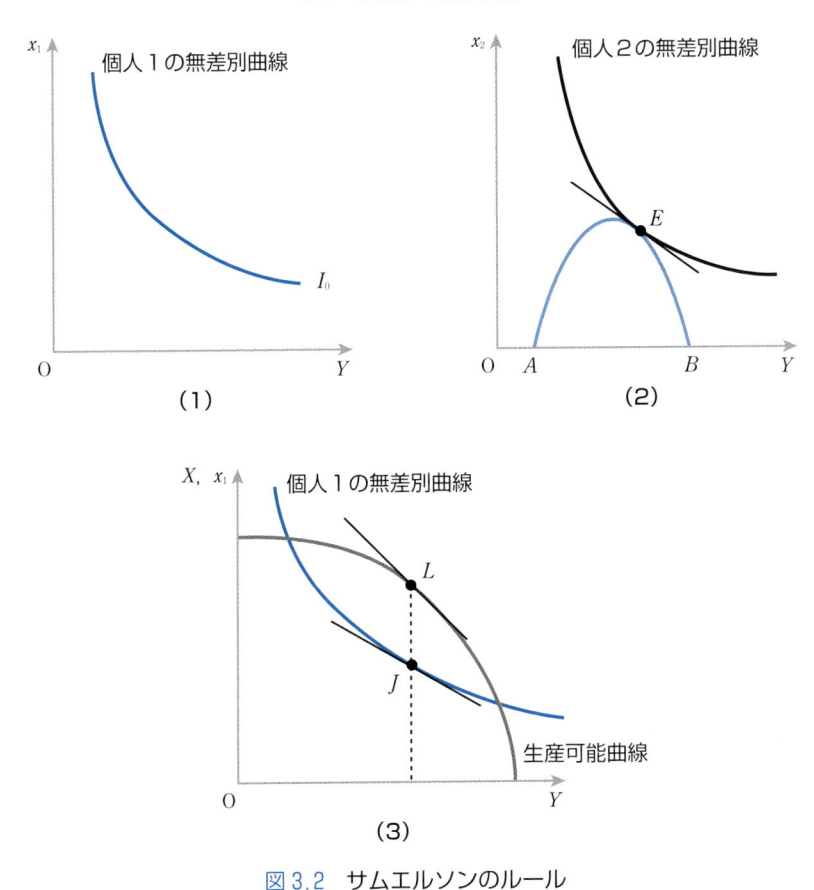

基準にとった公共財の限界費用に対応し，J，L点での接線の傾きは，それぞれ，個人1，2の私的財を基準にとった公共財の限界評価を示している。したがって，公共財の最適供給は，公共財の限界費用が各人の公共財の限界費用の総和に等しい点で行われる。これが，サムエルソンのルールである。

---- **例題 3.3** ----

公共財の最適供給の条件であるサムエルソンの公式について,以下の問に答えよ。
(a) この条件を数式を用いて書け。
(b) この条件の経済的な意味を説明せよ。

【解答】
(a) サムエルソンの条件は,

$$\sum_{i=1}^{n} MRS_i = MC$$

として表現される。ここで,MRS_i は,各消費者の公共財の私的財で測った限界評価(限界代替率)を,また MC は,公共財の私的財で測った限界転形率(限界費用)を意味する。n はこの世界での消費者の数である。したがって,この条件は消費者の公共財の限界評価の総和に等しいところまで,公共財を供給すべきであることを意味する。

(b) 純粋公共財は等量消費できるから,すべての個人の評価の合計が公共財の社会的な便益となる。ネットの社会的な便益を最大にするには,限界的な総便益が限界費用と等しくなるところまで,公共財を供給するのが望ましい。

例題 3.4

2人の個人によって構成される社会において，公共財に対する需要，供給曲線が

$P_1 = a - bD_1$

$P_2 = c - dD_2$

$P = eS$

(P_1：個人1の公共財に対する金銭表示の限界効用，P_2：個人2の公共財に対する金銭表示の限界効用，D_1：個人1の公共財需要量，D_2：個人2の公共財需要量，P：公共財の限界費用，S：公共財の供給量，a，b，c，d，e：正の定数)

で示されるとき，最適な公共財供給量を求めよ。

【解答】

サムエルソンのルールをそのまま適用すればよい。P_1，P_2 は各個人の公共財の限界評価を示すから，社会的な公共財の限界評価は，$P_1 + P_2$ になる。これが公共財の限界費用である P と等しくなる水準が，公共財の最適水準である。すなわち，

$$a - dD_1 + c - dD_2 = a + c - (b+d)D$$
$$= eD$$

より，D を求めると，

$$D = \frac{a+c}{d+b+e}$$

となる。なお，純粋公共財は等量消費だから，$D_1 = D_2 = S$ となる。

練習問題

3.2 サムエルソンのルールについての記述のうち，正しいものはどれか。
(a) 公平性の価値判断なしには，サムエルソンのルールは，必ずしも，社会的に望ましい公共財の量を決められない。
(b) どのような公平性の価値判断であっても，サムエルソンのルールから，公共財の最適水準が求められる。
(c) ほかの条件が一定であれば，経済主体の数が増加しても，最適な公共財の水準は一定のままである。
(d) 公共財の限界費用が増大すれば，最適な公共財の水準も増大する。
(e) 公共財の限界評価が増大すれば，最適な公共財の水準は減少する。

3.3 ウィークエスト・リンクとベスト・ショットについて，説明せよ。

3.4 公共財の最適供給モデルを考える。個人1，個人2の効用関数が $U = x^i Y$ で表される。x^i は個人 i（$=1, 2$）の私的財消費，Y は公共財消費を示す。公共財の限界費用は1で一定であり，個人1の所得は10，個人2の所得は30とする。公共財の最適供給水準はいくらか。

3.5 公共財に関する次の記述のうち，正しいものを選べ。
(a) 消費における競合性と排除可能性は，純粋公共財を特徴付ける2つの大きな性質である。
(b) 公共財の場合には，負担を伴わないで便益を享受するという「ただ乗りの問題」が生じる。
(c) 公共財を自発的に供給するケースでも，他人への波及効果を考えて公共財の供給量を決定するために，公共財は最適水準まで供給される。
(d) 最適な公共財の供給条件は，公共財の社会的限界便益が最大になることである。
(e) 最適な公共財の大きさは，その地域の人口とは無関係である。
(f) 最適な公共財の供給条件は，公共財の社会的限界便益がゼロになることである。

3.3 公共財供給の理論的分析

◆公共財の代表的な分析モデル

公共財がどのようなメカニズムで供給されるのかについては，いくつかのモデル分析がある。

1. **ナッシュ（Nash, J. F.）均衡**：公共財の自発的供給モデルで，他人の公共財に対する選択を自らの公共財の選択とは独立とみなして，各人が最適な公共財の負担を決める（図 3.3）。この均衡では，公共財は過小供給になる。

　　個人 1 の最適化行動（2 人モデル）

　　効用関数　$U(x_1, Y)$

　　予算制約　$x_1 + py_1 = M$

　　公共財の供給　$y_1 + y_2 = Y$

（x_1：私的財の消費，Y：公共財の消費，p：公共財の価格，y_1：公共財の負担，M：所得）

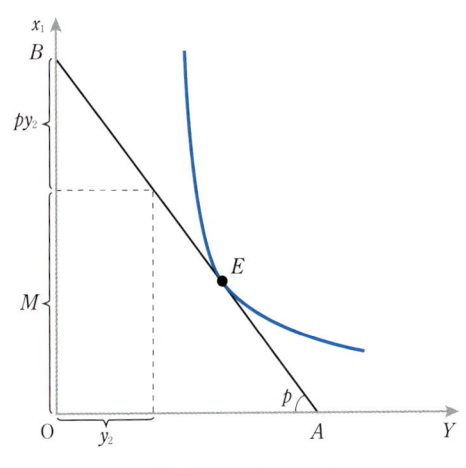

図 3.3　ナッシュ均衡

M, p とともに y_2 を所与として，最適な $y_1(Y)$ と x_1 を選択する。これより，個人 1 の最適な y_1 が y_2 の関数としてかける。

$y_1 = N(y_2)$ ：ナッシュ反応関数

両個人の反応関数の交点が，ナッシュ均衡である。

> **公共財の中立命題**：ナッシュ均衡で公共財が供給されている場合，政府の所得再分配政策が各個人の効用水準や公共財の供給水準に影響を与えず，無効になること。

2．**リンダール（Lindahl, E. R.）均衡**：政府が各個人に各々の公共財の負担比率を提示し，各個人はその負担比率のもとで最適な公共財需要水準を表示する。政府は，各個人の表示した公共財の水準に応じて負担比率を調整し，結果として，すべての個人の公共財需要の表示水準が等しくなるところで，公共財の供給量を決定する（図3.4）。

サムエルソンのルールが成立し，公共財は最適水準で供給される。

　　個人 1 の最適化行動
　　効用関数　$U(x_1, Y)$
　　予算制約　$x_1 + phY = M$

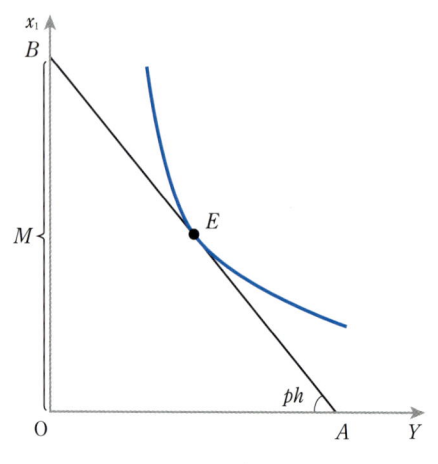

図3.4　リンダール均衡

h：個人1の負担比率，$1-h$：個人2の負担比率

個人1の最適な公共財消費量は h の関数としてかける。

$Y = L(h)$：リンダール反応関数

両個人の反応関数の交点が，リンダール均衡である。

3．ボーエン（Bowen, H. R.）の議論：投票によって公共財の水準を決定するモデル（図3.5）。

税負担が（均等に $= \dfrac{MC}{n}$）すでに与えられているなら，多数決によって決められる公共財の産出量は一義的に定まり，もっともらしい仮定のもとで，最適な公共財が供給される。

公共財への選好が正規分布をしているとき，平均的投票者は中位投票者となり，そこで公共財の供給が行われる。平均的投票者の公共財の限界評価の合計は，社会的な公共財の限界評価の合計に等しいから，そこでは，パレート最適な公共財の供給が行われている。

下の図3.5をみると，D_A，D_B，……とそれぞれの人々の限界評価曲線がある中で，平均的投票者（中位投票者）の公共財に対する限界評価曲線 D_M が，投票の結果採択され，M 点での公共財が供給される。M 点では，サムエルソンのルールが成立している。

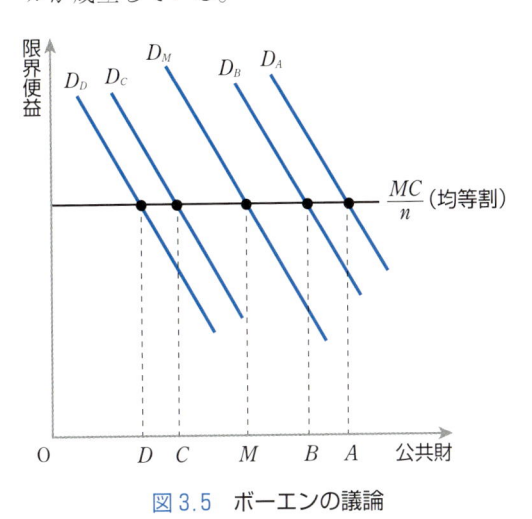

図3.5 ボーエンの議論

─── 例題 3.5 ───

消費者が 2 人いる経済で，共通の効用関数が，
$$U(x^i, G) = \log x^i + \log G$$
x^i は，その人の私的財の消費，G は公共財の消費 $(i = 1, 2)$。また，外生的な所得は同じ $\dfrac{W}{2}$ である。公共財の限界費用は 1 であり，私的財と公共財の相対価格も 1 とする。

(a) パレート最適のもとでの公共財の供給水準を求めよ。

(b) ナッシュ均衡のもとでの公共財の供給水準を求めよ。

【解答】

(a) パレート最適の条件は，サムエルソンの条件が成立することである。公共財の限界評価は，それぞれ $\dfrac{x_1}{G}$，$\dfrac{x_2}{G}$ であるから，次式が条件式となる。

$$\frac{x_1}{G} + \frac{x_2}{G} = 1$$

ところで，財市場の均衡式は，すべての人の所得が公共財の消費か私的財の消費に配分されねばならないから，次の条件式となる。

$$G + x_1 + x_2 = W$$

これら 2 式より，G を求めると，

$$G = \frac{W}{2}$$

これが，パレート最適での公共財の供給水準である。

(b) ナッシュ均衡では，各人の公共財の限界評価が公共財の限界費用に等しくなる点で，公共財が供給される。

$$\frac{x_1}{G} = \frac{x_2}{G} = 1$$

これと，財市場の均衡条件より，G を求めると，

$$G = \frac{W}{3}$$

これが，ナッシュ均衡での公共財の供給水準である。$\frac{W}{3} < \frac{W}{2}$ だから，ナッシュ均衡では公共財の供給が過小になる。

例題 3.6

ナッシュ均衡と比較して，リンダール均衡の政策的な意味を述べよ。

【解答】

公共財の自発的供給モデルであるナッシュ均衡では，公共財が過小供給されるのに対し，リンダール均衡では公共財は効率的に供給される。公共財と多少は代替的な私的財が利用可能であっても，その財の供給を民間部門にまかせてしまうと，その財は，公共財である限り，すなわち多少はその便益が，外部性を持つ限り，効率性の基準からみて，過小に供給される。これが，ナッシュ均衡からでてくる政策的な意味である。

ナッシュ均衡点 N では，リンダール均衡点 L と比較して，各個人の予算制約線の傾きが大きい（図3.6）。その分，公共財の限界評価の高い水準で最適な公共財の消費水準＝公共財の供給水準が決定され，結果として，ナッシュ均衡では公共財が過小になる。

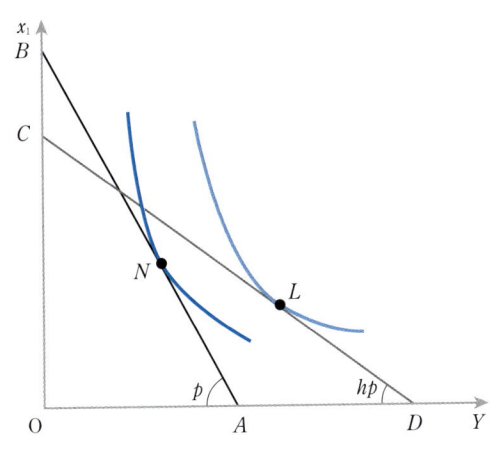

図 3.6　ナッシュ均衡点とリンダール均衡点

したがって，公共財である以上，何らかの形で政府がその供給に対して責任を持たなければならない。リンダール均衡は，個別化された価格という形で政府が公共財の供給に責任を持つ場合に，公共財が過小供給されることなく，資源配分の効率性からみて，最適に供給されることを意味している。ただし，ただ乗りの可能性を考慮すると，リンダール均衡が容易に実現できるともいえない（練習問題3.8参照）。

例題 3.7

1人50枚のコインを持っている。それを私的財に使えば，コイン1枚あたり1円の便益があり，それを公共財に使えば，1枚あたり0.5円の便益がある。5人が1つのグループを形成しており，公共財はこのグループ内での純粋公共財であるとする。このとき，パレート最適なコインの配分と，ナッシュ均衡でのコインの配分を求めよ。

【解答】

公共財の1枚あたり便益は，0.5であるから，公共財の社会的な便益は，$0.5 \times 5 = 2.5$である。これは，私的財の便益1よりも大きい。したがって，パレート最適なコインの配分は，すべてを公共財に投入することである。このとき，各人の便益は，$2.5 \times 50 = 125$円となる。

ナッシュ均衡では，他人のコインの配分を所与として自らにとっての最適なコインの配分を決める。私的な便益での比較となるから，公共財の私的便益である0.5円よりも私的財の便益である1円のほうが，必ず大きい。したがって，すべてのコインを私的財に投入するのが，ナッシュ均衡となる。そこでの各人の便益は，$50 \times 1 = 50$円である。

両者を比較すると，ナッシュ均衡のほうが得られる便益は小さい。これは，ナッシュ均衡での公共財が過小供給であることを意味する。

3.3 公共財供給の理論的分析

── 練習問題 ──

3.6 例題3.5とほとんど同じモデルを想定し,効用関数だけが
$$U(x^i,\ G) = x^i + a_i \log G$$
と,違っているモデルを考える。$a_1 = a_2 = 1$ のときの,ナッシュ均衡での公共財の供給水準を求めよ。

3.7 前問と同じ問題を考える。$a_1 = 1$, $a_2 = 0.5$ のときの,ナッシュ均衡での公共財の供給水準を求めよ。

3.8 リンダール均衡における公共財のただ乗り問題とは何か。

3.9 自発的な公共財の供給では,公共財が不足することを説明せよ。

3.10 公共財の中立命題について説明せよ。

3.11 公共財に関する記述のうち,正しいものは次のうちどれか。

(a) ナッシュ均衡では,すべての経済主体が自発的に公共財を供給している。

(b) リンダール均衡では,すべての経済主体が同じ効用関数を持つ場合に限って,公共財が最適に供給される。

(c) 所得水準が大きく違う場合には,ナッシュ均衡での公共財の負担も,大きく異なる。

(d) ただ乗りの問題は,ナッシュ均衡ではなく,リンダール均衡において生じる問題である。

(e) 公共財の中立命題は,経済主体が同じ効用関数を持つ場合に限って成立する。

コラム　政権交代の可能性

　最近では，政権交代の可能性があるときに公債の発行が重要な役割を示すことが，認識されている。すなわち，公債残高はストックの変数であるから，短期的には大きく変化することができない。政権交代によって，新しい政党が政権についても，いままでの公債発行の結果としての公債残高は受け継がざるをえない。革命でも起きれば，既存の公債を無視することもできようが，現実的にはその可能性は乏しいだろう。

　とすれば，政権交代の可能性があれば，現在政権についている政党は，公債発行量を操作して，将来の別の政党が政権についた場合にも，自らの財政政策のほうへ，将来の政権の財政政策を多少は影響させる可能性が生じる。なぜなら，税制や政府支出はその時点で政権にある政党が自由にコントロールできるのに対して，公債残高は過去から受け継ぐものであるから，その結果生じる利払費は，自由にコントロールできないものである。

　現在の政府は，将来の政府よりも本来は，小さな政府を志向する政府であるとしよう。現在の政府は，その政府が将来も政権にある場合に比べて，現在の財政政策をより積極的に運営し，政府支出を拡大して，財政赤字を拡大し，そのつけを将来の政府に押し付ける誘因を持つだろう。そうすることによって，将来の政府は，本来望ましいと判断していた大きな政府としての拡張的な財政政策を，多少は抑制せざるをえない。

　なぜなら，利払費が大きいために，拡張的な政府支出を採用すると，税収をより多く確保する必要があり，限界的な税率が上昇するために，ミクロ的な税収増による攪乱効果が大きくなるからである。したがって，保守的な政府は，政権交代の可能性があれば，財政赤字を拡張する誘因を持つ。本来，財政赤字の拡大による拡張的な経済運営は，典型的なケインズ政策であり，アメリカにおいてむしろ，民主党の政策のはずであった。それが，レーガン政権という共和党政権において，減税を中心とした拡張的なケインズ政策が実施されたのである。このような一見逆説的な経済運営を，論理的に説明しうる議論が，公債発行を考慮した政権交代のモデルである。

4 日本の政府支出

4.1 政府支出の大きさ

◆3つの要因

政府支出の大きさは，一般的に次の3つの要因で決まる。
1. **資源配分機能**：公共財をどの程度供給しているか。
2. **所得再分配機能**：世代内，世代間でどの程度の再分配を行っているか。
3. **経済活動の安定化**：市場の調整メカニズムがどの程度円滑に行われているか。

◆日本の政府支出

わが国の一般会計歳出総額対 GDP 比の動きでみると，高度成長期に10%程度で安定していた政府歳出規模の対 GDP 比は，1970年代後半に入って上昇傾向となった。1980年代に入るとやや安定したが，その後は長期的に拡大傾向が続いている。政府歳出の内訳をみると，公共事業費，文教費，防衛費，国債費などさまざまであるが，中でも，社会保障費と国債費のウェイトが増大している。

◆国際比較

わが国の一般政府総支出は，対 GDP 比でほぼアメリカと同程度であり，ヨーロッパ諸国よりは小さい。また，わが国は最終消費支出の割合が小さく，総固定資本形成の割合が大きかった。逆に，ほかの先進諸国では政府消費支出の割合が大きく，政府投資支出の割合が小さい。

56　　4　日本の政府支出

■データ　一般会計における歳出・歳入の状況

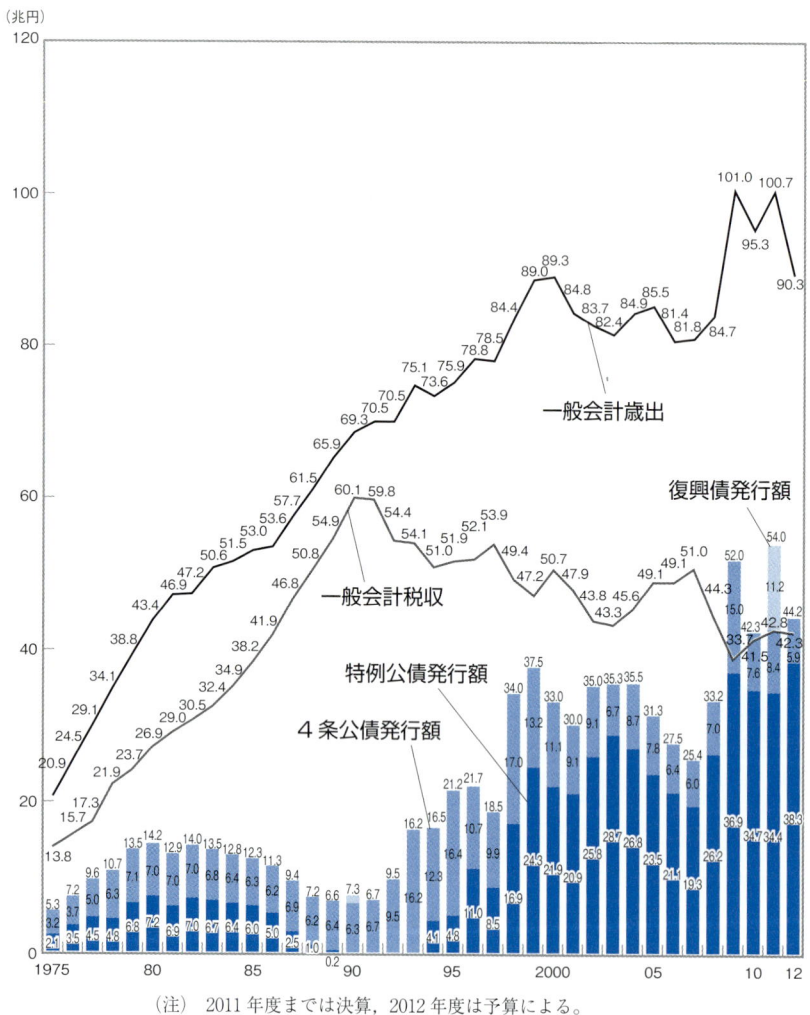

(注)　2011年度までは決算、2012年度は予算による。
(出所)　財務省「日本の財政関係資料」(平成24年9月) p.12

図4.1　一般会計における歳出・歳入の状況

4.1 政府支出の大きさ

■データ　OECD諸国の政府支出および収入の関係

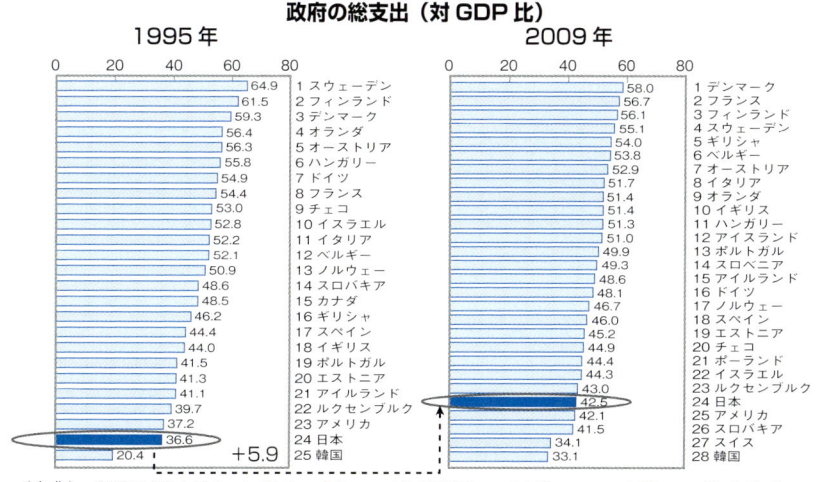

政府の総支出（対GDP比）

1995年

順位	国名	値
1	スウェーデン	64.9
2	フィンランド	61.5
3	デンマーク	59.3
4	オランダ	56.4
5	オーストリア	56.3
6	ハンガリー	55.8
7	ドイツ	54.9
8	フランス	54.4
9	チェコ	53.0
10	イスラエル	52.8
11	イタリア	52.2
12	ベルギー	52.1
13	ノルウェー	50.9
14	スロバキア	48.6
15	カナダ	48.5
16	ギリシャ	46.2
17	スペイン	44.4
18	イギリス	44.0
19	ポルトガル	41.5
20	エストニア	41.3
21	アイルランド	41.1
22	ルクセンブルク	39.7
23	アメリカ	37.2
24	日本	36.6
25	韓国	20.4

2009年

順位	国名	値
1	デンマーク	58.0
2	フランス	56.7
3	フィンランド	56.1
4	スウェーデン	55.1
5	ギリシャ	54.0
6	ベルギー	53.8
7	オーストリア	52.9
8	イタリア	51.7
9	オランダ	51.4
10	イギリス	51.4
11	ハンガリー	51.3
12	アイスランド	51.0
13	ポルトガル	49.9
14	スロベニア	49.3
15	アイルランド	48.6
16	ドイツ	48.1
17	ノルウェー	46.7
18	スペイン	46.0
19	エストニア	45.2
20	チェコ	44.9
21	ポーランド	44.4
22	イスラエル	44.3
23	ルクセンブルク	43.0
24	日本	42.5
25	アメリカ	42.1
26	スロバキア	41.5
27	スイス	34.1
28	韓国	33.1

+5.9

（出典）OECD "Stat Extracts National Accounts", EU "Euro stat Government Finance Statistics"。
（注）1．数値は一般政府（中央政府，地方政府，社会保障基金を合わせたもの）ベース。
　　　2．政府の総支出には利払費が含まれている。

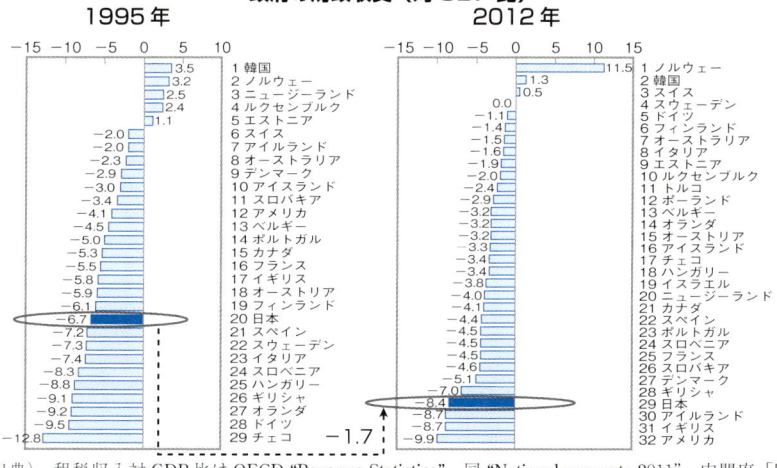

政府の財政収支（対GDP比）

1995年

順位	国名	値
1	韓国	3.5
2	ノルウェー	3.2
3	ニュージーランド	2.4
4	ルクセンブルク	1.1
5	エストニア	-2.0
6	スイス	-2.0
7	アイルランド	-2.3
8	オーストラリア	-2.9
9	デンマーク	-3.0
10	アイスランド	-3.4
11	スロバキア	-4.1
12	アメリカ	-4.5
13	ベルギー	-5.0
14	ポルトガル	-5.3
15	カナダ	-5.5
16	フランス	-5.8
17	イギリス	-5.9
18	オーストリア	-6.1
19	フィンランド	-6.7
20	日本	-7.2
21	スペイン	-7.3
22	スウェーデン	-7.4
23	イタリア	-8.3
24	スロベニア	-8.8
25	ハンガリー	-9.1
26	ギリシャ	-9.2
27	オランダ	-9.5
28	ドイツ	-12.8
29	チェコ	

2012年

順位	国名	値
1	ノルウェー	11.5
2	韓国	1.3
3	スイス	0.5
4	スウェーデン	0.0
5	ドイツ	-1.1
6	フィンランド	-1.4
7	オーストラリア	-1.5
8	イタリア	-1.9
9	エストニア	-2.0
10	ルクセンブルク	-2.4
11	トルコ	-2.9
12	ポーランド	-3.2
13	ベルギー	-3.2
14	オランダ	-3.2
15	オーストリア	-3.4
16	アイスランド	-3.4
17	チェコ	-3.8
18	ハンガリー	-4.0
19	イスラエル	-4.1
20	ニュージーランド	-4.4
21	カナダ	-4.5
22	スペイン	-4.5
23	ポルトガル	-4.5
24	スロベニア	-4.6
25	フランス	-7.0
26	スロバキア	-8.4
27	デンマーク	-8.7
28	ギリシャ	-9.9
29	日本	
30	アイルランド	
31	イギリス	
32	アメリカ	

-1.7

（出典）租税収入対GDP比はOECD "Revenue Statistics", 同 "National accounts 2011", 内閣府「国民経済計算」等，財政収支はOECD "Economic Outlook 90"。
（注）1．租税収入は一般政府（中央政府，地方政府，社会保障基金を合わせたもの）ベース。また，2009年の数値は，日本は2009年度，オーストラリア，韓国は2008年。
　　　2．財政収支の数値は一般政府（中央政府，地方政府，社会保障基金を合わせたもの）ベース。ただし，日本およびアメリカは社会保障基金を除いたベース。また，日本の2012年の財政収支は単年度限りの特殊要因を除いた数値。
（出所）財務省「日本の財政関係資料」（平成24年9月）p.41, p.42

図4.2　OECD諸国の政府支出および収入の関係

―――― 例題 4.1 ――――
わが国の公務員人件費は国際比較でどのように評価すべきか。

【解答】
　政府消費とは，経常的な公共サービスの費用であり，その多くは人件費（＝公務員の給料）である。わが国では諸外国と比較すると，公務員の数が相対的に少ない。もし，先進諸国，とくに福祉を重視するヨーロッパ諸国を政府支出のあるべき姿とみなすと，わが国の政府支出は全体としてまだ小さいことになる。北欧諸国ならば公共部門が受け持っている社会保障に関する役割を，わが国ではたとえば家族制度を通じて，民間部門が代替してきた面も多い。

　さらに，わが国で公務員の数が少ないもう一つの理由は，民間企業部門が似たようなサービスや機能を代行してきたことにもある。企業の中でも日本的慣行や終身雇用制度のもとで，企業が従業員を家族ぐるみで面倒をみてきた。政府が社会福祉政策を行う前に，企業が従業員の生活の福利厚生に配慮してきた。また，所得税の年末調整を企業が代行することで，勤労者が確定申告しなくて済んでいる。これは政府の徴税費用を事実上企業が肩代わりしている。こうした面も，政府の役割を軽くする要因である。

　しかし，経済成長が期待できず，高齢化が進む今後を考えると，民間部門の代替機能はあまり期待できず，社会保障支出の拡大が必要になる。また，企業と従業員の関係も，これまでの相互扶助からよりドライな関係に変わりつつある。グローバル化の圧力もあって，終身雇用など日本的労働慣行も崩れ始めている。企業の福利厚生に頼るのも困難だろう。セーフティ・ネットを政府の財政できちんと整備すると，社会保障費ばかりでなく公務員人件費も増加せざるをえない。

練習問題

4.1 わが国の戦前における経費構造について，説明せよ．

4.2 1980 年代の財政運営を説明せよ．

4.3 1990 年代以降の一般政府総支出の対 GDP 比率の推移を説明せよ．

4.4 一般会計予算の主要経費別分類に関する特徴を述べよ．

4.5 図 4.3 は一般会計予算歳出に占める主要経費割合の推移を示したものである．A〜E に該当する項目を述べよ．

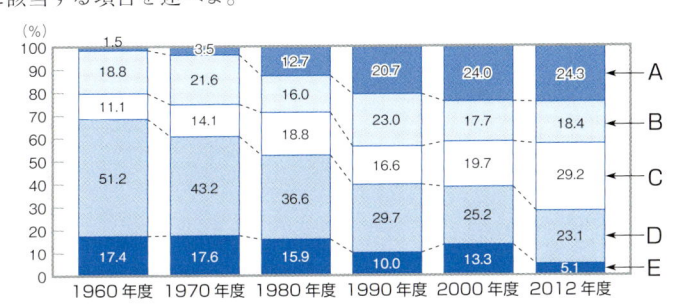

年度	A	B	C	D	E
1960年度	1.5	18.8	11.1	51.2	17.4
1970年度	3.5	21.6	14.1	43.2	17.6
1980年度	12.7	16.0	18.8	36.6	15.9
1990年度	20.7	23.0	16.6	29.7	10.0
2000年度	24.0	17.7	19.7	25.2	13.3
2012年度	24.3	18.4	29.2	23.1	5.1

(注) 平成 12(2000) 年度までは決算，24(2012) 年度は政府案による．
(出所) 「我が国の財政事情」(平成 23 年 12 月)
http://www.mof.go.jp/budget/budger_workflow/budget/fy2012/seifuan24/yosan004.pdf

図 4.3　一般会計歳出に占める主要経費の割合の推移

4.6 政府支出に関する次の記述のうち，正しいものを選べ．

(a) 国の一般会計で政府支出の内訳をみると，社会保障費，公共事業費，文教費，防衛費などさまざまな政策に支出されているが，最近では，文教費の比重がもっとも大きい．

(b) わが国の一般政府総支出（移転支出も含む）の対 GDP 比は増加しており，最近ではほかの先進諸国（米英独仏の平均）よりも大きな水準である．

(c) 国の一般会計における歳出のうちで地方交付税交付金を除いたものが，国の予算として政策的に使える歳出である一般歳出に充てられている．

(d) 国の一般歳出の中では，最近では社会保障費がもっとも大きな比重を占めているが，国際的にみるとわが国の社会保障移転対 GDP 比は，先進諸国の中でもっとも高い水準ではない．

(e) 国の一般歳出の中では社会保障費がもっとも大きな比重を占めており，国際的にもわが国の社会保障移転対 GDP 比は，先進諸国の中でもっとも高い水準にある．

4.2 社会保障費

◆社会保障費の割合

社会保障関係費の一般歳出に占める割合は，もっとも大きい（図 4.4）。2012 年度の社会保障関係費は，26 兆 3,691 億円を計上している。国の一般歳出（基礎的財政収支対象経費）の中で，地方交付税を除いた政策経費の 51％ を占める。

その内訳は，次の 5 つである（図 4.5）。

1. **生活保護**：生活困窮者に対して，健康で文化的な最低限度の生活を保障するとともに，その自立を助成する。
2. **社会福祉**：老人福祉費，身体障害者保護費，児童保護費，児童扶養手当，婦人保護費，社会福祉施設設備費，母子福祉費，国立更生援護機関経費など。
3. **社会保険**：社会保障制度の中核。
(1) 医療保険：国民皆保険。国民健康保険に対しては，多額の国庫補助。
(2) 年金保険：国民年金，厚生年金，共済年金。

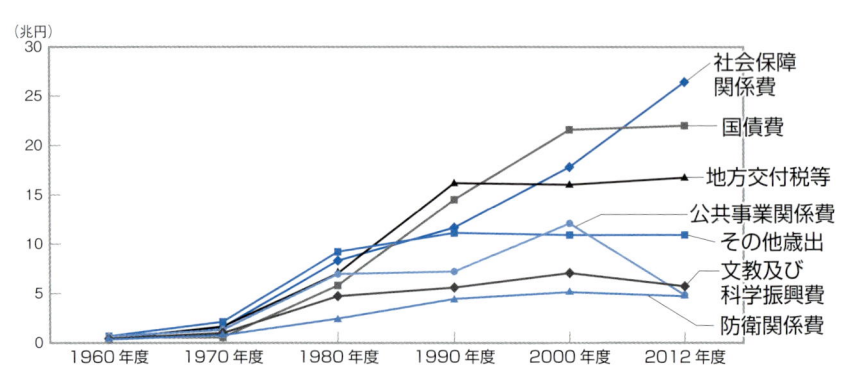

(注) 平成 12（2000）年度までは決算，24（2012）年度は政府案による。
(出所) 「我が国の財政事情」（平成 23 年 12 月）
http://www.mof.go.jp/budget/budger_workflow/budget/fy2012/seifuan24/yosan004.pdf

図 4.4　一般会計の主要経費別歳出額の推移

基礎年金を導入（1986年度）。そのうち2分の1は国庫負担。
4. **保健衛生対策費**：看護師などの医療供給体制の整備，公的医療機関への助成など。
5. **失業対策**：雇用保険国庫負担，職業転換対策事業など。

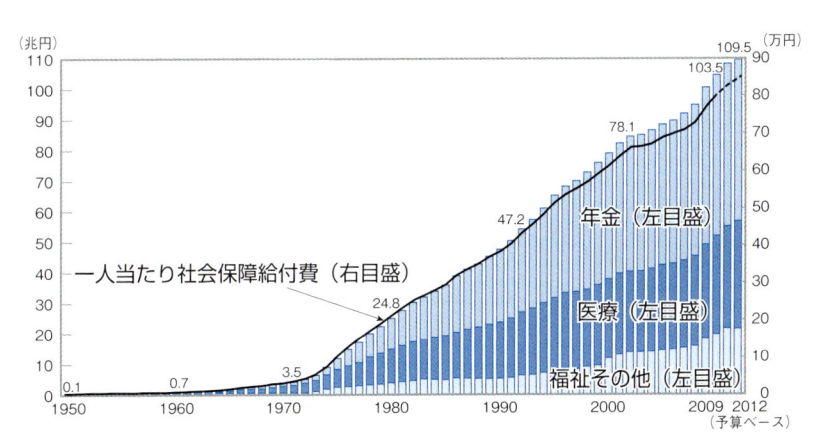

(資料) 国立社会保障・人口問題研究所「平成22年度社会保障費用統計」，2011年度～2012年度（予算ベース）は厚生労働省推計，2012年度の国民所得額は「平成24年度の経済見通しと経済財政運営の基本的態度（平成24年1月24日閣議決定）」。
(注) 図中の数値は，1950，1960，1970，1980，1990，2000および2010並びに2012年度（予算ベース）の社会保障給付費（兆円）である。

	1970	1980	1990	2000	2012(予算ベース)
国民所得額(兆円)A	61.0	203.9	346.9	371.8	349.4
給付費総額(兆円)B	3.5(100.0%)	24.8(100.0%)	47.2(100.0%)	78.1(100.0%)	109.5(100.0%)
(内訳) 年金	0.9(24.3%)	10.5(42.2%)	24.0(50.9%)	41.2(52.7%)	53.8(49.1%)
医療	2.1(58.9%)	10.7(43.3%)	18.4(38.9%)	26.0(33.3%)	35.1(32.1%)
福祉その他	0.6(16.8%)	3.6(14.5%)	4.8(10.2%)	10.9(14.0%)	20.6(18.8%)
B/A	5.77%	12.15%	13.61%	21.01%	31.34%

(出所) 厚生労働省HP
http://www.mhlw.go.jp/seisakunitsuite/bunya/hokabunya/shakaihoshou/dl/05.pdf

図4.5 社会保障給付費の推移

◆社会保障の経済的効果

経済分析の中心的な課題。

1. 労働供給への効果：社会保障が充実すれば，社会保障負担の増加で，人々の勤労意欲が損なわれるかもしれない。

2. 資本蓄積への効果：公的年金の充実により，私的な貯蓄が減少して，経済全体の資本蓄積が減少するかもしれない。

3. モラル・ハザード：社会保障の充実によって，個人的に危険を回避する努力をないがしろにするかもしれない。

例題 4.2

社会保障の経済効果を，説明せよ。

【解答】

　社会保障が経済活動に与える効果は，メリットとデメリットの2つの側面から評価する必要がある。まず，社会保障のメリットであるが，国民の文化的で健康な生活を維持する上で，セーフティ・ネットとして大きな役割を果たしている。社会保障制度が整備されると，さまざまなリスクへの備えが準備されるので，国民は安心して経済活動に専念できる。

　しかし，社会保障制度にもデメリットがある。社会保障が充実すれば，社会保障負担の増加で，実質的な可処分所得が低下するために，勤労意欲は阻害されるかもしれない。また，失業保障が充実すれば，人々は失業のコストをあまり気にしなくなる。したがって，より条件のよい職を求めたり，たんに余暇（レジャー）を追求するために，簡単に離職するかもしれない。

　社会保障が充実すれば，私的な貯蓄が減少し，結果として経済全体の資本蓄積も阻害される。とくに，公的年金の資本蓄積に与える効果は，理論的にも実証的にも大きな関心を集めている。また，社会保障の充実によって，個人的に危険を回避する努力がないがしろにされるかもしれない。たとえば，医療保険があるために，病気に対する備えがおろそかになるなどである。

4.2 社会保障費

例題 4.3

2004 年の年金改正について述べよ。

【解答】

　2004 年の年金改正では，中長期的な方針として，老後の給付水準を一定にして保険料の引上げで対応する確定給付方式から，保険料を一定に維持しながら給付水準の調整（引下げ）で対応する確定拠出方式に変更された。

　すなわち，保険料水準固定方式とマクロ経済スライドによる給付の自動調整という仕組みが採用された。これは，保険料水準を固定した（これ以上引き上げない）上で，その収入の範囲内で給付水準を自動的に調整する仕組み（保険料水準固定方式）である。社会全体の保険料負担能力の伸びを反映させることで，給付水準を調整する。

　年金額は通常の場合，賃金や物価の伸びに応じて増えていくが，年金額の調整を行う期間は，年金を支える力の減少や平均余命の伸びを年金額の改定に反映させ，その伸びを賃金や物価の伸びよりも抑える。この仕組みをマクロ経済スライドという。また，給付水準の調整を行っても高齢期の生活の基本的な部分を支えるものとして，厚生年金の標準的な年金世帯の給付水準は，現役世代の平均的収入の 50% を上回るものとするという政治的な配慮も追加された。

　その結果，厚生年金の保険料は 2004 年 10 月から毎年 0.354% ずつ引き上げられ，2017 年度以降 18.30% となる。また，国民年金の保険料は 2005 年 4 月から毎年月額 280 円引き上げられ，2017 年度以降 1 万 6,900 円となる（いずれも 2004 年度価格）。

　しかし，少子化・高齢化が進展する限り，こうした変更は一時しのぎの対応でしかない。賦課方式である以上，若い世代ほど，保険料の支払総額よりも受け取る給付総額は減少してしまう。その一部は国庫補助（一般会計からの財源投入）の増額で対応しようとするが，税金を負担するのは若い世代であるから，国庫補助は抜本的な解決策になっていない。

---例題 4.4---
2009 年以降の民主党政権の社会保障改革について述べよ。

【解答】

　現行の社会保障制度の基本的枠組みが作られた 1960 年代以降今日まで，①非正規雇用の増加などの雇用基盤の変化，②地域・家族のセーフティ・ネット機能の減退，③人口，とりわけ現役世代の顕著な減少，④高齢化に伴う社会保障に関わる費用の急速な増大，⑤経済の低迷，デフレの長期化など厳しい経済・財政状況，⑥企業のセーフティ・ネット機能の減退，といった社会経済諸情勢の大きな変化が生じている。

　これらを踏まえ，民主党政権では，国民の自立を支え，安心して生活ができる社会基盤を整備するという社会保障の原点に立ち返り，その本源的機能の復元と強化を図っていくことを目標とした。「3 つの理念」（①参加保障，②普遍主義，③安心に基づく活力）や「5 つの原則」（①全世代対応，②未来への投資，③分権的・多元的供給体制，④包括的支援，⑤負担の先送りをしない安定財源）を踏まえたものが重要という考え方である。

　まず，セーフティ・ネットに生じたほころびや格差の拡大などに対応し，所得の再分配機能の強化や家族関係の支出の拡大を通じて，全世代を通じた安心の確保を図り，かつ，国民一人ひとりの安心感を高めていく。このため，セーフティ・ネットから抜け落ちていた人を含め，すべての人が社会保障の受益者であることを実感できるようにしていく。制度が出産・子育てを含めた生き方や働き方に中立的で選択できる社会，雇用などを通じて参加が保障される社会，子どもが家族や社会と関わり良質な環境の中でしっかりと育つ社会を目指す。

　社会保障は国民が支え合いの仕組みに積極的に参加することで強固なものとなっていくが，より公平・公正で自助・共助・公助の最適なバランスによって支えられる社会保障制度に改革をしていく。支援を必要とする人の立場に立った，包括的な支援体制を構築し，また，地域で尊厳を持って生きられ

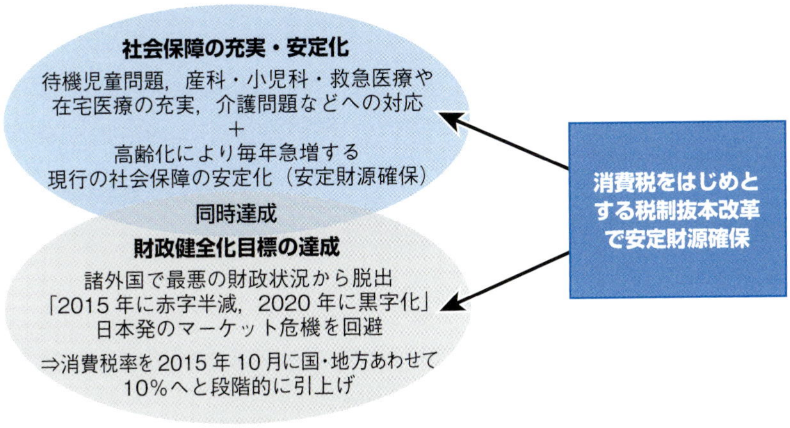

4.2 社会保障費

社会保障の充実・安定化
待機児童問題，産科・小児科・救急医療や在宅医療の充実，介護問題などへの対応
＋
高齢化により毎年急増する現行の社会保障の安定化（安定財源確保）

同時達成

財政健全化目標の達成
諸外国で最悪の財政状況から脱出
「2015年に赤字半減，2020年に黒字化」
日本発のマーケット危機を回避
⇒消費税率を2015年10月に国・地方あわせて10％へと段階的に引上げ

消費税をはじめとする税制抜本改革で安定財源確保

（出所）財務省「日本の財政関係資料」（平成24年9月）p.33

図 4.6 社会保障と税の一体改革とは

るよう支える医療・介護が実現した社会を目指す。そして，より受益感覚が得られ，納得感のある社会保障の実現を目指し，国民皆保険・皆年金を堅持した上で，給付と負担のバランスを前提として，それぞれ OECD 先進諸国の水準を踏まえた制度設計を行い，中規模・高機能な社会保障体制を目指す方針である。

2012年6月に，消費税の増税を柱とする「一体改革」で民主，自民，公明3党合意ができ，一定の財源が確保された（図 4.6）。それでも，今後急増する社会保障需要に対応するだけの財源は確保できていない。社会保障制度については，民主党マニフェスト（政権公約）の主要政策である「最低保障年金の創設」「後期高齢者医療制度の廃止」両政策の撤回方針を明示せず，新設する「社会保障制度改革国民会議」に検討を事実上棚上げした。「総合こども園」の創設は見送り，自公政権時に導入した認定こども園を存続させることとなった。

コラム　少子化対策

　日本の平均寿命は高度成長とともに大きく延びてきた。最近の平均寿命は80歳を超えている。高齢化に伴って社会保障制度の対応も必要だが，常識的に考えれば，高齢化それ自体は望ましい。しかし，高齢化と異なり，少子化は必ずしも望ましい現象ではない。

　もちろん，少子化にもメリットはある。子どもの数が減少すれば，過度の受験競争はなくなるし，勤労人口が減少すれば，通勤地獄も緩和される。一人あたりの土地面積が増加するから，いままでよりも広い土地や住宅を利用することも可能になる。それでも，少子化によって，若年世代が老年世代を支えるという社会保障制度を維持することは困難になる。さらに，マクロ経済の活性化にとってもマイナスである。互いに刺激したり，競争したりすることで，経済活力が生み出されることも少なくなる。

　しかし，少子化対策が望ましいとしても，問題はその有効性にある。政府が財政面から支援を強化しても，子どもの数が簡単に増加するとは思えない。急激な少子化は，社会的，経済的なトレンドの変化を反映しており，構造的な要因を変えない限り，短期的にそう改善するものではない。

　出生率が低下しているのは，子どもを生み育てるコストが上昇する一方で，そのメリットが低下しているからである。子育てには時間がかかるから，女性の職場への進出などで時間の機会費用（＝その時間をほかの用途に振り向けると，どの程度の経済価値になるか）が，増加している現代では子育てのコストも増加する。他方で，それまでは老後の面倒を子どもに頼っていた家計にとって，社会保障の整備やサービスの市場化が進展して，お金で老後の備えを賄えるようになり，子育てのメリットは減少している。コンビニエンスストアやファミリーレストランも独身者や高齢者の需要にきめ細かく対応し始めている。その結果，たくさんの子どもを育てる誘因がなくなってしまった。

　子育てのコストを低下させるには，時間の機会費用を低下させる必要がある。たとえば，男女の差別なく育児休暇を取得できるようにしたり，フレックス・タイムを促進して，働きながら（＝所得を犠牲にしないで），子育てが自由にできる環境を整備したり，夜間や早朝でも対応可能で柔軟なサービスを供給できる保育所を整備したりすることなどが，有効である。構造的に制度や政策を改革することではじめて，ある程度の効果が期待できる。しかし，構造対策なくして，単に量的に財政支援をするだけでは，その効果は限定的である。

―――― 練習問題 ――――

4.7 わが国の社会保障関係費の推移について，説明せよ。

4.3 防衛費

◆防衛費の便益の評価

防衛費の最適水準を経済学的に分析するのは，やっかいである。防衛費の便益は，人々の間でその評価が大きく異なる。
(1) 兵器の開発には，時間とリスクが伴う。
(2) 徴兵制か，志願制か。

> **対GDP比1％枠の原則**：1977年度以降，1986年度まで，各年度の防衛関係費の総額が国民総生産の1％を超えないことを原則とした。1987年度からは期間中の経費総額限度が明記され，防衛関係費膨張の歯止めになっている。

◆防衛関係費の内訳

1．3分類：人件・糧食費40％，歳出化経費（過去の契約に基づく当年度の支払い）40％，一般物件費20％。

2．後年度負担：兵器の購入では，当年度の歳出予算に計上されるのは前金として支払われる一部の額であり，残りは次年度以降（歳出化経費として次年度以降の予算に計上）の負担となる。これが，後年度負担である。

◆国際貢献

冷戦後の世界では，国連の国際平和維持活動（PKO）がその重要性を増している。1992年に成立した国際平和協力法により，自衛隊は人的な側面で国際協力活動を行うことが可能となっている。

---例題 4.5---

わが国の防衛費の基本方針について述べよ。

【解答】

わが国の国防の基本方針は，1976年以来，「防衛計画の大綱」の枠組みのもとで防衛力の整備が行われてきた。この大綱では，基盤的防衛力構想を採用して，平時におけるわが国の保有すべき防衛力のあり方，規模などを別表に示している。それを受けて，1985年に中期防衛力整備計画が決定された。この計画は，1992年度までを計画期間とし，大綱の基本的枠組みのもとで，それに定める防衛力の水準の達成を図ることを目標としていた。しかし，1976年の「防衛計画の大綱」策定後約20年以上が経過し，冷戦の終結などにより東西間の軍事的対峙の構造が消滅し，代わりに，2001年のアメリカ同時テロのようなリスクが増大する。国際情勢が大きく変化するとともに，自衛隊に期待される役割も多様化している。

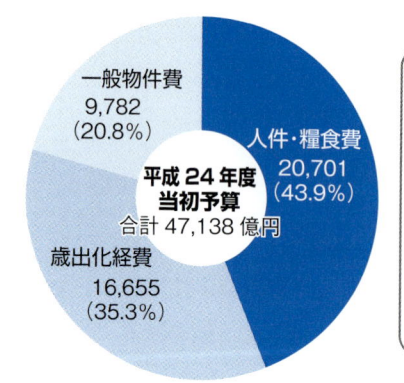

① 人件・糧食費
　隊員等に支給される給与や，営内で生活している隊員等の食費など
② 歳出化経費
　装備品などの物件費のうち，23年度以前の契約に基づき24年度に支払うもの
　24年度新規後年度負担額
　　18,476億円（対前年度＋1,174億円）
③ 一般物件費
　装備品などの物件費のうち，24年度の契約に基づき24年度に支払うもの

平成24年度当初予算 合計 47,138億円
- 人件・糧食費 20,701 (43.9%)
- 歳出化経費 16,655 (35.3%)
- 一般物件費 9,782 (20.8%)

（注）単位：億円
（出所）財務省「日本の財政関係資料」（平成24年9月）p.66

図 4.7　防衛関係費の内訳

4.4 経済協力費

◆経済協力費

政府開発援助（ODA；Official Development Assistance）など，対外経済協力の経費。2国間贈与（無償資金協力，技術援助），政府貸付け（円借款），国際機関への拠出など。

◆財　源

一般会計予算，財政投融資資金など。

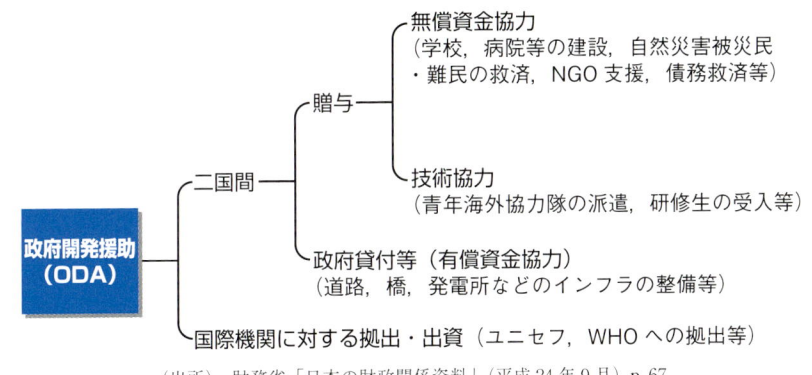

```
                        ┌ 無償資金協力
                        │ （学校，病院等の建設，自然災害被災民
              ┌ 贈与 ───┤   ・難民の救済，NGO支援，債務救済等）
              │         │
              │         └ 技術協力
政府開発援助 ─┤           （青年海外協力隊の派遣，研修生の受入等）
  （ODA）     │
              │ 二国間 ─ 政府貸付等（有償資金協力）
              │           （道路，橋，発電所などのインフラの整備等）
              │
              └ 国際機関に対する拠出・出資（ユニセフ，WHOへの拠出等）
```

（出所）財務省「日本の財政関係資料」（平成24年9月）p.67

図4.8　政府開発援助（ODA）の形態

表4.1　日本のODA拠出先上位10カ国（2010年）

（支出純額ベース，単位：百万ドル）

国　名	実績額	国　名	実績額
インド	981.14	スリランカ	155.43
ベトナム	807.81	カンボジア	147.46
アフガニスタン	745.66	イラク	144.44
トルコ	543.49	リベリア	134.31
パキスタン	207.89	ラオス	121.45

（出典）DAC
（出所）外務省HP
　　　　http://www.mofa.go.jp/mofaj/gaiko/oda/about/oda_jisseki.html

例題 4.6

一般会計予算における最近の経済協力費について，説明せよ。

【解答】

　経済協力とは，開発途上国の経済的・社会的開発，あるいは福祉に貢献することを目的とした資金の流れであり，公的資金によるものと民間資金によるものに大別される。公的資金によるものの大部分は，ODA（政府開発援助）である。

　わが国の ODA は一般会計当初予算でみれば，1997 年度の 1 兆 1,687 億円をピークに減少傾向にある。円借款なども含めた ODA 事業量全体の実績値（ドルベース）でみれば，国際的にも第 2 位を維持している。

　ODA には，対象国に返済義務を課す有償資金協力（政府直接借款），返済義務を課さない無償資金協力，技術協力の 3 形態がある。わが国の政府直接借款は，高度成長を背景とした開発資金需要が旺盛な ASEAN 諸国の経済インフラ整備などを中心に実施されてきたが，近年では，累積債務問題など国際収支上の困難に直面した国に対するノン・プロジェクト型借款（構造調整，債務救済，商品借款など）も拡充されている。

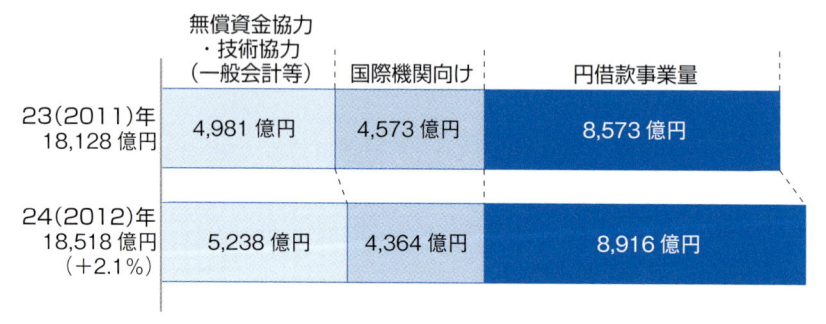

	無償資金協力・技術協力（一般会計等）	国際機関向け	円借款事業量
23(2011)年 18,128 億円	4,981 億円	4,573 億円	8,573 億円
24(2012)年 18,518 億円 (+2.1%)	5,238 億円	4,364 億円	8,916 億円

（注）　1．予算段階において計算したものであり，債務救済を含まず，OECD の開発援助委員会（DAC）に登録される ODA 事業量（暦年）とはズレが生じる可能性がある。
　　　2．リーマン・ショックを踏まえた時限措置（緊急財政円借款（23 年度））を除くベース。
（出所）　財務省「日本の財政関係資料」（平成 24 年 9 月）p.67

図 4.9　ODA 事業量

4.4 経済協力費

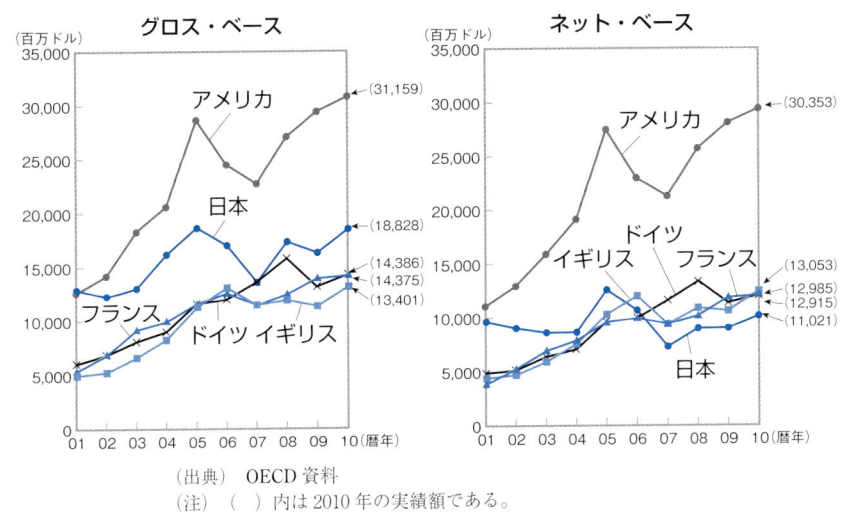

図 4.10　主要国の ODA 実績の推移

（出典）OECD 資料
（注）（　）内は 2010 年の実績額である。
（出所）財務省「日本の財政関係資料」（平成 24 年 9 月）p.67

練習問題

4.8　徴兵制と志願制のメリットとデメリットを，経済学の観点から議論せよ．

4.9　わが国の防衛費に関する記述として，正しいものは次のうちどれか．
 (a) 一般会計に占める防衛費の比率は，次第に低下してきている．
 (b) 防衛費の中で最大の比重を占めるものは，人件・糧食費である．
 (c) わが国の防衛費の規模は，国際的にはそれほど大きくなく，10 番以内には入っていない．
 (d) 防衛費の対 GDP 比率は，戦後一貫して 1 % 以内に抑えられてきた．
 (e) 最近では，防衛費よりも経済協力費のほうが，額としては大きくなっている．

4.10　日本の対外援助の特徴は何か．

4.5 文教および科学振興費

◆文教費の予算に占める位置

文教科学振興政策のための諸経費の予算のことで，防衛予算・公共事業予算・社会保障予算などとともに予算の一部門をなす。2012年度の文教科学振興関係費は5兆6,377億円（1.7%増）である（図4.11）。一般歳出の

区　分	2011年度予算額	2012年度予定額	増△減額	伸率
文部科学関係予算	5兆5,428億円	（2,249億円） 5兆6,377億円	949億円	1.7%
うち文化芸術関係予算	1,031億円	（24億円） 1,056億円	25億円	2.4%

（注）　上段括弧書きは復興特別会計分で内数。

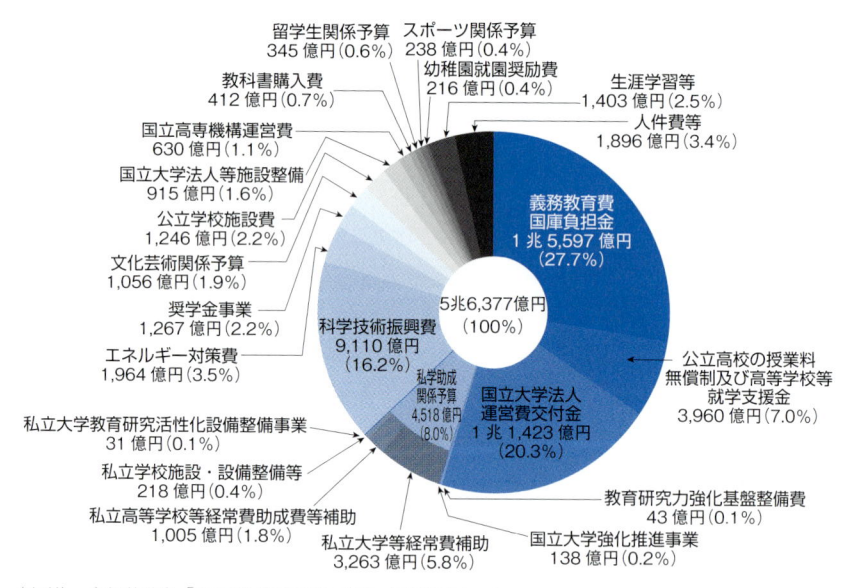

2012年度文部科学関係予算の構成（5兆6,377億円・100%）

- 留学生関係予算　345億円（0.6%）
- スポーツ関係予算　238億円（0.4%）
- 教科書購入費　412億円（0.7%）
- 幼稚園就園奨励費　216億円（0.4%）
- 生涯学習等　1,403億円（2.5%）
- 国立高専機構運営費　630億円（1.1%）
- 人件費等　1,896億円（3.4%）
- 国立大学法人等施設整備　915億円（1.6%）
- 公立学校施設費　1,246億円（2.2%）
- 文化芸術関係予算　1,056億円（1.9%）
- 奨学金事業　1,267億円（2.2%）
- エネルギー対策費　1,964億円（3.5%）
- 科学技術振興費　9,110億円（16.2%）
- 義務教育費国庫負担金　1兆5,597億円（27.7%）
- 私学助成関係予算　4,518億円（8.0%）
- 国立大学法人運営費交付金　1兆1,423億円（20.3%）
- 公立高校の授業料無償制及び高等学校等就学支援金　3,960億円（7.0%）
- 私立大学教育研究活性化設備整備事業　31億円（0.1%）
- 私立学校施設・設備整備等　218億円（0.4%）
- 私立高等学校等経常費助成費等補助　1,005億円（1.8%）
- 私立大学等経常費補助　3,263億円（5.8%）
- 国立大学強化推進事業　138億円（0.2%）
- 教育研究力強化基盤整備費　43億円（0.1%）

（出所）　文部科学省「平成24年度予算（案）主要事項」p.2
　　http://www.mext.go.jp/component/b_menu/other/__icsFiles/afieldfile/2012/02/07/1314488_19.pdf

図4.11　2012年度文部科学関係予算の構成

15% 程度。

その内訳は，次の5つである。
1. **義務教育国庫負担金**：義務教育の内容と規模を保障するための必要な経費の負担。義務教育諸学校に教職員給与費などの $\frac{1}{2}$（2006年から $\frac{1}{3}$ に改訂）を国が負担するもの。
2. **文教施設費**：公立文教施設整備費，公立文教災害復旧費。
3. **教育振興助成費**：義務教育教科書費，私立学校助成費など。
4. **育英事業費**：日本育英会の育英事業への助成。
5. **国立大学法人運営費交付金**：国立大学の運営に関する経費。

◆公的教育の根拠

純粋公共財ではないから効率性からは，どの程度正当化できるか，疑問もある。むしろ公平性の観点からの理由付けが有力であろう。

◆教育の経済的意味

人的資本効果，シグナル効果。

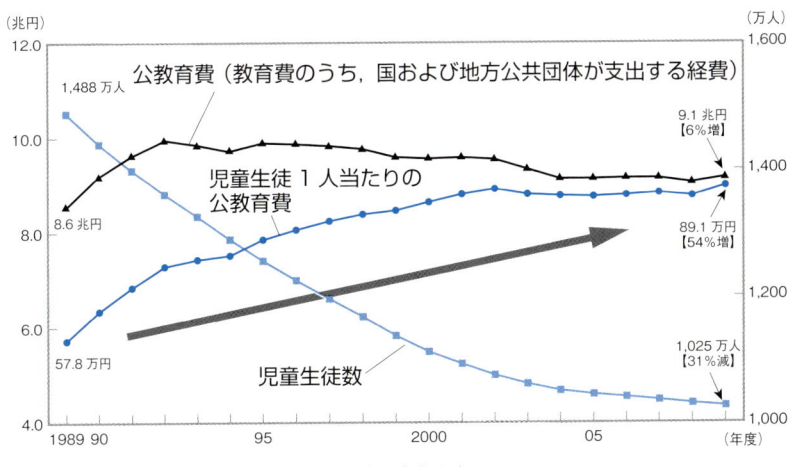

(出典) 学校基本調査，地方教育費調査
(出所) 財務省「日本の財政関係資料」(平成24年9月) p.59

図 4.12 公教育費の推移

74　　　　　　　　　　　　　　　4　日本の政府支出

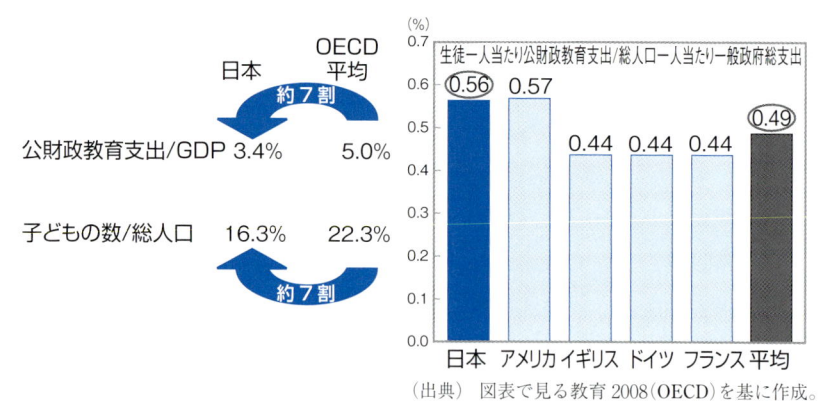

	日本	OECD平均
公財政教育支出/GDP	3.4%	5.0%
子どもの数/総人口	16.3%	22.3%

約7割

生徒一人当たり公財政教育支出/総人口一人当たり一般政府総支出

日本 0.56　アメリカ 0.57　イギリス 0.44　ドイツ 0.44　フランス 0.44　平均 0.49

（出典）　図表で見る教育2008（OECD）を基に作成。

日本は子どもの割合も少ない　　政府規模も考慮すると日本の公財政教育支出はG5平均以上

日本の教育に対する財政支出の対GDP比が低いとの指摘があるが，子どもの数や政府規模（国民負担率，一般政府支出規模）を勘案した日本の教育に対する財政支出は，主要先進国と遜色ない水準である。
（出所）　財務省HP「日本の財政を考える」（平成20年9月）各論4
　　　http://www.mof.go.jp/budget/fiscal_condition/related_data/sy014/sy014t.htm

図4.13　公財政教育支出の国際比較

例題 4.7

公的教育の根拠を説明せよ。

【解答】

　教育サービスは，純粋公共財ではない。純粋公共財の特徴である非競合性も排除不可能性も，ほとんどない。市場の失敗の観点から，公的教育の必要性を主張するとすれば，外部効果が有力なポイントであろう。すなわち，教育を受けることの利益は，その人だけでなく，社会全体にとっても大きい。たとえば，誰もが読み書きできれば，社会的な意思の疎通が円滑に進むだろう。

　しかし，教育の私的な利益が大きいのも事実である。読み書きできることで，一番利益を得るのは，本人自身である。政府の援助がなくても，人々が教育を受けたいと思っているなら，また，私的な利益で十分それを賄うこと

ができるのであれば，結果として誰もが読み書きできるようになり，外部性の観点から政府の教育支出を正当化することは，必ずしもできないだろう。問題は，政府が援助しない場合とする場合とで，教育水準にどのくらいの格差があり，どの程度の市場の失敗があるかである。

　教育に対する公的な援助は，むしろ，公平性の観点から正当化できるだろう。もし教育が私的に行われるなら，金持ちの親は，子どもの教育に多くのお金をつぎ込むことができる。資本市場が不完全であるとすれば，将来の教育の成果を当てにして，現在お金を借りることは困難であろう。子どもがどれだけの教育を受けられるかが，親の所得や資産のあるなしで決められるのは，あまり公平ではない。努力をすれば，誰でも上流階層へいくことができるという機会の均等が，社会を活性化させるために必要であり，そのためには，（とくに高等）教育に対する公的な援助が必要だろう。資本市場が不完全なことが，大学などの高等教育に対する政府の援助を正当化する理由になるだろう。

―――――――――― 練 習 問 題 ――――――――――

4.11 わが国の一般会計に占める文教科学費の推移に関する記述として，正しいものは次のうちどれか。
　(a) 文教科学費の比率は，戦後一貫して上昇している。
　(b) 文教科学費の比率は，戦後一貫してほぼ同程度の比率を占めている。
　(c) 昭和40年代（1965〜1974年）では，文教科学費の比率はほぼ5％程度であった。
　(d) 昭和50年代（1975〜1984年）では，文教科学費の比率はほぼ20％程度であった。
　(e) 最近（2000年代）では，文教科学費の比率はほぼ7〜10％程度である。

4.12 文教科学費についての記述のうち，正しいものは次のうちどれか。
　(a) 文教科学費のうち，大きな比率（30％程度）を占めているのが，義務教育国庫負担金である。
　(b) 文教科学費のうち，国立大学法人運営費交付金は，10％程度である。

(c) 義務教育教科書費は，国の文教科学費ではなく，地方公共団体の財政負担となっている。
(d) 科学技術振興費は，文教科学費の支出項目の一つであるが，その比重は5％程度である。
(e) 私学助成金は，文教科学費のうち大きな項目ではなく，5％以下である。

コラム　高等学校の実質無償化

　高等学校の実質無償化とは，授業料を原則不徴収として，それに相当する経費を地方公共団体に対して，国費により負担する制度であり，以下の学校に在学する生徒の授業料は原則として徴収されない。すなわち，公立高等学校（全日制，定時制，通信制）・公立中等教育学校の後期課程・公立特別支援学校の高等部，などの学校である。

　授業料のみが無償になり，所得による制限はない。また，私立高等学校の生徒には一定額（11万8,800円）が就学支援金として支給されている。総額で，3,960億円の財源を投入している（2012年度予算年）。

　高等学校も義務教育であり，すべての生徒がその受益を享受できるべきであるという理念がもっともらしいのであれば，授業料を実質無償化するだけでは不十分であり，学校施設，教職員の確保の面でも十分な支援が必要になる。しかし，高等学校が高等教育の一環であり，多様な能力を育成するのが目的であれば，義務教育とは異なる対応が望ましい。高等教育の目的は人的資本の形成であるが，そのメリットの多くは本人に帰属する。したがって，すべての生徒を対象に公的支援を行う必要はない。能力はあるけれども，経済的事情で十分な高等教育を受けられない生徒に限定して，奨学金などを充実させるべきだろう。

4.6 公共投資

◆公共事業の概念

公共投資については，次の2つの概念が広く用いられている。
1．**公共事業関係費**：国の一般会計の中の公共事業関係の歳出を，主要経費別分類に従って集計したもの。
2．**公的固定資本形成**：国民経済計算上の概念。国，地方，公団，政府関係機関，地方公営企業などを含む政府部門全体の投資。

河川・道路・港湾・空港などの公共土木事業や，住宅・下水道・公園など国民の生活に直結した施設の整備を行うための事業のうち，国の一般会計予算などが付くものを一般に公共事業という。

◆ 2012年度の公共事業関係費

「コンクリートから人へ」の方針に従い，2011年度当初予算に比して，4,009億円（8.1％）減の4兆5,734億円を計上（図4.14）。ただし，震

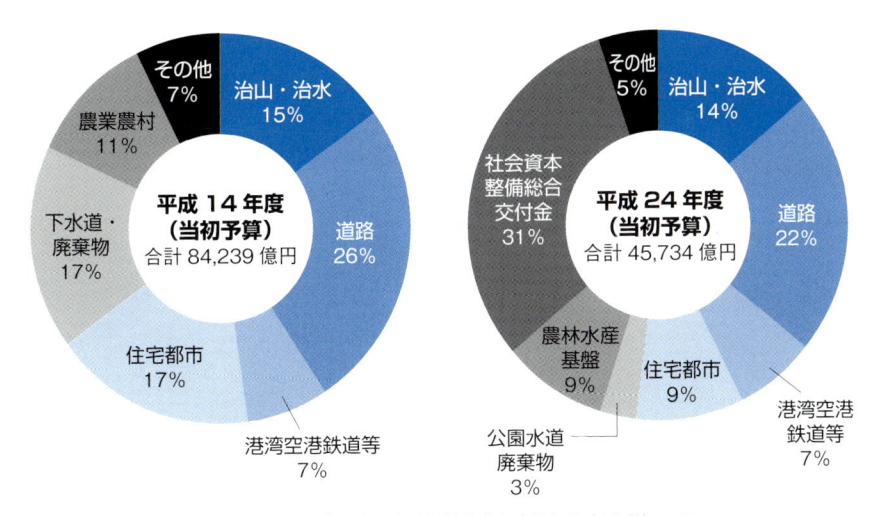

平成14年度（当初予算）合計 84,239億円
- 治山・治水 15%
- 道路 26%
- 港湾空港鉄道等 7%
- 住宅都市 17%
- 下水道・廃棄物 17%
- 農業農村 11%
- その他 7%

平成24年度（当初予算）合計 45,734億円
- 治山・治水 14%
- 道路 22%
- 港湾空港鉄道等 7%
- 住宅都市 9%
- 公園水道廃棄物 3%
- 農林水産基盤 9%
- 社会資本整備総合交付金 31%
- その他 5%

（出所）財務省「日本の財政関係資料」（平成24年9月）p.64

図4.14 公共事業関係費予算の内訳の推移（事業別）

災復興込みでは，東日本大震災の復旧・復興関連や全国的な防災対策予算が計上されて，総額では3,279億円増の5兆3,022億円となる。

◆**公共事業関係費の配分**

国民生活の安心・安全の確保，成長戦略の推進，「民間の知恵と資金」の活用，地域経済活性化のための基盤整備に対して重点化。

◆**事業の実施主体**

国が直接実施する事業のための経費（直轄事業費）地方公共団体が実施する事業に補助を与えるための経費（補助事業費）に分かれる。

◆**総固定資本形成対GDP比の国際比較**

わが国の公共投資水準（対GDP比率）は2000年代に入ってから国民総支出のおよそ3％程度まで低下しているが，依然として，欧米諸国の平均よりはかなり高い水準となっている（図4.15）。

> **費用・便益分析**：公共投資の生み出す社会的便益の現在から将来までの流列の割引現在価値が，公共投資の費用を上回る限り，その投資計画を実行するのが望ましい。

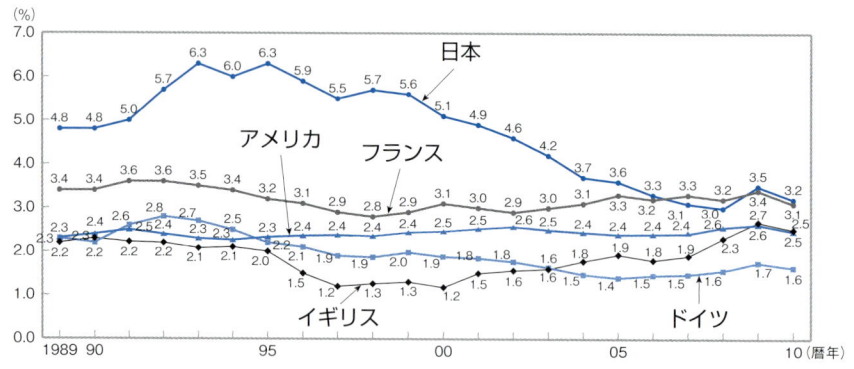

（出典） 日本は「国民経済計算」（内閣府）（年度ベース），諸外国は"National Accounts"（OECD Stat Extracts）（暦年ベース）および"Economic Outlook No 70"（OECD, 1989-1990 ドイツ部分）（暦年ベース）。

（出所） 財務省「日本の財政関係資料」（平成24年9月）p.65

図4.15 一般政府の総固定資本形成（対GDP比）の推移

4.6 公共投資

―― 例題 4.8 ――
費用・便益分析を公共投資計画に適用する際の問題点を，述べよ．

【解答】
　ある公共事業を実行することが社会的に望ましいかどうか，どの規模の公共投資を実施することが望ましいのかを取り扱う方法として，**費用・便益分析**がある．これは，公共投資の生み出す社会的便益の現在から将来までの流列の割引現在価値が，公共投資の費用を上回る限り，その投資計画を実行するのが望ましいというものである．

　社会的便益を推定するのは，困難な問題である．それと同時に，異時点間の便益を比較する際に用いられる割引率を，どのように決定するかも重要な問題である．意図的に低い割引率が用いられれば，社会的便益の割引現在価値は過大に推定され，公共投資はどんどん実行されてしまう．逆に，高すぎる割引率が用いられると，公共投資はほとんど実行されなくなる．

　関西国際空港，東京湾アクアラインや本州四国連絡橋など最近の大型プロジェクトでは，計画当初の予想よりも利用率が低く，当初の便益推計が事後的には過大だったと判明している．とくに，便益を算定する際に，将来の需要予測を過大に見積もったり，地域経済や日本全体に及ぼす間接的な波及効

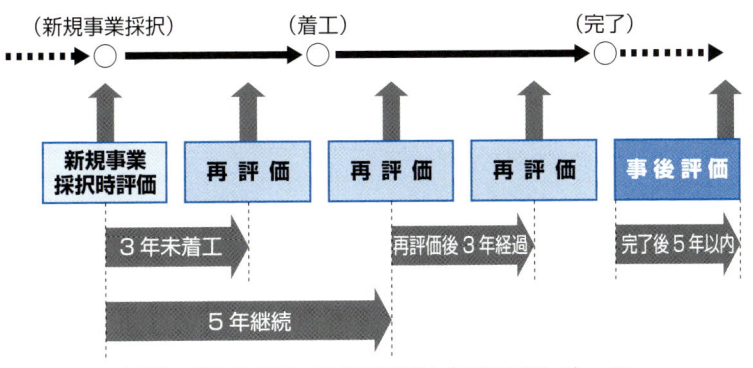

(出所) 財務省「日本の財政関係資料」(平成24年9月) p.65

図 4.16　事業評価の流れ (直轄事業)〈イメージ〉

果を過大に推計したりする傾向がみられる。

　同じような公共事業間での便益推計の精度を相対的に比較することで，過大推計のバイアスをもたないように，官僚や各部局がきちんと推計すべきである。そのためにも，公共事業の便益評価の手法（図4.16）や具体的な推計上の前提，用いたデータなど，政策決定のプロセスについて幅広い情報開示が有益である。

例題 4.9

わが国の公共投資の財源調達について，その問題点を述べよ。

【解答】

　本来建設公債原則は，公共投資の将来便益を重視するものであり，構造政策として公共事業を位置付けるものである。したがって，短期的な景気変動とは独立に，将来の生産性に注目して，着実に公共投資を実施する立場である。実際にも，戦後の復興期から高度成長の前期までは，この原則が優先されてきたと考えられる。

　しかし，高度成長期の後期である1970年代以降わが国では，むしろこの原則のもとで，社会資本としての便益評価よりも景気対策としての需要面が重視されてきた。公共資本の生産性が次第に低下したにもかかわらず，景気対策という大義名分が追加されて，現実とのギャップは大きくなった。

　現在の経済環境が苦しいので，それを公的需要で支えるという景気対策は，本来，現在重視の政策である。建設公債原則は，公共投資の将来における便益を重視するものであり，将来重視の原則である。2つの立場は両立しがたい。「本音」は現在重視でありながら，将来重視という「建前」にこだわることで，将来の生産性や便益効果を過大評価する傾向が生じた。

練習問題

4.13 社会資本整備総合交付金を除いた最近のわが国の公共事業関係費（2011年度予算）の内容についての記述として，正しいのは次のうちどれか。
 (a) 道路，港湾など，交通関係の比率がもっとも大きい。
 (b) 住宅対策費への比率がもっとも大きい。
 (c) 治山治水などの国土保全関係の比率がもっとも大きい。
 (d) 農業基盤など，農林漁業関係の比率は，約30%程度である。
 (e) 災害復旧費の比率は約30%程度である。

4.14 最近のデータ（2010年）で一般政府の固定資本形成の対GDP比を国際比較する際の記述として，正しいのは次のうちどれか。
 (a) 日本のその比率は，アメリカよりも小さい。
 (b) 日本のその比率は，イギリスよりも小さい。
 (c) 日本のその比率は，ドイツよりも小さい。
 (d) 日本のその比率は，フランスとほぼ同じ水準である。
 (e) 日本のその比率は，10%程度である。

4.15 わが国の公共投資の果たしている所得再分配における役割について述べよ。

コラム　電力供給の課題

　2011年3月11日の東日本大震災で福島の原発が破綻する以前は，原子力発電の比重を高めていくことが，国家の大方針であった。福島原発の事故を受けて，原発政策の見直しは重要な争点になった。経済原則で考えれば，平時から電力の供給能力をあまり過大に維持するのは，無駄である。電力需要は季節，天候，景気などによって大きく変動するから，いつでも安定供給しようと供給能力を大きくすると，平時では設備の維持費用が膨大になる。それは，何らかの形で利用者が負担せざるをえない。逆に，供給能力を抑制すれば，電力需要がピークに達するときに，綱渡りをせざるをえないから，少しのショックで停電になりやすい。また，停電からの復旧にも手間取ることになる。しかし，平時では設備の維持費用が少ない分だけ，利用者の負担も少なくて済む。

　いわば，非常時のデメリット（停電のコスト）を重視するのか，平時のメリット（安い電力料金）を重視するのかの相違である。料金は高くてもよいから安定した経済生活をしたいという国民が多ければ，前者の政策が採用されやすいし，逆に，多少不便な事態が生じるかもしれないが，平時では安い料金で利用したいという国民が多ければ，後者の政策が選択される。

　わが国では，電力に限らず多くの分野で平時の安定を好み，非常時のリスクを回避する傾向が強かった。全体の3割を電力コストが安い原発に依存しても，電力コストはアメリカの2倍以上，韓国の3倍くらい高い。しかし，福島原発の事故は原発自体が非常時に大きな損害をもたらすことを示した。その結果，原発＝非常時の大損害というイメージが定着して，平時の安全を確保するために，脱原発の政策が支持され始めている。

　ただ，脱原発が簡単に実現するという甘い期待は持てない。グリーン発電は環境に優しく，原発事故のような大損害をもたらさないメリットはあるが，発電コストは相当高い。また，太陽光にしろ，風力にしろ，自然エネルギーの利用は天候などに左右されるため，不安定な面もある。脱原発を進めすぎると，電力の安定供給が困難になり，大停電のリスクも大きくなる。さらに，不確実で割高な電力供給に直面する日本企業の中には，アジア諸国に生産拠点を移す動きもある。国内の産業空洞化が進めば，電力需要は減少するだろうが，同時に雇用などにも悪い影響が出てくる。政府は，国民に甘い期待を抱かせることなく，現実的な電力政策を推進すべきだろう。

5 課税の効果

5.1 課税の分類

◆課税の分類基準

1. **一括固定税と攪乱税**：課税ベースが経済活動と独立な税が一括固定税（人頭税）である。効率性からのコストがない。一方，課税ベースが経済活動に依存する税は攪乱税という。攪乱税は効率性からのコストが生じる。
2. **直接税と間接税**：個人的な事情を配慮できる税を直接税，そうでない税を間接税という。直接税には，所得税，法人税，相続税，贈与税などがある。間接税には，消費税，酒税，有価証券取引税，揮発油税などがある。
3. **累進税と逆進税**：所得（課税ベース）ともに税負担が増加するのが累進

表5.1 国税・地方税の税目・内訳

	国　税	地方税		国　税	地方税
所得課税	所得税 法人税 地方法人特別税 復興特別所得税 復興特別法人税	個人住民税 個人事業税 法人住民税 法人事業税 道府県民税利子割 道府県民税配当割 道府県民税株式等 譲渡所得割	消費課税	消費税 酒税 たばこ税 たばこ特別税 揮発油税 地方揮発油税 石油ガス税 自動車重量税 航空機燃料税 石油石炭税 電源開発促進税 関税 とん税 特別とん税	地方消費税 地方たばこ税 軽油引取税 自動車取得税 ゴルフ場利用税 入湯税 自動車税 軽自動車税 鉱産税 狩猟税 鉱区税
資産課税等	相続税・贈与税 登録免許税 印紙税	不動産取得税 固定資産税 都市計画税 事業所税 特別土地保有税 法定外普通税 法定外目的税			

（出所）　財務省 HP
http://www.mof.go.jp/tax_policy/summary/condition/001.htm

税，減少するのが逆進税である。

4. **国税と地方税**：税を納める先による分類（表5.1）。

> **所得税**：課税所得に累進的に課税する。
> **法人税**：利益に一律で課税する。
> **消費税**：消費額に一律で課税する。

5.2 労働所得税

◆労働所得税の影響

労働所得税は，家計の実質的な賃金率を減少させて，労働供給に影響する。

効用関数　$U(Y, L)$

予算制約　$Y = (1-t)wL$

（Y：所得，L：労働供給，t：税率，w：賃金率）

> **代替効果と所得効果**：労働所得税により，代替効果からは，労働供給が

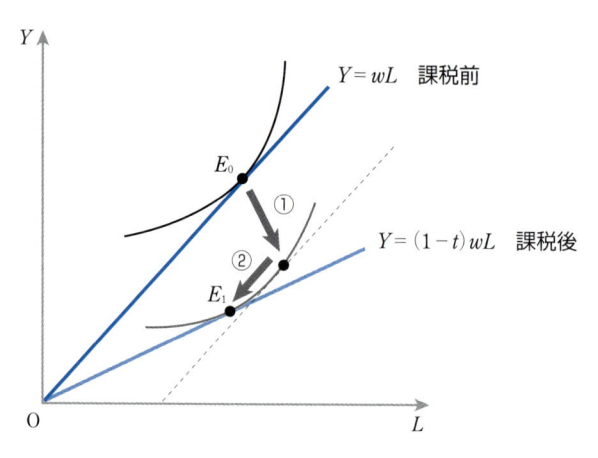

図 5.1　代替効果（②）と所得効果（①）

減少,所得効果からは,労働供給が増加する。これら2つの効果は相殺する方向に働く。

図5.1にみるように,労働所得税の増加によって,労働供給が増加するか,減少するかは,不確定である。

◆超過負担

課税による負の誘因効果を,資源配分の効率性の観点から議論するのが,超過負担の概念である。一括固定税(lump sum tax)と比較して,家計の効用を同じに維持するのに,どれだけ税収が不足するか,その額がその税における超過負担である。

1. **超過負担**:税制が資源配分にもたらす悪影響。代替効果が大きくなるほど,超過負担も大きくなる。
2. **超過負担の公式**:超過負担は税率の2乗に比例する(図5.2参照)。

$$\frac{t^2 wL\varepsilon}{2}$$

(t:税率,w:賃金率,L:労働供給,ε:労働供給の賃金弾力性)

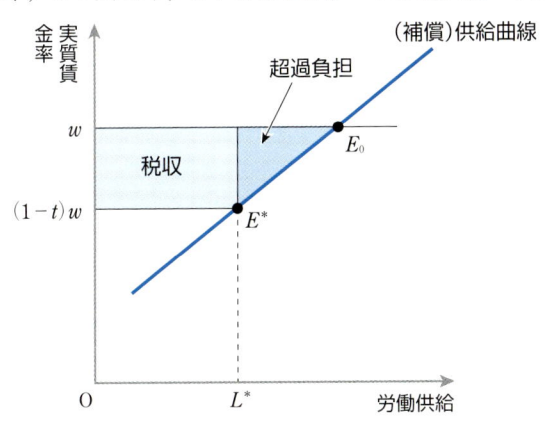

図5.2 課税による超過負担

◆累進的な税制

1. **税率の区別**:公平性も考慮して,累進的な所得税の分析をする際には,

平均税率と限界税率の区別が重要である。

> **平均税率**：所得と税支払いの比率。
> **限界税率**：所得が追加的に1単位増加したとき，税負担の追加的な増加分。

2．線形の所得税体系：$T = t(Y - A)$

$\qquad\qquad$（T：税負担，t：税率，Y：所得，A：控除）

(1) **一括固定税**：$T = $ 一定
(2) **比例税**：$A = 0$
(3) **累進税**：$A > 0$ （平均税率が所得とともに増加する税制）

効率性の観点からは，一括固定税が，公平性の観点からは，累進税が望ましい。

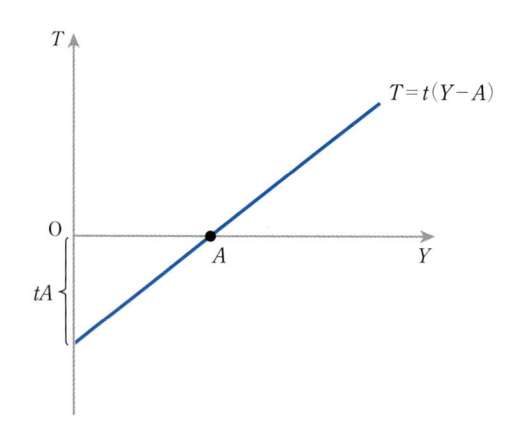

図5.3 線形の所得税体系

> **非線形の所得税体系**：もっとも能力の高い人への最適な限界税率は，ゼロである。ただし，ある所得以上の人に一律の最高税率を課す場合には，最適な限界税率はプラスになる。

累進的な税制は，必ずしも望ましくない。

5.2 労働所得税

例題 5.1

効率性の観点からは，所得効果も考慮した負の誘因効果でなく，代替効果のみの負の誘因効果が問題となることを，説明せよ。

【解答】

一括固定税は，経済活動とは無関係に課せられる税であり，資源配分に悪影響を与えない。一括固定税を比較の基準として，それよりいくら実質的な負担が余計にかかるかで，その税の超過負担を定義できる。図 5.4 (1) は，労働所得税と同じ効用をもたらす一括固定税のもとでの税収を示す。労働所得税のもとでの税収は，E^*B だけ一括固定税の税収よりも少ないから，この E^*B の大きさが，超過負担である。

一括固定税のケースは，相対価格不変で予算線が下方にシフトしているから，所得効果に対応している。したがって，代替効果の大きさが，超過負担の大きさに対応する。たとえば，無差別曲線が直角の傾きを持ち，代替効果がゼロのケースでは，図 5.4 (2) からも明らかなように，超過負担はゼロになる。

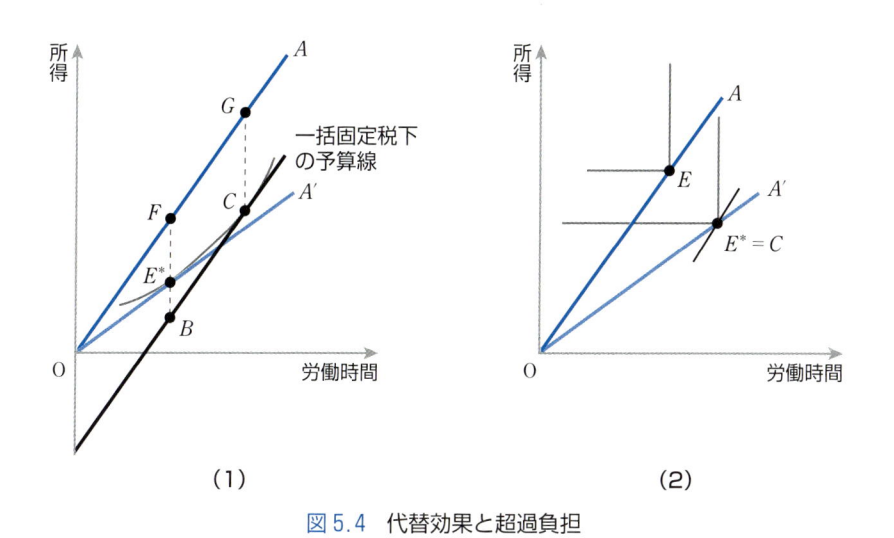

図 5.4　代替効果と超過負担

例題 5.2

消費とレジャーに関する効用関数が，
$$U = \beta \log x + (1-\beta) \log c$$
（c：消費，x：レジャー）

で与えられるとき，
(a) 労働所得税の労働供給に与える効果はどうなるか。
(b) 労働所得税の超過負担はどうなるか。

【解答】

(a) 1を総労働時間とすると，労働供給 L は $1-x$ で与えられる。家計の予算制約は，
$$c = (1-t)w(1-x)$$
（t：税率，w：賃金率）

これを効用関数に代入して，
$$U = \beta \log x + (1-\beta) \log[(1-t)w(1-x)]$$

x について，微分してゼロと置くと，
$$\frac{dU}{dx} = \frac{\beta}{x} - \frac{(1-\beta)(1-t)w}{(1-t)w(1-x)} = 0$$

これより，
$$x = \beta,$$
$$L = 1-x = 1-\beta$$

すなわち，労働供給は，税率とは独立となる。税率を上昇させても，労働供給は変化しない。

(b) コブ=ダグラス（Cobb-Douglas）型の効用関数の場合には，代替効果と所得効果が完全に相殺されて，労働供給は一定になる。しかし，代替効果がゼロでないから，超過負担は存在する。

例題 5.3

一括固定税，比例税，累進税の場合の線形所得税体系の3つのケースについて，それぞれの平均税率と限界税率を図示せよ。

【解答】

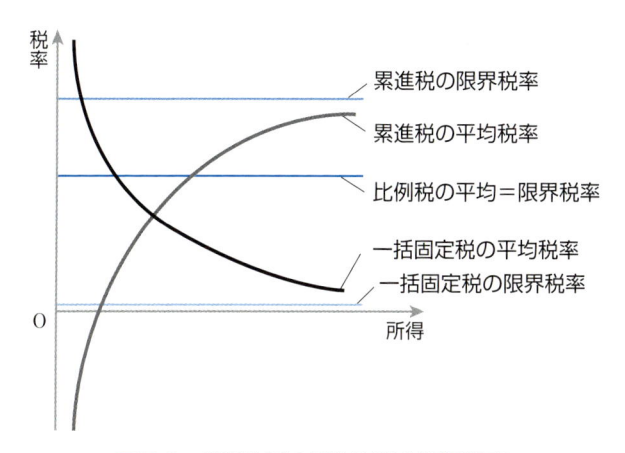

図5.5 各税体系の平均税率と限界税率

　ある一定の税収を確保するという前提で，一括固定税ではすべての人から同じ税収を徴収する。比例税では，所得に比例して税収を徴収する。累進税では，一律の補助金をすべての家計に与えた上で，所得に比例して税を徴収する。

　一括固定税の場合，限界税率は常にゼロであり，平均税率は所得の高い人ほど大きい。比例税では，限界税率と平均税率は等しく，所得が変化しても一定である。累進税では，限界税率は所得に対して一定であるが，その水準は一番高く，平均税率は所得とともに増大する。

　効率性の観点からは，限界税率がゼロとなる一括固定税が望ましく，公平性の観点からは，平均税率が所得とともに上昇する累進税が望ましい。

---**例題 5.4**---
累進所得税の最適な限界税率は，どのような要因で決められるか。

【解答】
　累進的所得税の最適な限界税率は，次の3つの点に大きく依存している。
(1) **労働供給の弾力性**：課税後の手取りの賃金が1％変化したとき，（補償）労働供給が何％変化するかは，労働供給の課税による代替効果の大きさに対応している。この大きさが，効率性の面からのコストの大きさを決める。もし労働供給の弾力性が大きければ，累進税率を高くして，再分配機能を強化することの効率面でのコストが，無視できなくなる。労働供給の弾力性が大きいほど，最適な限界税率は小さくなる。
(2) **社会的な価値判断**：不平等に対する社会的な価値判断がより敏感であるほど，再分配機能を政府に期待していることになる。したがって，不平等に対する関心が高いほど，最適な限界税率は高くなる。
(3) **所得格差の程度**：労働所得のばらつきが大きいと，政府としてもより再分配をする必要が生じてくる。逆に，課税前の所得にあまり格差がないときは，無理に高い限界税率を課して，所得を再分配する必要がない。したがって，所得格差が大きいほど，最適な限界税率は高くなる。

5.2 労働所得税

例題 5.5

労働供給が課税後賃金率に比例して決まるとき,すなわち,
 $L = aw(1-t)$
 (L:労働供給,w:課税前賃金,t:税率,a:定数)
で労働供給関数が与えられるとき,比例的所得税からの税収が最大となる所得税率は,どのくらいか。

【解答】

税収 T は twL で与えられるから,上の労働供給関数を代入して,
 $T = w^2 a(1-t)t$
これを,t について微分してゼロと置くと,

$$\frac{dT}{dt} = w^2 a(1-2t) = 0, \quad t = 0.5$$

すなわち,50% の税率で所得税収は最大となる。これを図示したのが図 5.6 である。税率を上昇させていくと,最初は税収が増加していくが,税率の上昇によって課税後賃金が低下すると,労働供給が減少するから,課税ベースである課税前所得 wL も減少する。税収は,税率と課税ベースの積で決まるから,やがては課税ベースの減少の効果が税率の上昇の効果を上回り,税率をそれ以上あげても税収がかえって減少してしまうという,逆説的な状況になる。この税収と税率の関係を示した山形の曲線は,**税収可能曲線(ラッファー(Laffer)曲線)** と呼ばれている。

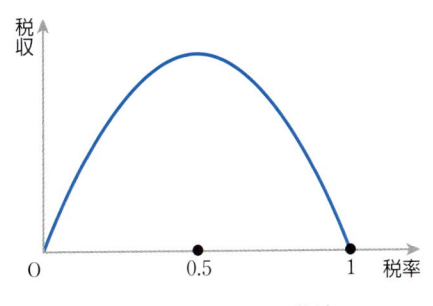

図 5.6 ラッファー曲線

例題 5.6

労働所得格差がある場合の最適労働所得税の問題を考える。
(a) 労働供給が外生的に所与であるときに，最適な所得税を求めよ。
(b) 労働供給が内生的に決まるケースで，なぜ極端な累進税が望ましくないのか。

【解答】

(a) 労働供給が外生的に所与であれば，労働所得税は一括固定税と同じであり，超過負担をもたらさない。効率性の面でのコストを考慮しなくてもよい。したがって，公平性のみを考えて，最適な税体系を求めることができる。所得の限界効用が逓減的であれば，もっともらしい価値判断のもとで，完全平等が公平性からは，望ましくなる。所得の高い人から低い人へ所得を再分配することで，社会的な経済厚生は上昇するからである。

完全平等を実現する税体系は，図 5.7 にあるように，平均所得以上の所得に対して，税率1で課税し，それを平均所得以下の人へトランスファーするものである。

$$T = (Y - A)$$

(T：税負担，Y：所得，A：平均所得)

これは，最適な限界税率が1となる極端な累進税構造である。

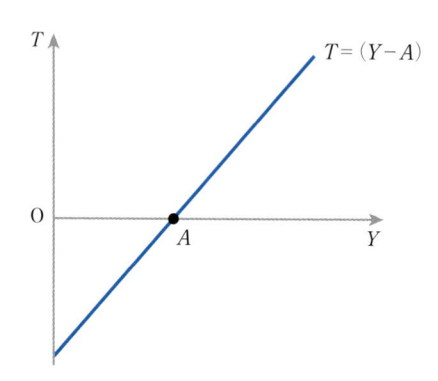

図 5.7 完全平等な税体系

5.2 労働所得税

(b) 労働供給が内生的に決まるケースでは，(a)で示されるような極端な累進税は最適とはならない。なぜなら，A 以上の所得を稼げる人は，A 以上の所得を稼いでも自分の手取りの所得がまったく増えない以上，A 以上の所得を稼ぐ誘因を持たないからである。所得を多く稼ぐためには，レジャーを犠牲にしているから，コストのみがかかる場合には，それ以上の労働供給はしないだろう。

このとき，政府の税収はゼロになるから，A 以下の人へ再分配するための税収がなくなり，再分配が不可能になる。したがって，(a)の税構造は実現不可能なものになってしまう。

この場合，最適な税構造は，**効率性と公平性のトレード・オフ**（効率性を重視すると，公平性の面で問題が大きくなり，逆に公平性を重視すると，効率性の面でのコストが大きくなるという関係）のもとでの相対的な最適概念で，議論される。

練習問題

5.1 直接税と間接税の相違を説明せよ。

5.2 複数の限界税率が適用可能な線形所得税の最適税率について，数値計算ではどのような結果が得られているか。

5.3 ある個人の予算線，および効用関数が，

$Y = 20 - L$, $U = L(Y+4)$ （Y：所得，L：余暇，U：効用水準）

で示されるとする。この場合において，税率0.3，所得控除7.0の所得税を導入したときの労働供給 N_1 を求めよ。また税率を0.2に引き下げると，新しい労働供給 N_2 はどうなるか。

5.4 所得税関数が，

$T = t(Y - K)$ （Y：所得，T：税収，K：控除水準，t：税率）

で与えられたとき，控除水準の引上げ，税率の引上げは，労働供給にどのような影響をもたらすか。

5.5 負の所得税について，説明せよ。

5.3　資本所得税

◆利子所得課税

家計の実質的な貯蓄の収益率を減少させて，貯蓄に影響する。

　　効用関数　$U(c_1, c_2)$

　　予算制約　$c_1 = Y_1 - s$, $c_2 = [1+(1-t)r]s$

　　(c_1：第1期の消費，c_2：第2期の消費，Y_1：第1期の所得，s：貯蓄，r：利子率，t：税率)

> **利子所得税の効果**：代替効果からは貯蓄抑制，所得効果からは貯蓄刺激，2つの効果は相殺する方向に働く（図5.8を参照）。

1．第2期の所得 $Y_2=0$ のケース：$U = c_1 c_2$ のようなコブ＝ダグラス型の効用関数では，代替効果と所得効果が完全に相殺されるために，利子所得税率の貯蓄に与える効果はゼロになる。

2．$Y_2 > 0$ のケース：利子所得税率の上昇による課税後利子率の減少で，将来の労働所得の現在での割引価値が増加し，これが資産効果となって現在の

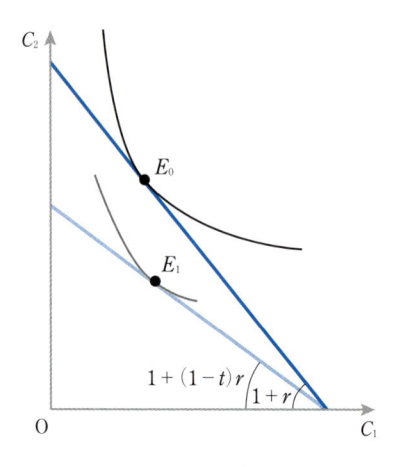

図5.8　利子所得課税

消費を刺激する。その結果，現在の貯蓄は減少することになる。このような効果が**人的資本効果**である。

◆**労働所得税と利子所得税の比較**

労働供給が一定であれば，同じ税収を確保する労働所得税と利子所得税では，労働所得税がより効率的である。

図 5.9 で E_1 は利子所得税下の均衡点，E_2 は労働所得税下の均衡点を示している。

しかし，労働供給が内生的に決まる場合には，どちらの課税がより効率的かは不確定。

資産課税では，資産の売買益（株式の譲渡益）に対する資本利得課税（キャピタル・ゲイン課税）が重要である。

◆**資本利得課税**

資本利得課税が実現したもの（実現キャピタル・ゲイン）のみに課せられると，資本利得を実現しないで保有することが得になってしまう（＝**閉じこめ効果**）。

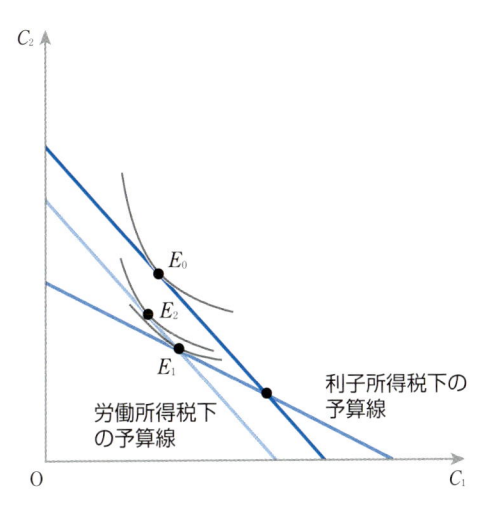

図 5.9 労働所得税と利子所得税の比較

---**例題 5.7**---

2期間のライフサイクルモデルで,貯蓄の決定を考える。効用関数を

$$U = c_1 c_2$$

(c_1:第1期の消費,c_2:第2期の消費)

第1期,第2期の(外生)労働所得を Y_1,Y_2,利子率を r,利子所得税率を t とするとき,利子所得税率の上昇は,貯蓄にどのような影響を与えるか。

【解答】

貯蓄を s で表すと,第1期,第2期の予算制約式は,それぞれ

$$c_1 = Y_1 - s$$
$$c_2 = [1+(1-t)r]s + Y_2$$

したがって,生涯を通じての予算制約式は,

$$c_1 + \frac{c_2}{1+(1-t)r} = Y_1 + \frac{Y_2}{1+(1-t)r}$$

家計は,この予算制約式のもとで効用を最大にするような c_1,c_2,s の配分を決める。ラグランジュ乗数法を用いると,

$$L = c_1 c_2 - \lambda \left\{ \frac{c_1 + c_2}{1+(1-t)r} - Y_1 - \frac{Y_2}{1+(1-t)r} \right\}$$

これより,

$$c_2 - \lambda = 0$$

$$c_1 - \frac{\lambda}{1+(1-t)r} = 0$$

したがって,$c_1 = c_2/[1+(1-t)r]$。これを予算制約式に代入して,整理すると,

$$c_1 = \left\{ Y_1 + \frac{Y_2}{1+(1-t)r} \right\} \Big/ 2$$

$$s = Y_1 - c_1 = \left\{ Y_1 - \frac{Y_2}{1+(1-t)r} \right\} \Big/ 2$$

を得る。$Y_2 > 0$ である限り，t の上昇によって s は減少する。つまり，利子所得税は貯蓄を必ず減少させる。

例題 5.8

地代収入が年間 100 万円，利子率が 4 ％，地代の上昇率が 3 ％ とする。ここで 1 ％ の土地保有税がかけられると，理論的な地価はどのくらい減少するか。

【解答】

p_t を今期の地価，d_t を今期の地代，r を利子率，g を地代の上昇率とすると，資産市場の裁定式は，

$$p_t(1+r) = p_{t+1} + d_t, \quad p_{t+1}(1+r) = p_{t+2} + d_t(1+g)$$

これら 2 式より，

$$p_t = \frac{p_{t+2}}{(1+r)^2} + d_t \left[\frac{1}{1+r} + \frac{1+g}{(1+r)^2} \right]$$

以下同様にして，p_{t+2} をどんどん先の期の価格で置き換えていくと，最終的には，次式を得る。

$$p_t = \frac{d_t}{r-g}$$

保有税後の理論値を定式化する。税率を t とすると，t 期の裁定式は，

$$p_t(1+r) = (1-r)p_{t+1} + d_t$$

したがって，

$$p_t = \frac{p_{t+2}(1-t)^2}{(1+r)^2} + d_t \left[\frac{1}{1+r} + \frac{(1-t)(1+g)}{(1+r)^2} \right]$$

最終的には，

$$p_t = \frac{d_t}{r-g+t}$$

なお，$gt = 0$ と近似している。

さて，課税前の理論的な地価を求めると，$d_t = 100$，$r = 0.04$，$g = 0.03$ を代入して，$p_t = 10,000$（万円）となる。ここで，1％の土地保有税がかけられると，地代を割り引く割引率が $r+t = 0.05$ となり，5％に上昇するから，理論地価は，$\frac{100}{0.04+0.01-0.03} = 5,000$（万円）となる。すなわち，理論地価は半分に減少する。

――――――――――― 練習問題 ―――――――――――

5.6 利子課税が二重課税であるという議論を，どう考えるか。

5.4 企業課税

◆企業課税の根拠
(1) 企業に独自の経済的存在を認める（**法人実在説**），法人形態で企業活動を行うことに何らかの特権がある。
(2) しかし，法人が株主に所有されている以上，株主レベルで課税すればよい（**法人擬制説**）。
(1)は企業課税に積極的であるが，(2)は企業課税に消極的である。

1．企業課税の古典的見解：企業に対する課税は，企業行動を短期的にも長期的にも変化させない。課税後の利潤と課税前の利潤とが1対1に対応している。

2．資本コスト：資本を使うことから得られる課税前の収益率，正常なコスト。

3．ハーバーガー（Harberger, A.）・モデル：法人部門と非法人部門の2部門からなる一般均衡分析を用いて，法人税の帰着の問題を分析したモデル。法人税が，製品価格の変化，生産量の変化および生産要素の代替という，3つの経路を通じて経済全体に波及することを示した。

例題 5.9

企業課税と投資の関係を説明せよ。

【解答】

投資は課税後の限界利潤が資本コストを上回る場合に実施される。課税後の限界利潤は$(1-t)F_k$で与えられる。ここで、F_kは資本の限界生産を示す。法人税制下では、通常、社債の利払いは非課税だから、社債調達による投資の資本コストは$(1-t)r$となる。投資の最適な限界条件の両方に$(1-t)$がかかっているから、最適な条件は課税がないときと同じになる。

$$(1-t)F_k = (1-t)r$$

内部留保による投資の場合には、投資資金の利払いがないから、投資によって非課税の範囲が拡大せず、資本コストも課税によって変化しない。よって、$(1-t)F_k$とrとの比較になり、法人税率の変化によって投資も変化する。たとえば、tが上昇すれば、課税後の限界利潤が減少して、投資も減少する。あるいは、社債調達の場合でも、もし利払いが非課税でなければ、資本コストはrのままであって、tの増加によって、投資は減少する。

また、経済的減価以上の減価を認めると、投資が促進される。たとえば、投資税額控除は投資額すべてを、投資するときに減価として認めることを意味するから、これは真の減価以上の税法上の減価を認めることであり、投資刺激策になる。

練習問題

5.7 法人に課税する根拠について,説明せよ。
5.8 資本利得課税の閉じこめ効果について,収益率,税率がそれぞれ30%の数値例を用いて,説明せよ。
5.9 法人税の転嫁に関する古典的な見解を説明せよ。
5.10 法人税の転嫁と帰着について,一般均衡の視点から説明せよ。
5.11 法人税に関する次の記述のうち,正しいものを選べ。
 (a) 法人擬制説は,法人に特別の存在意義を認めて,法人事業への課税を正当化する。
 (b) 法人税は転嫁しやすい税なので,誰が負担しているのか曖昧である。
 (c) 国際的な課税競争の結果,法人税は重課される傾向にある。
 (d) 投資税額控除は実質的に減価償却を認めていないので,投資を抑制する効果がある。

5.5 消費税

◆転嫁と帰着

1. 誰が税を負担するか:誰が法律上の納税義務者であるかどうかの問題と,誰がどの程度実質的に税を負担するかの問題は,無関係。

経済的により意味のある変数は,消費者価格(消費者が実際に支払う価格)と生産者価格(企業が実際に受け取る価格)の動き。消費者価格は,どちらが納税業務者の場合も上昇し,逆に,生産者価格は,どちらの場合も低下する。しかも,消費者価格,生産者価格は,どちらの場合も等しい。

　　　　消費者価格=生産者価格+税負担額

課税によって消費者と生産者とで税金を実質的にどう負担するかは,誰が法律上の納税義務者であるかとは,無関係。それは,課税前の需要曲線と供給曲線の形のみで決められる,きわめて経済的な要因に依存している。

> **個別消費税の転嫁と帰着**：消費者の価格弾力性が，生産者の価格弾力性よりも相対的に大きいほど，消費者に比べて，生産者の実質的な税負担の割合は大きくなる。

> **従量税**：数量に対する課税。
> **従価税**：価格に対する課税。

2．**最適課税問題**：代表的個人の効用の最大化。政府は，一定の税収を複数の異なる財への課税で調達する。どのような税率の組合せが，望ましいか。

3．**ラムゼイ（Ramsey, F. P.）・ルール**：効率性の観点からの最適課税の一般的なルール。

4．**その他の命題**：さらに追加的な仮定を置くと，いくつかの命題が得られる。

(1) **逆弾力性の命題**：各財の需要が相互に独立である場合，各財の税率は自己価格弾力性の逆数に比例する（図5.10参照）。

(2) **均一課税の命題**：各財（レジャーを除く）に対する一律課税が望ましいのは，すべての財について賃金弾力性が等しい場合である。

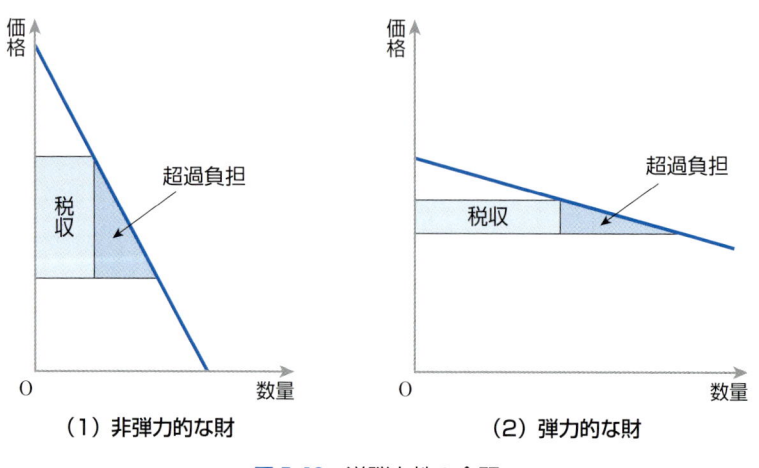

図5.10 逆弾力性の命題

(3) **コレット＝ヘイグ**（Corlett-Hague）**の命題**：レジャーと相対的により補完的な財により高い税率を課すべきである。

> **効率性と公平性のトレード・オフ**：効率性の観点からは，価格弾力性の低い生活必需品に高い税率を課すほうが望ましい。公平性の観点からは，所得水準の低い人が相対的に多く消費する必需品に低い税率を課すほうが望ましい。

◆一般消費税あるいは付加価値税の経済的な効果

1．**付加価値税**：消費全体に対して，一律の税率を適用する。納税義務者は，買い手に負担を転嫁し，消費者が税額の全部を（法律上は）負担する。実際の負担割合は，経済的要因（需要，供給関数の弾力性）で決まる。

> **一般消費税と労働所得税**：課税ベースでみると，消費と労働所得は等しい。消費に対する一般的な課税と労働所得に対する一般的な課税とは，経済的には同じ。

2．**税支払いのタイミング効果**：現在時点での貯蓄は，労働所得税よりも消費税のほうが多くなる。消費税へ移行することで，貯蓄が刺激され，経済成長も促進される。これは，長期的には経済厚生を改善する。

―― 例題 5.10 ――

　個別消費税を考える。納税義務者が消費者である場合と生産者である場合とで，課税後の市場価格はどのように相違するか。

【解答】

　企業が納税義務者である場合には，課税によって，企業がその財を供給するのに課税分 T だけ余計にコストがかかる。供給曲線は，その分上方にシフトするから，均衡点は，図 5.11(1) において E_0 から E_1 へと移動する。

　消費者が納税義務者である場合には，その財を消費するときに T だけ税務当局に支払うから，消費者にとっては T だけその財の消費が割高になる。消費者の需要曲線が，T だけ下方にシフトして，均衡点は E_0 から E_2 へと移動する（図 5.11(2)）。

　市場価格は，企業が納税者である場合，上昇し，家計が納税者である場合，低下する。したがって，インフレの抑制が目的であれば，家計が納税義務者である支出税タイプの個別消費税をかければよい。

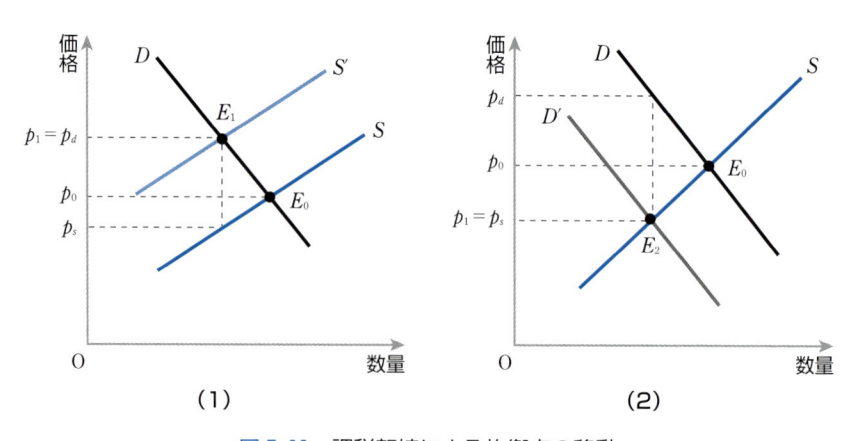

図 5.11　課税転嫁による均衡点の移動

5.5 消費税

例題 5.11

一般消費税のように，すべての財に一律に課税するケースは，最適課税のラムゼイ・ルールからはどのように評価できるか。

【解答】

　効率性の観点のみから，一律課税のケースが望ましいのは，労働供給が非弾力的なケースか，あるいは，レジャーの補償需要のクロスの価格弾力性が等しいケース（賃金弾力性が各財で共通のケース）に限定される。すべての財に一律に課税するのは，結局，労働所得のみに課税して，すべての消費財に非課税であるのと，同一である。労働供給と消費財との相対価格が同じ率で影響されるからである。

　公平性も考慮すると，結果として一律課税がそれほどおかしくない状況もありうる。すなわち，効率性からは逆弾力性の命題が示唆するように，価格弾力性の低い必需品への重い課税が望ましい。公平性からは逆に，価格弾力性の高い贅沢品への重い課税が望ましい。両者の課税の方向は相殺されるから，結果として，すべての財に一律で課税することは，効率性と公平性のトレード・オフ関係のもとで，ある程度は正当化できる。

― 練 習 問 題 ―

5.12　税の転嫁と帰着について，説明せよ。
5.13　一般消費税の帰着について，説明せよ。

コラム　格差是正の経済政策

　貧富の差が極端に拡大すれば，それを是正することが重要な政策目標になるのは，当然である。また，経済が低迷して，雇用不安，生活不安が拡大し，弱者の経済状態が悪化すれば，それに手厚い配慮が必要になる。それでも無制限に再分配政策を強化，充実させるのが望ましいともいえない。市場経済の失敗や暴走は是正する必要があるが，市場経済のメリットも十分に活用すべきである。

　そもそも格差とは，自分の経済状態を他人のそれと比較するという相対的な概念である。みんなが同じ経済状態であれば，再分配する意味も効果もない。この場合，問題点は2つある。第1に，絶対的水準をどう考えるかである。たとえば，平均的な所得水準と比較して極端に低い所得の人が多ければ，相対的格差は問題となる。それでも平均的所得水準や低所得者の所得水準自体が高ければ，相対的に低い所得の人でも，それほど生活に困窮していないかもしれない。

　一般的にいえば，多くの人にとって最大の経済的関心事は，相対的格差よりも絶対的水準である。自分が経済的により豊かになることが最優先だろう。実際にも，わが国の高度成長期では格差の是正よりも，国民所得の倍増が最優先され，自分の所得が2倍になる夢に政治的支持が集まり，国民の多くはそれを実感した。近年の東アジアのめざましい経済成長でも，相殺的格差は拡大しているかもしれないが，ほとんどすべての国民の生活水準は格段に向上した。

　第2は，どの範囲で相対的格差を考えるかである。たとえば，諸外国と比較して平均的な所得水準が高い国では，その国の中での格差が大きかったとしても，他国と比較すれば，所得の低い人でも相当の所得を稼いでいるかもしれない。この基準からすれば，日本のほとんどの人は（世界全体でみて）平均所得以上の所得を稼いでいるので，格差是正の拡充は日本国内での再分配政策を拡充することではなく，日本から途上国への再分配政策を拡充することになる。国内での地域間格差是正ばかりを問題視していると，国際的視点を欠いてしまう。

　他人の経済状態が改善すれば，自分にとってもそれはプラスの波及効果をもたらす。たとえば，近隣に住む大多数の人々の経済状態がより豊かになれば，その街はよりきれいになって，自分にもよい。経済的にその地域全体が活気付けば，間接的なプラスの波及効果も期待できるので，自分にもメリットは大きい。これは，ロンドン・オリンピックの例にみられるように，経済状態以外の現象でも，同じである。いたずらに相対的な格差拡大を否定するのではなくて，社会の連帯感を高めて，自助，共助の精神で社会全体の発展に取り組むべきだろう。

6 税制改革

6.1 日本の税制

◆租税負担率

租税負担額の対 GDP 比，国税と地方税の合計の租税負担率は，20% 前後（1975年）から 27% 程度（1990年）に上昇。その後は少し低下，2012年で 23% 程度（図 6.1 参照）。

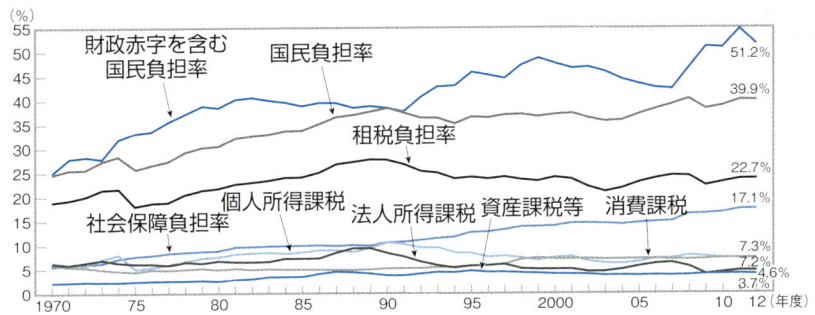

(注) 1. 2010年度までは実績，2011年度は実績見込み，2012年度は見通しである。
2. 租税負担率は国税および地方税の合計の数値である。また，所得課税には資産性所得に対する課税を含む。

(%)

	1970年	1980年	1990年	2000年	2010年	2012年
国民負担率	24.3	30.5	38.4	37.3	38.8	39.9
租税負担率	18.9	21.7	27.7	23.7	22.3	22.7
社会保障負担率	5.4	8.8	10.6	13.6	16.5	17.1
個人所得課税	5.2	7.4	10.5	7.7	7.1	7.3
法人所得課税	6.4	6.7	8.4	5.0	4.4	4.6
消費課税	5.4	5.0	5.2	7.1	7.1	7.2
資産課税等	1.8	2.6	3.6	3.9	3.8	3.7

(出所) 財務省 HP
http://www.mof.go.jp/tax_policy/summary/condition/241a.htm

図 6.1 国民負担率および租税負担率の推移（対国民所得比）

◆租税収入の構成

日本の租税収入は，所得税と法人税で5割程度，消費税は3割程度となっている（図6.2参照）。

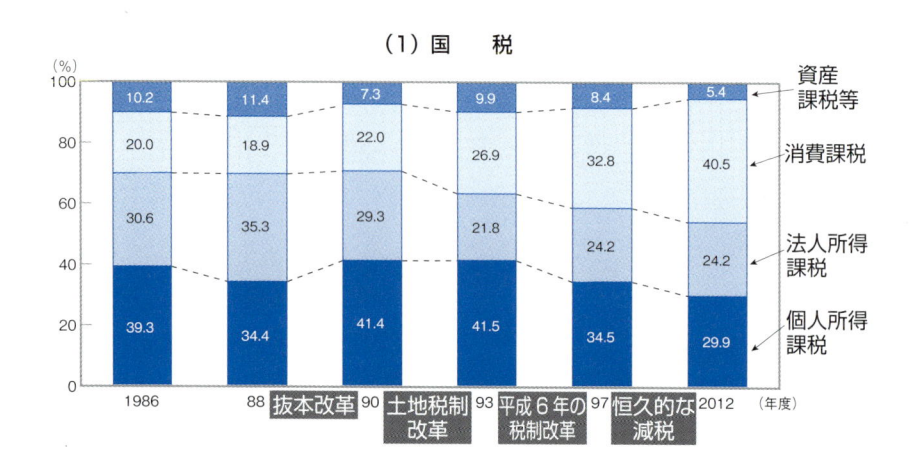

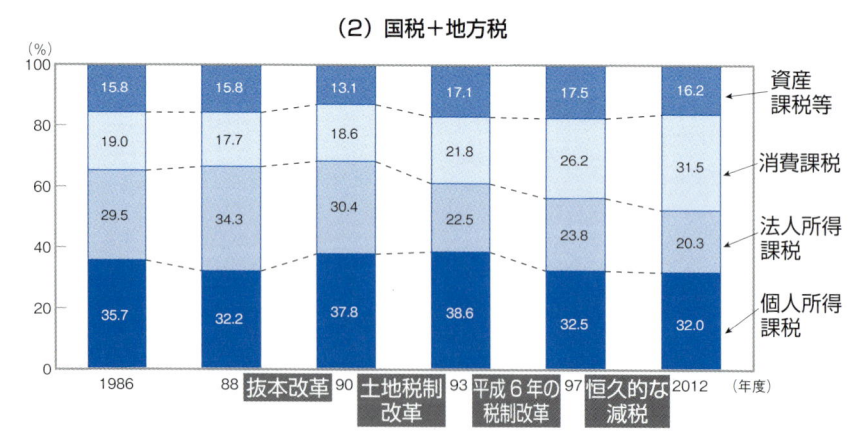

(1) 国　税

年度	個人所得課税	法人所得課税	消費課税	資産課税等
1986	39.3	30.6	20.0	10.2
88	34.4	35.3	18.9	11.4
抜本改革 90	41.4	29.3	22.0	7.3
土地税制改革 93	41.5	21.8	26.9	9.9
平成6年の税制改革 97	34.5	24.2	32.8	8.4
恒久的な減税 2012	29.9	24.2	40.5	5.4

(2) 国税＋地方税

年度	個人所得課税	法人所得課税	消費課税	資産課税等
1986	35.7	29.5	19.0	15.8
88	32.2	34.3	17.7	15.8
抜本改革 90	37.8	30.4	18.6	13.1
土地税制改革 93	38.6	22.5	21.8	17.1
平成6年の税制改革 97	32.5	23.8	26.2	17.5
恒久的な減税 2012	32.0	20.3	31.5	16.2

（注）1．平成9（1997）年度までは決算額，平成24（2012）年度については，国税は当初予算額，地方税は見込額による。
　　　2．所得課税には資産性所得に対する課税を含む。
（出所）財務省HP
　　　（上図）http://www.mof.go.jp/tax_policy/summary/condition/013.htm
　　　（下図）http://www.mof.go.jp/tax_policy/summary/condition/012.htm

図6.2　所得・消費・資産等の税収構成比の推移

◆シャウプ勧告

わが国の租税制度は，シャウプ（Shoup, C. S.）勧告を基礎にしている。

> **シャウプ勧告**：1949，1950年にアメリカのシャウプ教授を団長とする専門家が勧告した税制改革案，所得税中心主義を採用。

(1) 資産所得税と資本利得税も含めて，総合課税。
(2) 20%から55%の累進課税，富裕税も創設。
(3) 個別消費税（酒，たばこ，ガソリン）と物品税（奢侈品）。
(4) 税務行政上の改革（青色申告制度，株式登録，匿名預金の禁止）。

◆わが国の所得税の特徴

1. 基本の原則：

(1) さまざまな所得を合算して課税ベースを決める総合課税の原則。
(2) 各種の必要経費を認め，人的事情に応じた最低生活費を免除する課税最低限の設定。
(3) 算定された課税所得に累進的な税率を適用する累進課税の原則。

2. 分離課税への動き：しかし，戦後40数年の経験は，シャウプ勧告からの乖離，すなわち，分離課税への動きのほうが優勢であった。

そのため，いくつかの所得は，総合課税の例外として分離課税あるいは非課税となる。利子，配当所得，不動産の譲渡所得，株式の譲渡益に対しては，譲渡代金の5%を所得とみなして，それに20%の分離課税も可能となっている。

例題 6.1

租税の分類について,各国の租税構造と比較しながら,説明せよ。

【解答】

　国税には,第5章の表5.1にあるように,多くの税目がある。国税収入の構成をみると,最近では,低下しているとはいえ,租税収入のうち所得税と法人税で5割程度を占め(図6.3,図6.4),間接税の比重は相対的に低かった。国際的にみると(図6.5),日本はアメリカとともに,直接税中心の租税構造になっている。

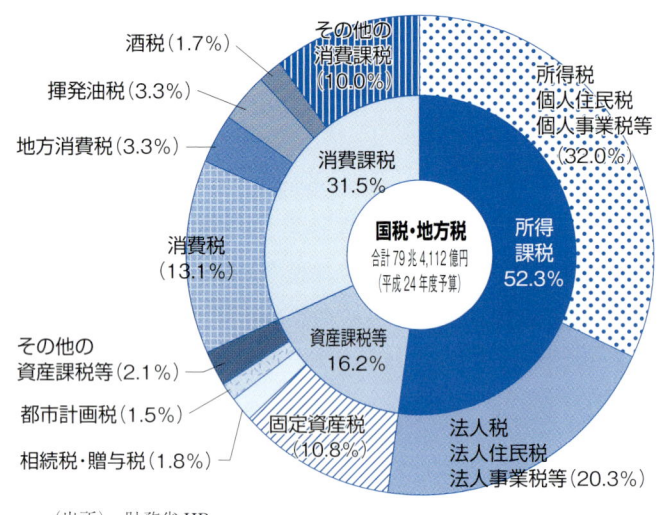

（出所）財務省 HP
http://www.mof.go.jp/tax_policy/summary/condition/001.htm

図 6.3　国税・地方税の税目・内訳

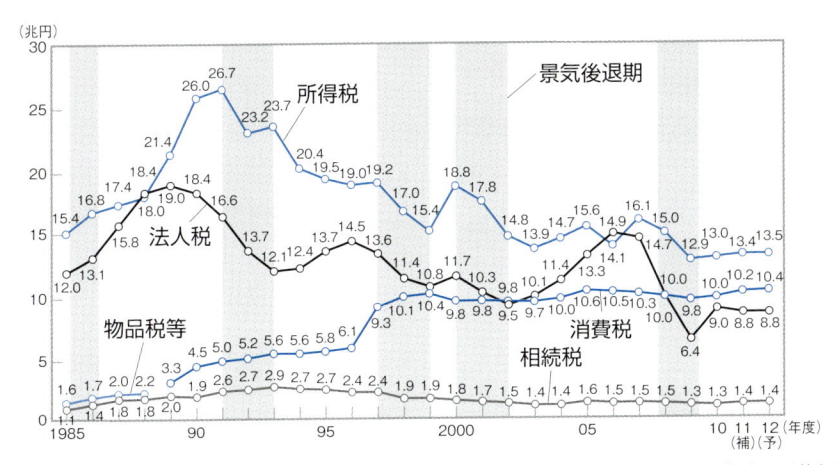

6.1 日本の税制 111

図6.4 一般会計税収の推移

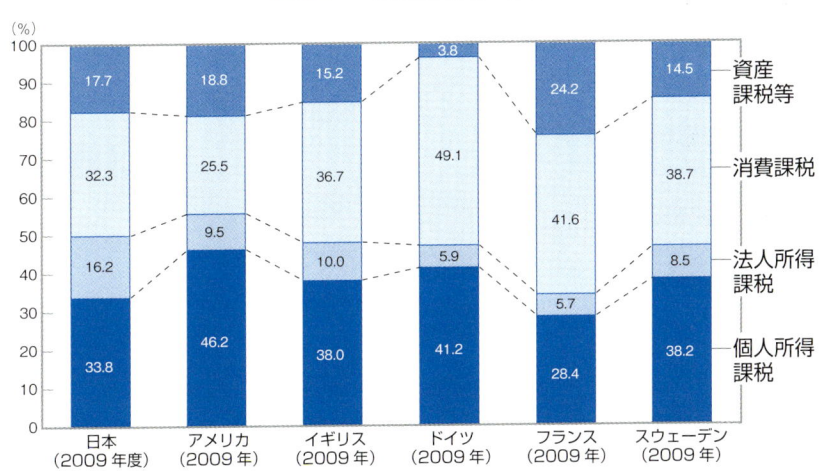

(注) 平成22(2010)年度以前は決算額,23(2011)年度は補正後予算額,24(2012)年度は予算額である。
(出所) 財務省HP「税制について考えてみよう」
http://www.mof.go.jp/tax_policy/publication/brochure/zeisei24/04.htm#042

(注) 1. 日本は平成21(2009)年度実績,諸外国は,OECD "Revenue Statistics 1965-2010" および同 "National Accounts 2003-2010" による。なお,日本の平成24(2012)年度予算における税収構成比は,個人所得課税:32.0%,法人所得課税:20.3%,消費課税:31.5%,資産課税等:16.2% となっている。
2. 所得課税には資産性所得に対する課税を含む。
3. 四捨五入の関係上,各項目の計数の和が合計値と一致しないことがある。
(出所) 財務省HP
http://www.mof.go.jp/tax_policy/summary/condition/016.htm

図6.5 所得・消費・資産等の税収構成比の国際比較(国税+地方税)

個人所得税は、その税収構成比でみると（図6.5）、アメリカよりもかなり低く、EU諸国の平均とほぼ同じレベルである。法人税は、アメリカやEU諸国と比較して、その税収構成比がかなり高い。消費税を含む財・サービス課税では、わが国の税収構成比はアメリカと同じ水準にある。EU諸国は、かなり高率の付加価値税を導入しているため、わが国の2倍くらいの税収構成比となっている（図6.6）。また、アメリカでは州あるいは地方レベルで小売売上税がある。資産に対する課税では、わが国の固定資産税や有価証券取引税など資産課税の水準は、全税収に占めるウェイトでみると、ほぼほかの先進諸国並の水準にある（図6.7）。

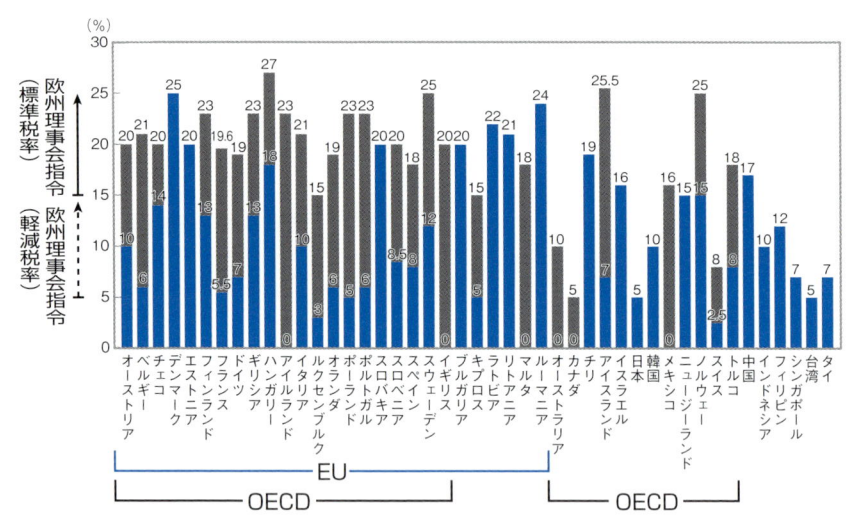

（資料）各国大使館聞き取り調査，欧州連合および各国政府ホームページ等。
（注）1．日本の消費税率5％のうち1％相当は地方消費税（地方税）である。
2．カナダにおいては、連邦の財貨・サービス税（付加価値税）の他に、ほとんどの州で州の付加価値税等が課される（例：オンタリオ州8％）。
3．アメリカは、州，郡，市により小売売上税が課されている（例：ニューヨーク州およびニューヨーク市の合計8.875％）。
4．上記中、■が食料品に係る適用税率である。なお、軽減税率が適用される食料品の範囲は各国ごとに異なり、食料品によっては標準税率が適用される場合がある。また、未加工農産物など一部の食料品について上記以外の取扱いとなる場合がある。
5．欧州理事会指令においては、ゼロ税率および5％未満の軽減税率は否定する考え方が採られている。
（出所）財務省HP「税制について考えてみよう」
http://www.mof.go.jp/tax_policy/publication/brochure/zeisei24/04.htm#047

図6.6　付加価値税率（標準税率および食料品に対する適用税率）の国際比較

6.1 日本の税制　　113

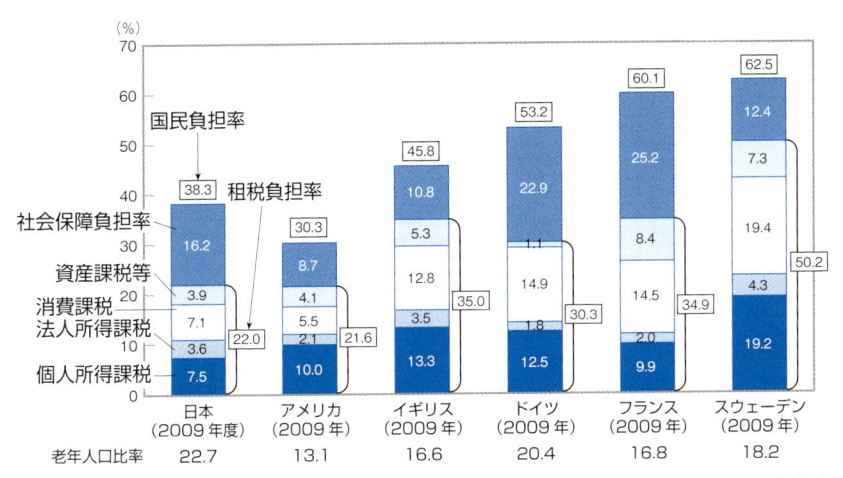

(注) 1. 日本は平成21 (2009) 年度実績，諸外国は，OECD "Revenue Statistics 1965-2010" および同 "National Accounts 2003-2010" による。なお，日本の平成24 (2012) 年度予算ベースでは，国民負担率：39.9％，租税負担率：22.7％，個人所得課税：7.3％，法人所得課税：4.6％，消費課税：7.2％，資産課税等：3.7％，社会保障負担率：17.1％となっている。
2. 租税負担率は国税および地方税の合計の数値である。また所得課税には資産性所得に対する課税を含む。
3. 四捨五入の関係上，各項目の計数の和が合計値と一致しないことがある。
4. 老年人口比率については，日本は2009年の推計値（総務省「人口推計」における10月1日現在人口），諸外国は2010年の数値（国際連合 "World Population Prospects : The 2010 Revision Population Database" による）である。なお，日本の2012年の推計値（国立社会保障・人口問題研究所「日本の将来推計人口」（平成24年（2012年）1月推計）は24.2となっている。

(出所) 財務省HP
http://www.mof.go.jp/tax_policy/summary/condition/020.htm

図6.7　国民負担率の内訳の国際比較（日米英独仏瑞）

例題 6.2

所得税の仕組みを説明せよ。

【解答】

所得税を計算するときにまず問題となるのは，所得金額の算定である（図6.8①）。所得金額とは，1年間に発生した所得の大きさであるが，収入からその所得を稼ぐにあたっての必要経費を控除した額で与えられる。ただし，給与所得の場合には，法律であらかじめ決められた大きさの控除が差し引か

れる。ほかの所得，たとえば，原稿料などの雑所得の場合は，必要経費が多ければ，収入がいくらあっても，所得金額としてはゼロとみなされることもありうる。しかし，給与所得の場合は，どれだけ必要経費がかかっても，あるいはかからなくても，原則として，法定の控除のみが認められる。

　所得から差し引かれるものは，上で述べた必要経費だけではない。1年間の家計の事情に応じたさまざまな経費がさらに控除の対象となっている。医療控除，生命保険控除，損害保険控除などである。ただし，これらは，その全額が控除の対象になるのではなく，利用できる金額に制限がある（図6.8②）。

　これらの金銭的な控除に加えて，重要な控除の項目が人的控除である。被扶養家族1人あたりいくらという形で，人的控除は計算される。配偶者が被扶養者である場合，お年寄りが被扶養者である場合，教育費のかかる子どもが被扶養者である場合，障害などのハンディのある被扶養者がいる場合などそれぞれの人的な事情に応じて，控除の大きさがきめ細かく決められている。

　なお，平成23年分の所得税から，扶養控除が次の通り改正されている。①一般の扶養親族のうち，年齢が16歳未満の人に対する扶養控除（38万円）が廃止された。②特定扶養親族のうち，年齢が16歳以上19歳未満の人に対する扶養控除について，上乗せ部分（25万円）が廃止され，扶養控除額が38万円とされた。これらの措置は子ども手当の見返りである。

　これらの控除の合計と，本人に認められている基礎控除を，所得金額から差し引いたものが，課税される所得金額である。この課税される所得金額に対して，累進的な所得税率が適用される（図6.8③）。そこで決まる税額が，一般的には，その人の支払う税金の大きさとなる。しかし，場合によっては税額控除が適用される。これは，税金をその金額だけ軽減するものである。その大きな項目は，住宅取得控除である。これは，住宅を新たに取得したとき，そのローンの借入れ残高に応じて，一定期間一定の大きさを税金から差し引くものである。こうした税額控除を差し引いた額が，その人の納める税額となる。

6.1 日本の税制

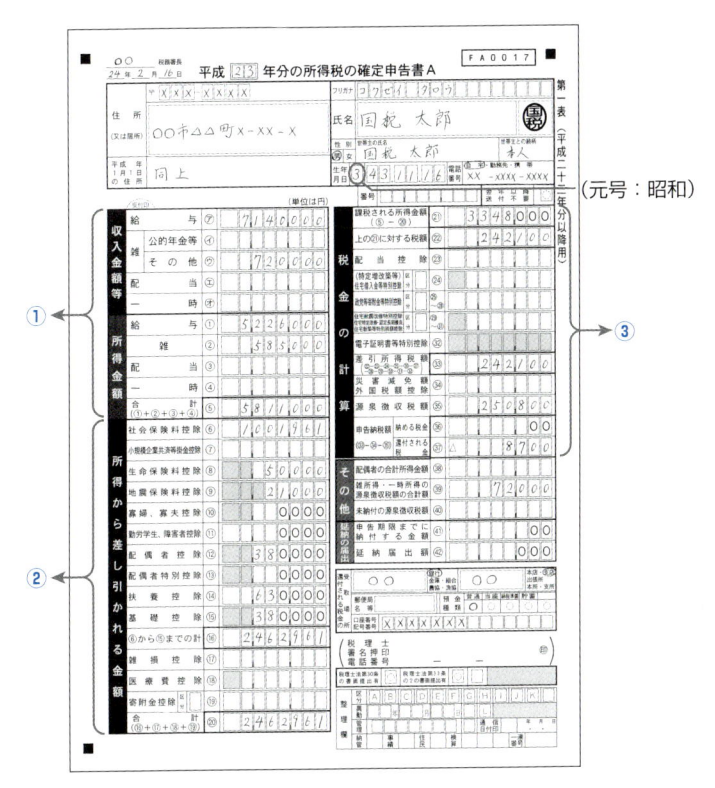

図 6.8 所得税の確定申告書（第一表）記載例

例題 6.3

わが国の総合課税の問題点を述べよ。

【解答】

　総合課税方式は，水平的公平性の原則とサイモンズ流の包括的な所得の定義を前提としている。水平的公平の原則とは，ある指標について同じ人々は同じ負担を負わなければならないことを意味する。ある期間の包括的な所得とは，その期間における資産の純増と消費の和で与えられる。資産の純増と消費に当てうるものは，すべて所得とみなされる。水平的公平の原則は，こ

の包括的所得に対して，課税することを意味する。特定の所得のみを合算せずに課税する単独課税や，特定の所得のみに対して差別的な税率を適用する分離課税は，水平的公平の原則をおかすことになる。

しかし，変動所得と安定所得を区別しないで同じ税率を適用することが，公平であるかどうかは疑問である。経済的な背景の異なる所得を同一に扱うことが，公平かどうかは，議論の余地がある。この点が総合課税の問題点であり，消費税＝支出税論者や最適課税論の立場からの，批判の対象にもなっている。

ところが，日本の所得税制では，総合課税の建て前をとりながら，有価証券の譲渡益が1988年まで非課税であった。1989年に原則課税に変更されたが，譲渡代金の5％を所得とみなして，これに20％の税率を適用することもできるので，事実上は，1％の取引税になった。その後の改正で，原則として20％の分離課税になっている（2013年までは特例として10％の軽減税率が適用されている）。また，1988年から利子所得に対して，一律の20％課税の分離課税が実施されている。利子所得に累進課税がないのは，金持ち優遇との批判もある。あるいは，最適課税論の立場からは，分離課税は当然の結果であり，総合課税の原則自体を見直すべきであるということもできよう。総合課税と現実の税制とのギャップは，これまでの税制改革によって拡大している。

― 練 習 問 題 ―

6.1 直接税と間接税の区別について，説明せよ。
6.2 租税負担率について，説明せよ。
6.3 環境税について，説明せよ。
6.4 わが国の所得税の現状に関する記述として正しいものは，次のうちどれか。
   (a) わが国の国税収入では，所得税，法人税を中心とする直接税の割合は，半分以下である。
   (b) 所得税を中心とする税体系では，景気が変動しても税収があまり変動しない

というメリットを持っている。
- (c) 所得税の負担率が上昇すると，課税の誘因効果により，労働供給，投資，貯蓄などを刺激する。
- (d) 所得税を中心とする体系では，累進課税によって，経済成長が促進される。
- (e) わが国の所得税制は，総合課税の原則からはずれた課税方法も採用されている。

6.5 各国の租税体系に関する記述として正しいものは，次のうちどれか。
- (a) 日本と同様フランスでも，国税収入の多くを所得課税などの直接税に依存している。
- (b) ヨーロッパ諸国では，国税収入に占める間接税の割合が高い。
- (c) アメリカでも，国税収入に占める間接税の割合が高い。
- (d) 日本，アメリカ，ヨーロッパの多くの国では，利子所得は分離課税扱いになっている。
- (e) アメリカでも，日本同様，最近国税レベルで，一般的な消費税が導入された。

6.6 所得税に関する次の記述のうち，正しいものを選べ。
- (a) 総合課税の原則では，さまざまな所得の個別事情に配慮して所得ごとに別個の税率を適用して課税する。
- (b) 累進所得税体系は，課税所得をいくつかの所得階層に区分し，高額の所得階層に対して高い限界税率を適用する仕組みである。
- (c) サラリーマンの場合は，給与収入額がそのまま「課税される所得金額」になる。
- (d) シャウプ税制の理念は，公平・中立・簡素の租税原則に基づき，所得税よりも消費税などの間接税を中心に据えた税制を構築することにあった。

6.2 税制改革の考え方とこれからの方向

◆課税原則
1. アダム・スミス：公平，明確，便宜，節約。
2. ワグナー（Wagner, A. H. G.）：財政政策（租税の十分性，課税の可動性），国民経済（正しい税源の選択，正しい税種の選択），公平（課税の普遍

性，課税の平等性），税務行政（明確，便宜，徴税費最小）。
3．**マスグレイブ（Musgrave, R. A.）**：資源配分に対する中立性，公平に対する中立性，財政政策への適用性，公平（垂直的公平，水平的公平），非恣意的税務行政と納税者の理解，徴税費・納税費の最小。
4．**ヒックス（Hicks, J. R.）**：生産基準（効率：生産の最適），効用基準（公正：社会正義），実施基準（行政：分配，行政効率）。

　現在では，公平性，効率性，透明性，簡素な税制が望ましいとされている。

> **垂直的公平**：所得の異なる人の間での公平な税負担。
> **水平的公平**：同じ経済状態の人の間での公平な税負担。
> **効率性（中立性）**：資源配分の効率性を損なわない税構造。

◆あるべき税制

　あるべき税制の考え方としては，次の3つのアプローチがある。
1．**支出税**：消費ベースの課税。
(1)　利子所得を非課税とするほうが，より水平的公平が確保される。
(2)　貯蓄に対する中立性を高めるには，貯蓄と消費の選択に影響しない税制が望ましい。
(3)　高齢化社会への対応という点で，消費ベース課税が望ましい。
(4)　わが国現実の税制が，実際には消費ベース課税に近い。
2．**包括的所得税**：あらゆる所得を総合した包括的な所得に課税。
(1)　包括的所得を課税ベースとすることで，課税ベースが拡大でき，税率が低下できる。
(2)　累進的な税率を適用しやすく，垂直的な公平が実現できる。
(3)　所得間での恣意的な差別による取り扱いがない。

> **最適課税論**：さまざまな課税ベースを，その経済的な特性に応じて，適切に組み合わせて課税。
> (1)　課税による負の誘因効果の相違。

(2) 所得分配の考慮。
(3) 徴税コストの相違。

3．**直間比率**：直接税収と間接税収の比率。

　これは，所得税と消費税の比較とも理解できる。1989年にわが国で消費税が導入された目的の一つとして，この直間比率の是正があげられた。

　直接税は，累進的な労働所得税が中心。労働所得税の税収が増加すると，労働所得に対する平均的な限界税率が高くなる。これは，効率面での問題をもたらす。広く薄く課税する消費税を導入することで，実質的に労働所得に対する限界税率を低下させることが可能になる。消費税の場合，比例税であるから，労働所得から多少でも代替されれば，それだけ全体としての限界税率は減少する。しかし，効率性の観点からは望ましくても，公平性の観点からは問題が残るかもしれない。なお，消費税は，消費が多い人ほど税負担も多くなるので，一定の再分配効果はある。

◆税制改革の評価

　もっとも多く議論される税制改革は，資本所得税の減税と消費税の増税という組合せである。

(1) 消費税の導入によって，資本蓄積が刺激され，長期的には経済厚生が改善される。
(2) しかし，新しい長期均衡に収束するまでの移行過程では，老年世代を中心にマイナスの影響を受ける世代が存在する。

例題 6.4

わが国の最近の税制改革について説明せよ。

【解答】

　シャウプの税制改革以来と称される抜本的な税制改革は，1987，1988年の税制改革で行われた。これは，公平・中立・簡素を基本理念としつつ，高

齢化社会や国際化社会などを踏まえて，所得・消費・資産間でのバランスのとれた税体系を構築することを意図したものである。

まず，勤労者を中心とする税負担の累増感に対応するため，所得税の累進構造が緩和され，従来10.5～70%（15段階）であった税率は，10～50%（5段階）に改められるとともに，配偶者特別控除の創設，人的控除の引上げなどにより，大幅な所得税減税が行われた。

他方で，1989年にマル優制度の原則廃止と利子所得への源泉分離課税が行われた。さらに，個別間接税が廃止され，消費全体に広く薄く課税するという消費税が創設された。消費税は，国際的に実施されている付加価値税に相当するものであり，国際化にも対応した税制である。

最近の税制改正では，2012年6月に，消費税の増税を柱とする「一体改革」で民主，自民，公明3党合意ができ，消費税率を2014年4月に8%，15年10月に10%に引き上げることになった。3党協議の結果，消費増税の際に「名目3%，実質2%」の経済成長率を目標とする景気条項は法案の付則に残す。消費増税時の低所得者対策として，税率を8%に引き上げる条件に現金給付の実施を明記したほか，軽減税率を導入することも検討することとなった。

今回合意した一体改革で，財政規律の確立に向けて建設的な道筋ができたのは，市場も評価するだろう。当面，わが国の国債が，スペイン国債のように，リスク資産とみなされ，金利が上昇する事態は避けられる。しかし，工程表で触れられている消費税率引上げに伴う税制上の諸課題については，具体的な方向性が不透明なままである。自然体でいけば，消費税率は2015年以降もさらなる引上げが避けられない。社会保障給付を効率化して，歳出，歳入の抜本改革を実施するとともに，今回の工程表で列挙された検討課題をきちんと克服しなければ，EU危機を他人事と思えない財政危機に日本が追い込まれる可能性はまだ残されている。

6.2 税制改革の考え方とこれからの方向

表6.1 最近の税制改正の概要

2008年度
- 経済活性化・競争力の強化,中小企業・ベンチャー支援(研究開発税制の拡充,情報基盤強化税制の見直し(情報基盤への投資の促進),教育訓練費に係る税額控除制度の見直し(中小企業の人材育成),エンジェル税制の拡充(起業期のベンチャー企業に対する支援の拡大),減価償却制度の見直し(法定耐用年数の見直し))
- 民間が担う公益活動の推進・寄附税制の拡充(公益法人制度改革への対応),特定公益増進法人等に対する寄附金の優遇措置の拡充,認定NPO法人の認定要件の緩和等)
- 金融所得課税の一体化(上場株式等の譲渡益・配当に対する課税の見直し,損益通算の特例の創設)
- 土地・住宅税制(住宅の省エネ改修促進税制の創設,住宅取得資金に係る相続時生産課税制度の特例の延長,土地売買等に係る登録免許税の特例の延長)
- 地域の活性化(地域間の財政力格差の縮小,農林水産業と商工業の連携等の促進)
- 揮発油税等(揮発油税等の税率の特例の延長)
- 国際課税(オフショア市場の利子非課税措置等の適用期限撤廃,経済のグローバル化に対応した国際課税の見直し)

2009年度
- 住宅・土地税制(住宅ローン減税の拡充・延長,長期優良住宅に係る税額控除制度の創設,住宅リフォームに係る税額控除制度の創設,平成21(2009)年及び平成22(2010)年に取得した土地等の長期譲渡所得の1,000万円特別控除制度の創設,平成21(2009)年及び平成22(2010)年に土地等の専攻取得をした場合の課税の特例の創設,土地の売買等に係る登録免許税の軽減税率の据置き等)
- 法人関係税制(エネルギー受給構造改革推進設備等の即時償却制度の導入,資源生産性向上促進税制の創設)
- 中小企業関係税制(中小法人等の軽減税率の引下げ,中小法人等の欠損金の繰戻還付の実施)
- 相続法制(事業承継税制の創設:相続税の納税猶予・贈与税の納税猶予,農地等に係る相続税の納税猶予制度の見直し)
- 金融・証券税制(上場株式等の配当・譲渡益に対する軽減税率の延長)
- 国際課税(外国子会社配当益金不参入制度の導入)
- 自動車課税(環境対応自動車の減税(エコカー減税))

2010年度……政権交代により税制改正の枠組み変更。政府と与党の税制調査会の機能を一元化し,政治家のみで構成される政府税制調査会を設置。
- 個人所得課税(扶養控除の見直し(年少扶養親族(〜15歳)に対する扶養控除(38万円),16〜18歳までの特定扶養親族に対する扶養控除の上乗せ部分(25万円)の廃止,非課税口座内の少額上場株式等に係る配当所得及び譲渡所得等の非課税措置の創設,生命保険料控除の改組)
- 法人課税(資本に関係する取引等に係る税制の見直し,いわゆる「一人オーナー会社課税制度」の廃止)

- 国際課税(外国子会社合算税制の見直し,情報交換についての国内法整備(国際的な租税回避の防止))
- 資産課税(住宅取得等資金の贈与に係る贈与税の特例措置の拡充,小規模宅地等の相続税の課税の特例の見直し,定期金に関する権利の評価方法等の見直し)
- 消費課税(揮発油税等の暫定税率の廃止(当分の間は現在の税率水準),自動車重量税に係る改正,たばこ税等の税率の引上げ)
- 市民公益税制(認定NPO法人に係る措置の見直し,所得税の寄附金控除の適用下限額の引下げ)
- 納税環境整備(租税罰則(国税関係)の見直し)
- 租税特別措置の見直し,**租特透明化法の成立**(租税特別措置の適用実態を明らかにし,その効果を検証する仕組みを構築))

2011年度

- 納税環境整備(税務調査手続の明確化,更正の請求期間の延長等,処分の理由附記等,租税罰則の見直し,年金所得者の申告負担の軽減)
- 個人所得課税(上場株式等の譲渡益及び配当の課税(軽減税率,非課税措置延長))
- 法人課税(法人課税の引下げ,減価償却資産の償却率の見直し,欠損金の繰越控除制度の見直し,貸倒引当金制度の見直し,雇用促進制度の創設,環境関連投資促進税制の創設(CO_2排出削減設備,再生エネルギー関連設備への特別償却適用),国際戦略総合特区に係る税務上の措置の創設)
- 消費課税(消費税の免税事業者の要件の見直し,消費税の仕入税額控除におけるいわゆる「95%ルール」の見直し,航空機燃料税の引下げ)
- 市民公益税制(所得税の税額控除制度の導入(寄附金関係),認定NPO法人制度の見直し)
- 国際課税(外国税額控除制度の適正化,移転価格税制の見直し,非居住者等が受ける振替公社債の利子等の非課税制度の拡充等)

2012年度

- 個人所得課税(給与所得控除の見直し,特定支出控除の見直し,退職所得課税の見直し)
- 資産課税(住宅取得等資金に係る贈与税の非課税措置の拡充・延長,山林についての相続税の納税猶予制度の創設,相続税の連帯納付義務の見直し)
- 環境関連税制(自動車重量税の見直し,地球温暖化対策のための税の導入(全化石燃料を課税ベースとする石油石炭税に税率上乗せ))
- 法人課税(試験研究を行った場合の法人課税の特別控除,環境関連投資促進税制の拡充(太陽光発電設備・風力発電設備))
- 国際課税(徴収共助に係る国内法の整備,国外財産調書制度の創設,関連者間の利子を利用した租税回避への対応)
- 沖縄振興等に関する税制(特区に係る税制の拡充)

(出所) 財務省HP「税制改正の概要」を参照して作成。

例題 6.5

クロヨンについて説明せよ。

【解答】

　クロヨン（9対6対4），あるいは，トーゴーサン（10対5対3）と俗にいわれるのは，業種間での捕捉率格差の問題である。すなわち，課税所得の捕捉（税務当局がどれだけ正確に所得を把握しているか）に関して，給与所得（サラリーマン），事業所得（自営業者），農業所得（農家）の間で，著しい業種間格差がみられ，水平的公平の原則が阻害されているという指摘である。

　このような業種間格差が存在する理由は，各所得の発生形態が著しく異なるために，所得捕捉の容易さが所得ごとに大きく相違するからである。農家であれば，生産物を自家用にも消費することができる。自営業であれば，事業用の車で私的な用事を済ませることができる。サラリーマンの場合には，仕事と家庭がはっきり区別されていて，所得の捕捉が容易である。もっとも，サラリーマンには会社から社宅の提供など福利厚生の面でいろんな便益を受けている面もある。

　各所得の発生形態が異なれば，徴税コストも，脱税・節税の誘因も異なる。クロヨンは，公平性の点からは，実はそれほど問題にならない。なぜなら，職業選択の自由がある限り，税制によって特定の職種を優遇しようとすれば，そこに人が移動して課税前の所得が減少するからである。均衡では，どの職種でもそれほど優位にならないはずである。むしろ，問題なのは，効率面での悪影響である。ある職種を税制で優遇しようとして，職業選択に政府が介入することで，業種間で最適に職業を選択したり，経済環境の変化に適切に産業構造を変化させることができない。

―――― 例題 6.6 ――――
徴税方法に関しての簡素な税制について，説明せよ。

【解答】
　簡素な税制とは，課税によって一定の税収を徴収するときの税務上のコストが，なるべく小さくなる税制である。税務上のコストのうちでもっともはっきりしているのは，税務当局が税収を徴収する際の費用である。具体的には，国税庁の人件費などである。しかし，納税者にとってのさまざまな納税コストも，考慮する必要があるだろう。

　税金を支払う方法は2つある。一つは申告納税制度であり，納税義務者が自ら申告することで，税額が決定される。もう一つは源泉徴収制度であり，所得の支払い者が納税義務者に代わって税を徴収し，納税するものである。前者は，確定申告に対応し，後者は，企業でサラリーマンに代わって所得税を納税するケースに対応する。

　確定申告などの申告納税の場合には，所得の記録や会計的な計算，税額の算定などを納税者が自ら行う。一般に，複雑な税制度のもとでは，そのような作業に多くの時間と労働の投入が要求される。他方，源泉徴収の場合には，税を払う企業で多くの類似した作業を効率的に行うことが可能となる。したがって，申告納税の場合よりは，源泉納税の場合のほうが徴税コストは小さくなる。ただし，申告納税のほうが，自ら税額を計算することで，納税者が税金の使い道により敏感になるという効果もある。これは，政府支出の決定に何らかの形で反映されることで，政府の経済活動全体について，より効率的な運営が可能となるかもしれない。

---- 例題 6.7 ----
消費税は逆進的だから不公平である，という議論をどう評価すべきか。

【解答】
　消費税は間接税であり，納める人の個人的な事情を考慮していない。所得の低い人でも所得の高い人でも同じ税金を負担しなければならない。垂直的公平性を重視すれば，逆進的で望ましくない税との批判もある。

　しかし，間接税であるが故のメリットもある。それは，捕捉の問題である。所得の捕捉にばらつきがあり，同じ所得がありながら納める税負担が異なるとすれば，消費する際に確実に税金を負担する消費税は，水平的公平からみて望ましいともいえる。とくに，所得税の課税最低限が国際的にも高いわが国では，多くの人が税の負担感を感じる消費税のほうが，より公平な負担方法ともいえる。

　所得と消費とは長期的にみれば，ほぼ対応しているから，消費税は，比例的な所得税に対応している。とくに，遺産も消費とみなして消費税をかける場合には，長期的には比例的な所得税と課税ベースはほとんど同じである。累進的な所得税よりは逆進的であるが，消費の多い人ほど税負担も多いという意味では，それほどの逆進性もない。

　毎期の所得が変動している状況では，それに累進的に課税するのが，本当に公平かどうかは疑問である。短期的にはより安定している消費を課税ベースとするほうが，水平的公平の観点から，より公平である。なぜなら，生涯の現在価値でみて同じ所得（＝消費）水準の人には，同じ税負担が，水平的に公平といえるからである。

　また，直接税タイプの支出税であれば，累進的な消費税を課すことも可能である。したがって，消費税が直ちに不公平な課税方法であるとはいえない。

●**クローズアップ　逆進性と税制改革**

　逆進的な税制改革は，常に望ましくないのか。2012年に3党が合意した「一体改革」では，消費税増税に伴う逆進性に配慮するために，低所得者への配慮が強調されている。しかし，この点に配慮しすぎると，なぜ消費税へシフトするのかという基本的な理念が曖昧になりかねない。むしろ，逆進的な税制改革が望ましいという積極的な議論が必要だろう。

　国民が税負担の増加により広く分担するのが望ましいなら，低所得者の税負担はむしろ増加すべきである。一方で消費税を増税しておきながら，他方で逆進性対策を充実させすぎると，どのような理念で全体としての税制改革の方向を進めようとしていくのかが，わかりにくくなってしまう。

　現行税制のもとでの各個人の税負担を既得権として認める限りにおいて，税制改革により損失を被る個人への補償的な措置が常に必要とされる。しかし，現状での税負担のあり方に問題があるから，税制改革を行う。国民全体がより広く薄く税負担をすることで，政府の歳出に対してより敏感になり，効率的な政府の機能が発揮されるようになるとか，また，現状での税負担が必ずしも経済的な意味での水準に対応しておらず，恵まれている人が所得税をあまり払っていないケースがあるとか，あるいは，より逆進的にするほうが平均的な限界税率を低下させて，経済全体での活力が発揮されて，全体としてみれば，税負担の増加する人でも，所得水準の増加により生活水準も増加するとか，そうした積極的な理由付けが必要であろう。消費税増税の際に，逆進性にも配慮して，低所得者対策に大盤振る舞いすると，そもそも消費税増税の積極的な意義が乏しくなってしまう。

6.2 税制改革の考え方とこれからの方向

> **例題 6.8**
> 相続税の経済的な効果について，議論せよ。

【解答】

相続税の大きな効果は，資産格差の是正である。土地や株を中心とした資産の保有の格差は，大都市圏では大きなものがある。資産所得の格差を是正するためには，相続税の強化がもっとも手っ取り早い方法である。ストック面でできるだけ平等化を目指すほうが，フローの面での競争が激しくなり，社会全体が活性化されるだろう。世代内での格差を是正して，より個人主義的な活性化のメリットを生かすには，相続税の強化が望ましいだろう。

しかし，相続もマクロ的には貯蓄の一部であるから，あまり重い相続税は

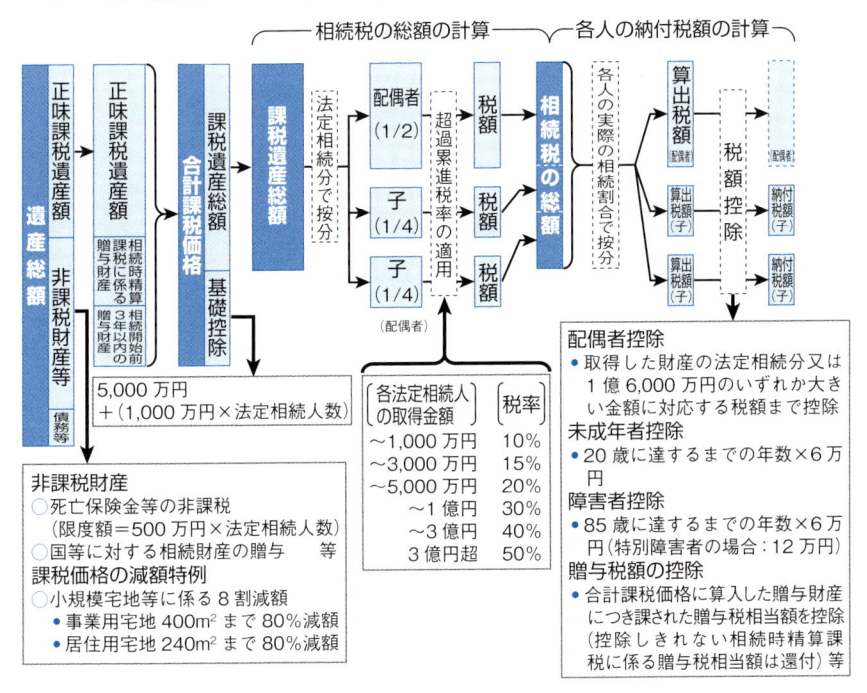

（出所）　財務省 HP
　　　　http://www.mof.go.jp/tax_policy/summary/property/135.htm

図 6.9　相続税の仕組み（相続人が配偶者＋子 2 人の場合；2011 年現在）

資本蓄積を抑制し，結果として民間資本蓄積や経済成長にもマイナスに働くかもしれない。経済全体の効率性を問題とするなら，相続税の強化は，マイナスの効果も持っていると考えられる。

2009年に死亡した者のうち，相続税の課税対象となったのは，わずか4％の約4万6,000人である。まともに相続税を払う大資産家の相続人にとって，相続税は大きな負担である。しかし，普通の人がそれなりの資産を相続しても，相続税の対象にならない。その結果，大資産家は節税・脱税の誘因が強く，一般の庶民は相続税を自分とは無縁のものと考える。

わが国の一人あたり資産保有額が世界でもトップ水準である以上，相続税の役割も一部の大資産家の資産を没収するという当初の目的から，広く薄く課税するという目的に変えるべきだろう。今回の工程表で，相続税に関する改正は別途再検討することになったが，これを機会にもう一度相続税に対す

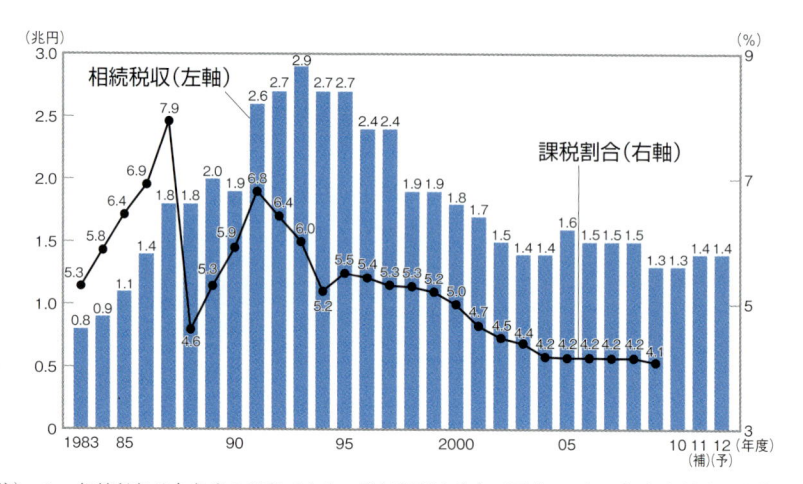

(注) 1．相続税収は各年度の税収であり，贈与税収を含む（平成22（2010）年度以前は決算額，23（2011）年度は補正後予算額，24（2012）年度は予算額である）。
2．課税割合は年間課税件数/年間死亡者数。
3．課税件数は「国税庁統計年報書」により，死亡者数は「人口動態統計」（厚生労働省）による。
(出所) 財務省HP「税制について考えてみよう」
http://www.mof.go.jp/tax_policy/publication/bochure/zeisei24/04.htm#048

図6.10 相続税の課税割合および税収の推移

る考え方を見直すべきだろう。

　すなわち，税率構造をより累進化するのではなくて，むしろフラット化して，最高税率を引き下げて，累進構造を緩和するとともに，課税ベースを拡大し，子どもが相続する場合は，平均的な庶民でも 10% 程度の相続税を支払うのが，望ましい。限界税率が引き下げられると，節税・脱税するメリットも小さくなるので，あえていろいろな法律知識を駆使して，相続税を逃れる行為も少なくなる。

例題 6.9

　税制改革を，世代間負担の観点から議論せよ。

【解答】

　労働所得税を減税して，消費税を増税する税制改革を考える。これは，わが国での最近の税制改革の代表的な組合せである。移行過程における世代，すなわち，この税制改革が行われた時点で老年世代にある世代にとっては，マイナスの影響を受けることになる。老年世代にとっては，労働所得がもはや存在しないから，労働所得税を減税されても，減税のメリットはない。しかし，消費する限りにおいて，消費税を負担しなければならないから，増税の負担は回避できない。

　これに対して，税制改革の行われる時点での青年世代や将来世代の人にとっては，これから労働所得が発生するから，労働所得税が減税されると，利益を受ける。つまり，労働所得税を減税して，消費税を増税するのは，世代間負担でみると，青年期の世代から老年期の世代への負担の転嫁とみなされる。

　このような税制改革によって，現存している青年世代や将来の世代の経済厚生は，上昇する。問題は，現存の老年世代の受けるマイナスの効果を政策的にどう評価するかである。

　しかし，現存の老年世代は，年金制度の拡充や公債の大量発行によって，

これまでにかなりの大きな便益を受けていると考えられる。これまでのそうした世代間での再分配が過大であるとすれば，上の税制改革は，現存の老年世代の負担を適正水準に戻す方向への動きであるという意味で，望ましいといえるだろう。

---- 例題 6.10 ----

給付付き税額控除所得税について，説明せよ。

【解答】

わが国では，税制で累進的所得税を採用しているが，課税最低限以下の所得者に税額控除の形で補助金を還付していない。財務省＝税金の徴収，厚生労働省＝社会保障の給付という役割分担は，税制と社会保障を別の政策として考えることを意味する。最近，給付付き税額控除所得税（EITC）が検討されている。これは「負の所得税」である。この方式のメリットは，統一した枠組みで税負担と社会保障給付が行える点である。これは社会保障給付と税負担とが連動しているから，とくに勤労意欲抑制効果の観点からメリットがあり，貧困の罠という弊害がない。

「貧困の罠」とは，生活保護など，所得税を支払わないで社会保障給付を受けている家計にとって，自前の所得が増加すると，同額だけ社会保障給付が削減され，手取りの所得が増加しない現象である。すなわち，社会保障が「措置」としてあるべき給付額を実現するように支給されるために，自前の所得が増加すると，それに対して実質的に 100％ という高率で課税されることになる。その結果，貧困世帯は自前で勤労する努力を失い，いつまでも政府からの公的扶助に依存する。

この「貧困の罠」という弊害を克服するには，自前の所得が増加した場合に，100％ 以下の水準で公的給付を削減する必要がある。「負の所得税」として，両者を統一的に取り扱うことで，「貧困の罠」が回避できる。また，保険料の徴収，税金の徴収と補助金の給付は政府と国民との間での現金のや

りとりという意味で同じ業務であり，両者を同じ組織で行うほうが，より効率的に実施できる。

しかし，この方式にもデメリットはある。所得の発生形態が個人間で異なる場合，通常定義される所得は必ずしも公平性の指標として適していない。所得税の世界だけでは，「真の」格差はモニターしきれない。また，納税者番号制度が導入できたとしても，所得，資産を完全に捕捉することは困難である。当該個人（家計）の資産状態や消費活動などを具体的に（あるいは過去にさかのぼって）個別に検討することで，はじめて当該個人（家計）が弱者であり，公的補助が必要かどうかを判断できる。

現実には，所得以外の資産調査を徹底することにも限界がある。また，経済・社会環境が多様化するにつれて，当局が監視するコストも増加する。所得以外の経済的格差の指標としてもっとも透明度の高いのは子どもの数である。子どものいる世帯に限定して EITC を導入するのが，現実的な対応である。その際，補助対象を限定するという視点から，子どもが2人以上ある世帯に絞る案が有益だろう。そうすることで，子どもを複数生み育てる誘因も生じるので，少子化対策にも役立つ。

練習問題

6.7 次の文章で正しいものはどれか。
(a) わが国の消費税は，食料品などの生活必需品に低い税率で課税しており，複数税率となっている。
(b) 消費税は，所得税と同様，累進的な税構造になっている。
(c) 消費税は消費や貯蓄を抑制するが，労働供給を抑制する効果はない。
(d) わが国の消費税は付加価値税の一種であり，課税ベースの広い間接税である。

6.8 租税負担の公平性について，説明せよ。

6.9 支出税あるいは消費税と所得税のメリット，デメリットを整理せよ。

6.10 最適課税論の特徴を述べよ。

6.11 所得税を減税して消費税を増税するという税制改革に関する記述について，正しいものは次のうちどれか。
(a) 消費税は間接税であり，逆進的であるから，水平的公平からみると，税負担はより不公平になる。
(b) 所得税は捕捉が困難であるから，誰もが負担する消費税のほうが，より公平な税負担が実現できる。
(c) 消費税に比重がシフトすることで，貯蓄が抑制され，消費が刺激される。
(d) このような税制改革でもっとも得をする世代は，この改革が行われる時点での老年世代である。
(e) 所得税の減税による消費の刺激効果は，消費税の導入による抑制効果で相殺されるから，マクロに与える効果はほとんど期待できない。

6.12 最適課税の議論からみて正しいのは，次のうちどれか。
(a) あらゆる所得を総合して，包括的な所得に課税すべきである。
(b) 貯蓄に対しては，非課税が望ましい。
(c) より不平等に関心を持つほど，最適な限界税率は低くなる。
(d) 総合課税よりは，分離課税のほうが一般的には望ましい。
(e) クロヨンは不公平だから，所得税の徴税方法をより強化すべきである。

6.13 納税者番号制度と公平性について述べよ。

6.14 わが国の税負担の水準は諸外国よりも相当低い。それにもかかわらず，わが国で税金に対する不満や増税に対する政治的抵抗が強いのはなぜだろうか。

6.15 税制改革に関する次の記述のうち，正しいものを選べ。
(a) 公平性の観点からもっとも望ましい税は，課税ベースの広い間接税としての

(b) 逆弾力性の命題は，価格に対して弾力的な財に対して，より高い税率をかけることを主張している。
(c) 課税によってその経済活動（たとえば法人税の場合は企業の生産や投資活動）が抑制されるほど，課税の超過負担も小さくなる。
(d) 最適所得課税の基本的立場は，労働所得，資本所得，譲渡益所得など，さまざまな所得の異質性を重要視する。

コラム　年金課税の考え方

年金給付に対しては，特別の控除が設けられており，勤労世代に対する所得税よりも優遇されている（表6.2参照）。こうした優遇税制を高額の所得・資産を持っている高齢者にも適用するのは不公平，非効率であり，年金課税をきちんと見直すべきであるという意見も強い。過度の年金給付を実質的に削減する手段として，年金課税の強化は有効である。

表6.2　公的年金控除

公的年金額	65歳未満の人の場合 課税の対象となる割合	控除額
70万円以下	0%	全額（課税額：0円）
70万円～130万円	100%	70万円
130万円～410万円	75%	37.5万円
410万円~770万円	85%	78.5万円
770万円以上	95%	155.5万円

公的年金額	65歳以上の人の場合 課税の対象となる割合	控除額
120万円以下	0%	全額（課税額：0円）
120万円~330万円	100%	120万円
330万円~410万円	75%	37.5万円
410万円~770万円	85%	78.5万円
770万円以上	95%	155.5万円

（出所）「かんたん！　国民年金・厚生年金入門」HP
http://www.kokumin-nenkin.com/knowledge/tax.html

しかし，年金課税はほかの資産課税と同様に，効率性のコストも持っている。せっかく多額の年金拠出を負担して老後の所得を確保しようとする高額所得者の年金給付に累進的に高率で課税すれば，国外を含めて課税ベースの流動化が生じるかもしれない。あるいは，年金負担に対する回避行動が誘発されるかもしれない。こうした効率性の観点も考慮して，確定給付型年金に対する課税の問題は，広く資産所得全体の課税のあり方を議論する中で，長期的視点から検討すべきである。

　一般論としていえば，年金課税のあり方は，年金方式として確定給付の賦課方式と確定拠出の積立方式のどちらを前提とするかで，その姿も異なる。賦課方式を維持するのであれば，リスク分散機能が重要であるから，高所得，高資産の高齢者に対する極端な累進課税も正当化できる。また，年金給付のスリム化を年金課税の強化で実質的に肩代わりすることにも，論理的な矛盾はない。しかし，確定拠出型年金所得への課税は長期的視点が重要となる。この場合は，ほかの資産所得と同様に，年金所得には非課税（あるいは低率の分離課税）にするほうがもっともらしい。世代内の格差是正については，年金課税の役割を限定的にとらえるべきであろう。

7 公　　債

7.1　公債の発行

◆公債とは

公債：国および地方公共団体の借金。

　2012年度末で国・地方合わせて長期債務残高は940兆円（図7.1には公債残高を示す）。

　国および地方公共団体の借金にも債券を発行する方法と借入れをする方法がある。公債は「国および地方公共団体の債務（借金）であって債券を発行するもの」と定義される。なお，国債のみを指して公債と呼ぶこともある。

◆公債の種類

1．**発行目的による区分**：

歳入債＝普通国債：歳出需要を賄うための歳入を調達する国債。

融通債＝政府短期証券：国庫の日々の資金繰りを賄うための国債。

繰延債＝交付国債，出資・拠出国債：支出に替えて国債を発行することにより，その国債の償還期日までその支出を繰り延べる効果を持つため，間接的に資金の調達を助ける国債。

2．**発行される市場による区分**：国内で発行される内国債と外国で発行される外国債。

3．**償還期限の長さによる区分**：1年を超える期間の長期公債，1年以内の短期公債。

7 公債

(兆円)

一般会計税収の約17年分に相当
（平成24（2012）年度一般会計税収予算額：約42兆円）

復興債残高

平成24（2012）年度末公債残高
約709兆円（見込み）
↓
国民1人当たり　約556万円
4人家族で　約2,224万円
※勤労者世帯の平均年間可処分所得
約516万円
（平均世帯人員　3.41人）

（注1）国民1人当たり公債残高は，平成24（2012）年度の総人口（国立社会保障・人口問題研究所「日本の将来推計人口」（平成24年1月推計））で公債残高を除した数値。
（注2）可処分所得，世帯人員は，総務省「平成22年家計調査年報」による。

4条公債残高

特例公債残高

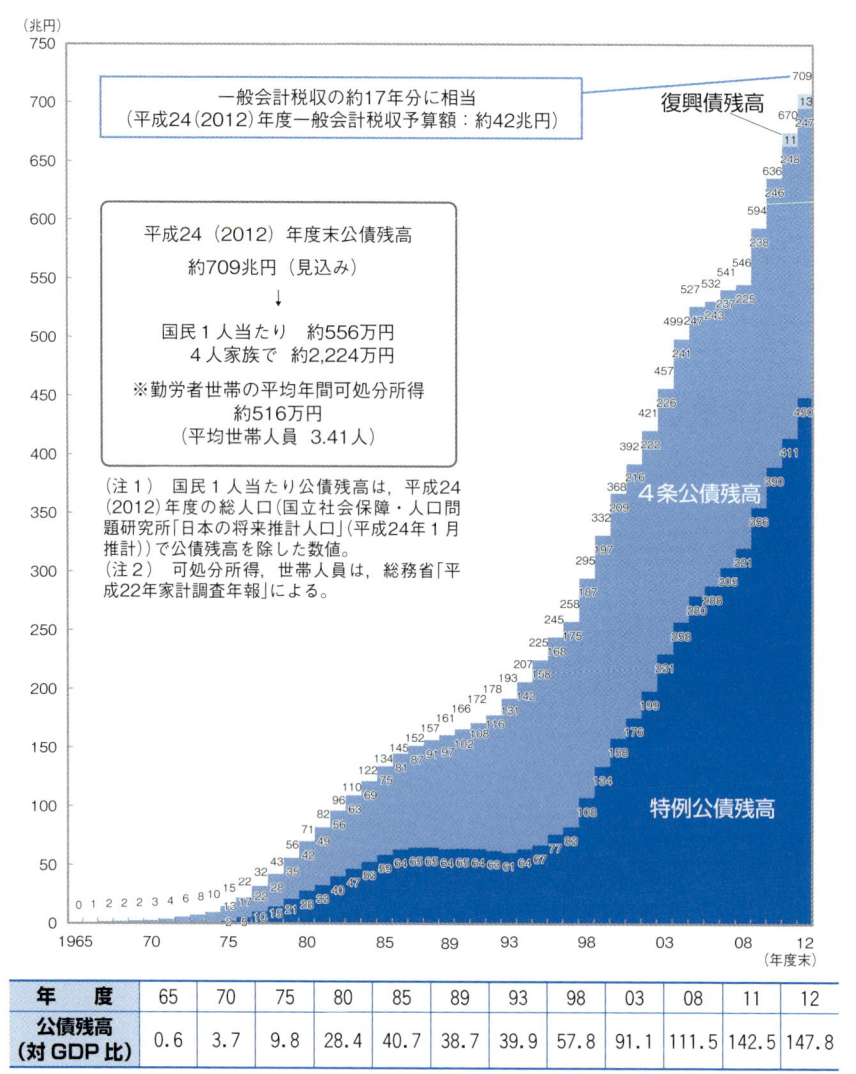

年　度	65	70	75	80	85	89	93	98	03	08	11	12
公債残高 (対GDP比)	0.6	3.7	9.8	28.4	40.7	38.7	39.9	57.8	91.1	111.5	142.5	147.8

（注）　1．公債残高は各年度の3月末現在額。ただし，平成24（2012）年度末は予算に基づく見込み。
　　　2．特例公債残高は，国鉄長期債務，国有林野累積債務等の一般会計承継による借換国債を含む。
　　　3．東日本大震災からの復興のために平成23（2011）年度～平成27（2015）年度まで実施する施策に必要な財源として発行される復興債（平成23（2011）年度は一般会計において，平成24（2012）年度は東日本大震災復興特別会計において負担）を公債残高に含めている（平成24（2012）年度末で12.7兆円）。
　　　4．平成24（2012）年度末の翌年度借換のための前倒債限度額を除いた見込額は697兆円程度。
（出所）　財務省「日本の財政関係資料」（平成24年9月）p.13

図7.1　公債残高の累増

> 国債の償還期限：**超長期国債**（20 年），**長期国債**（10 年），**中期国債**（6 年・5 年・4 年・2 年），および**短期国債**（6 カ月・3 カ月）。

4．**短期公債の種類**：短期国債（6 カ月以内の借換債），政府短期証券（財務省証券，食糧証券，外国為替証券）。
5．**資金の使途による区分**：建設国債と特例国債（赤字国債）。
6．**利子支払い方法**：利付国債と割引国債。

◆公債発行の歯止め

公債は金融市場を通じて資金を調達する。資金の取り手（国および地方公共団体）の信用を引当てにしての借金だから，公債価格を著しく下落させる過度の発行は控えなければならない。財政法上の規制（赤字国債の原則禁止）や運用原則などの歯止めが設けられている。

◆公債発行の現状

わが国の公債発行は，財政法によって規制されている。

1．**財政法と公債発行**：原則として公債発行による収入は，公共事業費，出資金，貸付金にのみ充てられる。

1975 年度以降，特例法による例外措置として，経常的経費に充てられる特例公債（赤字公債）が発行されている。

> 公債の大きさを示す指標：
> (1) 公債依存度：公債発行額の一般会計歳出総額に対する割合。
> (2) 公債費：公債の償還，利払いなどのための費用。
> (3) 公債残高対 GDP 比：公債残高の対 GDP 比率。

2．**公債発行の推移**：公債依存度は 1976～1984 年頃高水準（30% 台）。1980 年代後半から，財政赤字は減少し，1990 年度から赤字公債の発行はゼロ，しかし，1994 年度から再発行している（図 7.1）。
3．**公債発行のタイミング**：歴史的にみると，公債の対 GDP 比率は，第 2 次世界大戦のような戦争のときか，石油ショックのような不況期に上昇して

138   7 公 債

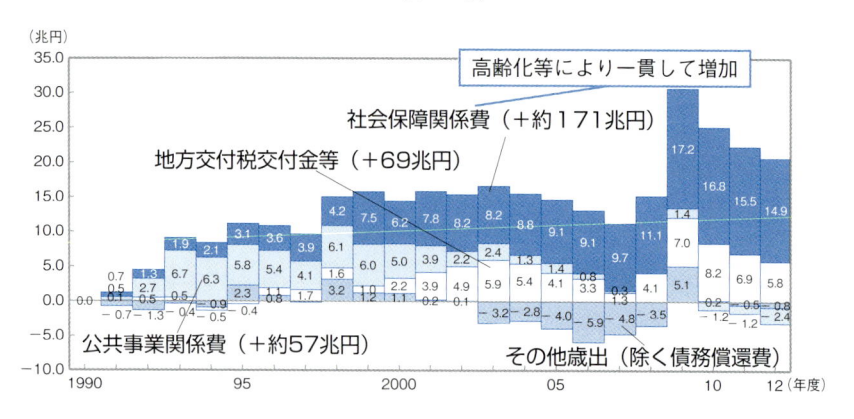

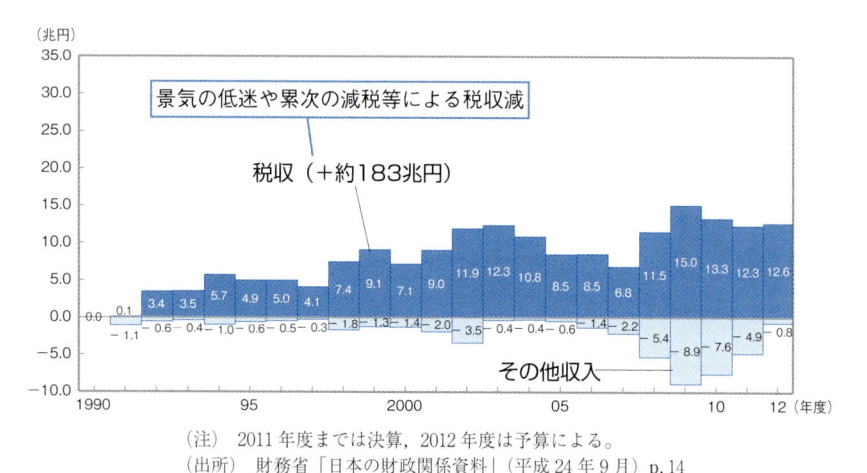

図7.2 公債残高の増加要因

(注) 2011年度までは決算，2012年度は予算による。
(出所) 財務省「日本の財政関係資料」（平成24年9月）p.14

いる。近年では高齢化の進行などに伴う社会保障関係費の増加や，地方財政の悪化に伴う財源不足の補てんによって，継続的に上昇している（図7.2）。

4．利払費と公債残高：わが国の公債残高は累増しているが，利払費は1980年代後半から1990年代前半にかけて10兆円程度に達した後，緩やかに減少傾向を示した。これは，公債残高の増加以上のスピードで金利が低下したためである。しかし，最近では国債の金利も1％程度まで下落して，これ以上の下落が無理な低水準にある。そのため，ここ数年は利払費も増加

7.1 公債の発行

傾向に転じ始めている。今後は金利低下の効果が期待できないため，利払費の増加が本格化するだろう。そうなると，ほかの歳出需要を圧迫する**財政の硬直化**が深刻な問題となる。

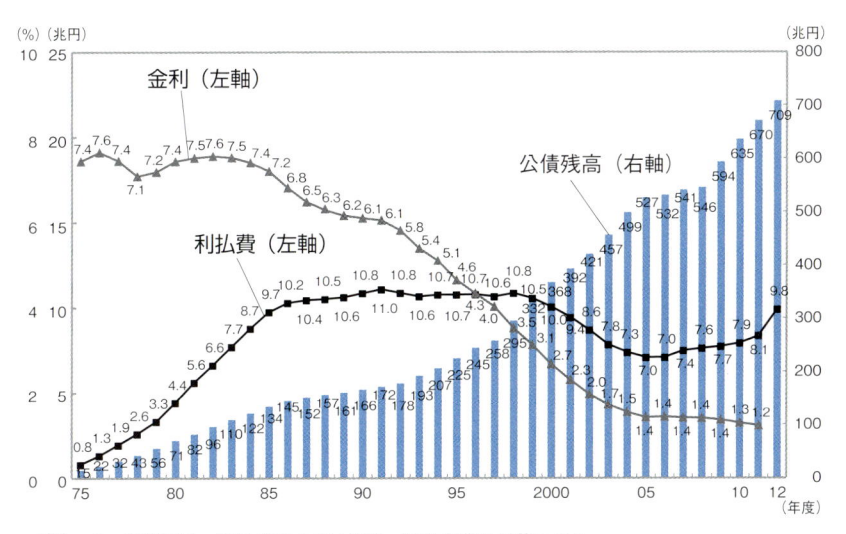

図 7.3 利払費と公債残高

(注) 1. 利払費は，2011 年度までは決算，2012 年度は予算による。
 2. 公債残高は各年度 3 月末現在高。ただし，24（2012）年度末は予算に基づく見込み。
(出所) 財務省「日本の財政関係資料」（平成 24 年 9 月）p.22

7 公　債

例題 7.1

1980 年代以降のわが国の公債発行の推移を説明せよ。

【解答】

　1980 年代に入って，大幅な財政赤字の発生とそれに伴う巨額の公債発行が継続していく中で，1984 年度特例公債（赤字公債）脱却を前提とした第 1 次財政再建政策が実施された。しかし，世界同時不況と 1982 年度の政府経済見通しの狂いなどもあって，大幅な歳入欠陥が生じた。その結果，鈴木内閣の退陣とともに 1984 年度特例公債脱却の目標は放棄された。新たに，中曽根内閣によって，1983 年に策定された 1980 年代経済社会の展望と指針において，1990 年度特例公債依存度体質の脱却が第 2 次財政再建策として，掲げられた。

　そして，この第 2 次財政再建路線に基づく厳しい緊縮財政運営により，一般政府レベルでの財政赤字は減少した。その一方で，経常収支の大幅な黒字という問題が生じた。貿易摩擦が深刻化する中で，内需拡大の要求が国の内外から高まった。1990 年度には，特例公債の発行をゼロとする第 2 次財政再建が達成された。

　しかし，バブル経済の崩壊による景気の低迷と税収の減少により，1994 年度からは再び赤字公債の発行を余儀なくされている。国際金融不安や高齢化で社会保障費が増大することもあって，公債発行の規模は拡大傾向を示している。その結果，公債残高対 GDP 比率も上昇し続け，200% を上回る水準に達している（表 7.1）。

表 7.1 債務残高の国際比較（対 GDP 比）

(%)

暦年	1997	1998	1999	2000	2001	2002	2003	2004
日　　本	102.0	115.0	128.9	137.5	144.6	153.4	158.2	166.2
アメリカ	67.4	64.2	60.5	54.5	54.4	56.8	60.2	68.0
イギリス	52.0	52.5	47.4	45.2	40.4	40.8	41.5	43.8
ド イ ツ	60.4	62.3	61.8	60.8	60.1	62.5	65.9	69.3
フランス	68.9	70.4	66.9	65.7	64.3	67.5	71.7	74.1
イタリア	129.6	131.8	125.7	120.8	120.1	118.8	116.3	116.8
カ ナ ダ	96.3	95.2	91.7	82.4	82.9	80.8	76.8	72.8

暦年	2005	2006	2007	2008	2009	2010	2011	2012
日　　本	169.5	166.7	162.4	171.2	188.8	192.7	205.5	214.1
アメリカ	67.6	66.4	67.0	75.9	89.7	98.3	102.7	108.6
イギリス	46.4	46.0	47.2	57.4	72.4	81.9	97.9	104.2
ド イ ツ	71.9	69.8	65.6	69.8	77.4	86.8	87.2	88.5
フランス	76.0	71.2	73.0	79.3	91.2	95.8	100.1	105.5
イタリア	119.4	116.7	112.1	114.6	127.7	126.5	119.7	122.7
カ ナ ダ	71.8	70.4	66.7	71.2	82.4	84.0	83.8	84.5

(出典)　OECD "Economic Outlook 91"（2012年6月）によるデータを用いており，2012年度予算の内容を反映しているものではない。
(注)　数値は一般政府（中央政府，地方政府，社会保障基金を合わせたもの）ベース。
(出所)　財務省「日本の財政関係資料」（平成24年9月）p.17

―――――――――― 練 習 問 題 ――――――――――

7.1 1931年に始まる高橋財政について，説明せよ。
7.2 財政法4条の規定について，説明せよ。
7.3 超長期国債，非市場国債について，説明せよ。
7.4 わが国の国債の償還方法について説明せよ。
7.5 国債の制度に関する記述のうち，正しいものは次のうちどれか。
　(a) 赤字国債は，1960年代からずっと発行されている。
　(b) 市中銀行がすべての国債を引き受け，日銀による国債の引受けは全面的に禁止されている。
　(c) 国債の償還は，国債整理基金特別会計を通じて行われている。
　(d) 1980年に，大量の国債を償還するための借換債が発行された。
　(e) 国債は従来国債引受けシンジケート団によって引き受けられてきたが，1979年に市中売却が解禁された。
7.6 国債についての記述のうち，正しいのは次のうちどれか。
　(a) 国債の発行額は，毎年国会の立法によって，規定されている。
　(b) 国債の発行は，国会の議決を要するが，公共事業費に充てる場合は，その必要がない。
　(c) 赤字国債の発行は，財政法で禁止されているので，実際にも発行されていない。
　(d) 1966年度一般会計予算以来，建設国債が発行され続けている。
　(e) 1965年度の補正予算以来，赤字国債が発行され続けている。
7.7 公債の種類に関する記述として正しいのは，次のうちどれか。
　(a) 内国債は，日本国民が保有する国債である。
　(b) 長期公債は，償還期限が1年以上の公債である。
　(c) 短期公債は，償還期限が6カ月未満の公債である。
　(d) 財務省証券には，償還期限が1年以上のものもある。
　(e) 外国債は，外国の政府の発行する公債である。

7.2 公債発行の問題点

◆公債発行による問題

公債発行は，財政当局にとって，次のような問題をもたらす（図7.4）。

1. **クラウディング・アウト**：公債発行は，民間資金を圧迫して，クラウディング・アウトを生じさせるか，あるいは，通貨の過大な供給を通じて，インフレ圧力を増加させる。
2. **将来世代に対する負担**：赤字公債の発行は，負担を将来世代に転嫁させて，世代間の公正を阻害する。
3. **財政硬直化**：大量の公債発行が続くと，公債の利払いや償還に追われてしまい，財政硬直化の大きな原因になる。
4. **財政の放漫化**：公債発行による財源は，課税の場合と違って，安易に用いられやすい。その結果，財政の膨張や放漫化を招く。

◆公債管理政策

1. **狭義の公債管理政策**：利子支払いを最小にするため，あるいは景気対策の観点で，どのような満期構成が望ましいか。
2. **広義の公債管理政策**：公債発行，公債残高を中長期的な観点からどのようにコントロールすればよいか。

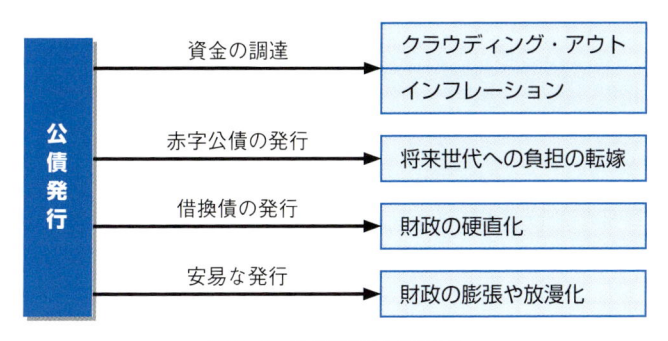

図7.4 公債発行の問題点

例題 7.2

IS–LM 分析を用いて，クラウディング・アウト効果が全然発生しないケースを説明せよ。

【解答】

貨幣需要の利子弾力性が無限大である流動性の罠のケースでは，LM 曲線が水平となる（図 7.5(1)）。このとき，財政政策によって IS 曲線がシフトしても，利子率は全然変化しない。所得が増大して，取引需要のための貨幣需要が増大しても，利子率は上昇することなく，貨幣市場は均衡している。したがって，利子率が上昇するために投資が抑制されることもない。

もう一つのケースは，投資が利子率に対して何ら反応しないケースである。このとき，IS 曲線は垂直となる（図 7.5(2)）。財政政策によっても，IS 曲線がシフトすると，利子率は上昇する。利子率が上昇しても，投資が抑制されないため，クラウディング・アウト効果は生じない。

(1) 貨幣需要の利子弾力性が無限大のケース

(2) 投資の利子弾力性がゼロのケース

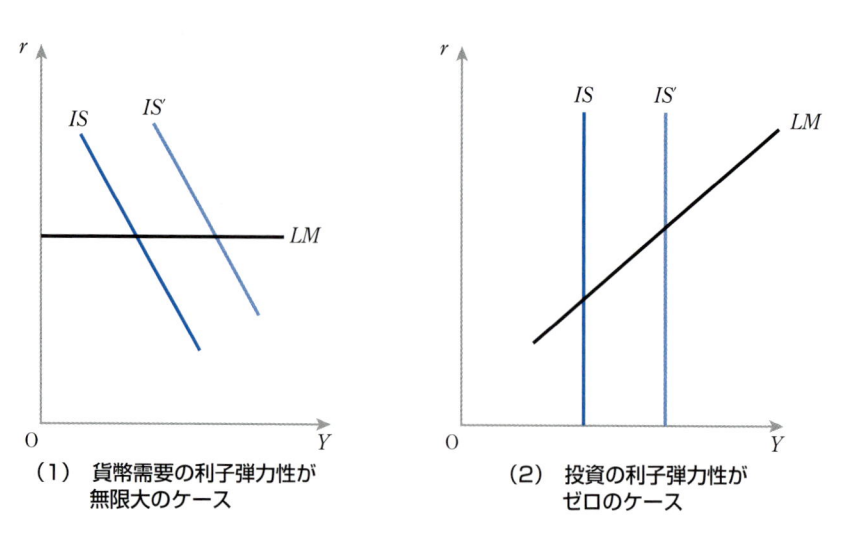

図 7.5　クラウディング・アウト効果が全然発生しないケース

例題 7.3

公債残高の増加がもたらす資産効果について，説明せよ．

【解答】

公債が増加すると，資産効果は財市場と資産市場に影響を与える．財市場では，消費が直接刺激される．公債残高が増加すると，人々の保有する資産の額も大きくなり，前よりも豊かに感じる．その結果，人々は消費を増やそうとする．この効果は可処分所得が同じであっても働くので，*IS* 曲線が上方にシフトする（図 7.6(1)）．これが，公債の消費に対する**資産効果**である．

公債が増加すると，増加した資産の一部は公債ではなく貨幣の形で保有したいと考える．人びとは，同じ利子率と所得のもとでは，資産の構成を変化させないほうが，望ましいと考えるからである．したがって，公債残高が増加すると，貨幣に対する需要も増加する．その結果，*LM* 曲線は上方にシフトする（図 7.6(2)）．これは，資産市場での公債残高の持つ資産効果である．

前者は公債発行が需要を刺激する効果であり，クラウディング・アウトを相殺する方向に，すなわち，クラウディング・インとして働く．これがどれだけ大きいかは，家計が公債をどの程度資産としてみなすかに依存する．

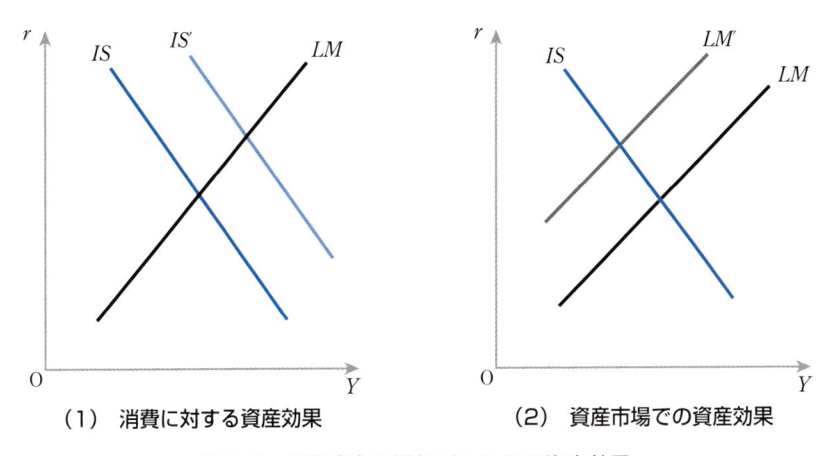

（1）消費に対する資産効果　　　（2）資産市場での資産効果

図 7.6　公債残高の増加がもたらす資産効果

例題 7.4

わが国における財政破綻の可能性について，説明せよ．

【解答】

現在の財政政策のもとで，財政赤字が累積的に拡大し，やがて政府の財政が破綻してしまうのではないかという問題が，財政赤字の維持可能性の問題である．利払費をのぞいた政府支出と税収との差額である**基礎的財政収支（プライマリー・バランス：PB）**赤字が大きいほど，財政破綻の可能性も大きくなる．また，公債残高の対 GDP 比率が大きいと，財政破綻の可能性も大きくなる．

基礎的財政収支（プライマリー・バランス）の赤字幅とは，〔（歳出－元利払費）－税収〕で，家計に例えれば，生活費から収入を差し引いたものがプライマリー・バランスの赤字額になる（図 7.7）．この財政赤字は，財政収支が長期的に維持可能であるかどうかの判断基準として有益である．なお，歳出の内で，国債費以外の歳出を「基礎的財政収支対象経費」と呼んでいる．また単年度の財政赤字ではなくて，中長期的な財政赤字の累積を問題とする

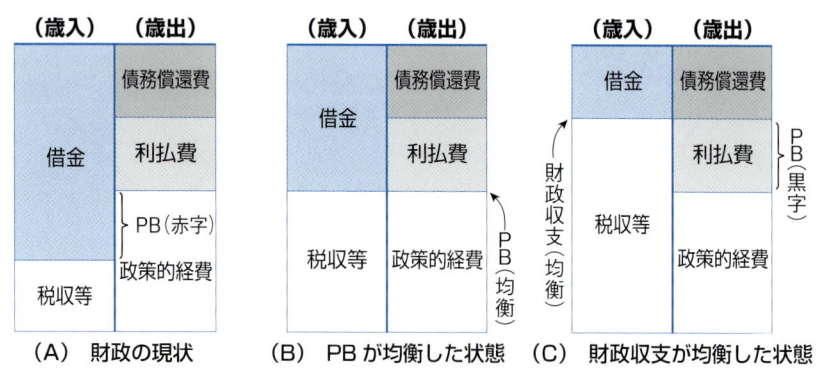

(注) PB を考える際には，厳密には歳入から利子収入を除く必要があるが，ここでは簡略化のために捨象．
(出所) 財務省「日本の財政関係資料」（平成 24 年 9 月）p.28

図 7.7 財 政 収 支

7.2 公債発行の問題点

際にも有益な指標である。

現在のわが国の公債発行をみると，プライマリー・バランスで赤字が続いており，対 GDP 比率でみて公債残高が累増している。これまでの政府の財政健全化目標では，2011 年度に国と地方を合わせた財政収支で，プライマリー・バランスの均衡化を達成するとしていたが，2008 年後半からの経済危機とそれにともなう財政出動で財政状況が悪化し，この目標の達成は 20 年代まで先送りされた（図 7.8）。

今後は人口の高齢化により社会保障関係の移転支出がますます増大する。これから先に財政が破綻する可能性は排除できない。政府支出の抑制に努めつつ，必要最小限の増税も実施することが必要だろう。

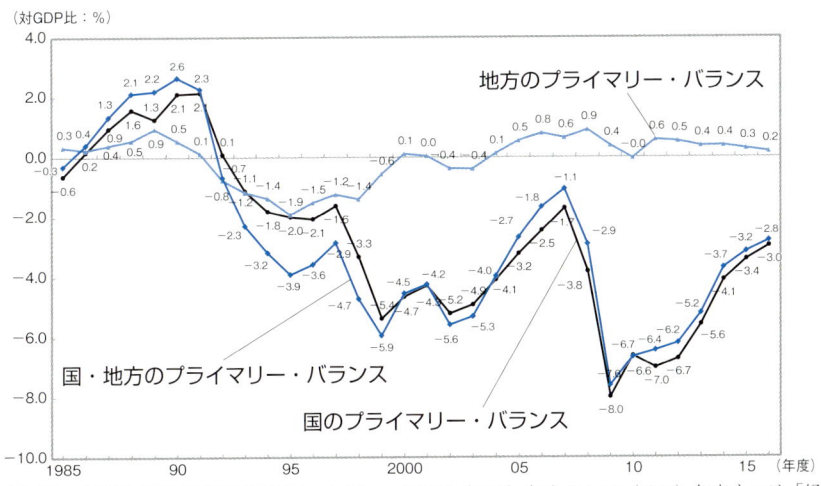

(出典) 内閣府「国民経済計算確報」，ただし，平成 23（2011）年度から 28（2016）年度までは「経済財政の中長期試算」（平成 24 年 8 月 31 日内閣府）。

(注) 1. 平成 10（1998）年度は国鉄長期債務および国有林野累積債務，15（2003）年度は本四公団債務の一般会計承継，18（2006）年度，20（2008）年度，21（2009）年度，22（2010）年度および 23（2011）年度は財政投融資特別会計財政融資資金勘定（18（2006）年度においては財政融資資金特別会計）から国債整理基金特別会計または一般会計への繰入れ，20（2008）年度は日本高速道路保有・債務返済機構から一般会計への債務承継，23（2011）年度は独立行政法人鉄道建設・運輸施設整備支援機構から一般会計への繰入れ等を除いている。
2. 平成 23（2011）年度から 28（2016）年度までについては，復旧・復興対策の経費および財源等の金額を除いたベース。

(出所) 財務省「日本の財政関係資料」（平成 24 年 9 月）p.28

図 7.8　国・地方のプライマリー・バランス（対 GDP 比）の推移（SNA）

例題 7.5

2期間の世代重複モデルを考える。各世代は，第1期（青年期）と第2期（老年期）の2期間生存し，ある世代が老年期になると，次の世代が青年期として登場し，常に2世代が共存している。貯蓄の対象は，公債のみであるとする。人口は一定であり，各世代1とする。効用関数が，

$$U = c_1 c_2$$

（U：効用，c_1：第1期の消費，c_2：第2期の消費）

第1期，第2期の所得がそれぞれ20，10である。政府は，どれだけの公債を長期的に発行することが可能か。なお，税収も政府支出もないものとする。

【解答】

家計の予算制約式は，

$$c_1 = 20 - b$$
$$c_2 = 10 + (1+r)b$$

ここで，b は公債，r は利子率である。この2式より生涯の予算制約式は，

$$c_1 + \frac{c_2}{1+r} = 20 + \frac{10}{1+r}$$

この予算制約式のもとで，効用を最大にする問題を解くと，第1期の最適な消費量は，

$$c_1 = \left[20 + \frac{10}{1+r}\right]\bigg/ 2$$

したがって，貯蓄，すなわち公債需要は

$$b = 20 - c_1 = \left[20 - \frac{10}{1+r}\right]\bigg/ 2$$

ところで，政府の予算制約式は，

$$b_{t+1} = (1 + r_{t+1}) b_t$$

長期的にこの式が成立するには，公債が発散しないことが必要となる。

7.2 公債発行の問題点

$b_{t+1} = b_t$ の条件が満たされなければならない。よって，$r = 1$ となる。これを，家計の公債需要に代入して，

$$b = \frac{20-10}{2} = 5$$

これが，長期的に維持可能な公債の量である。

例題 7.6

狭義の公債管理政策について，説明せよ。

【解答】

公債管理政策には，2つの意味がある。

(1) 新規に資金を調達するために発行される新発債としての公債の種類と発行条件に関する決定。

(2) 満期債の借入れのために発行される公債の種類と発行条件に関する決定。

しかし，発行条件については市場で成立する金利に見合って発行するしかない。公債の種類をどうするかが，公債管理政策の問題となる。

景気対策としての立場と公債の利払費を最小にする財政当局の立場の2つがある。

(1) 景気対策としては，総需要を抑制し，景気を引き締める必要のあるときに，より利子率を上昇させやすい長期公債を発行し，逆に，総需要を刺激し，景気を活性化させる必要のあるときに，短期公債を発行すべきである。

(2) 利子費用を最小にするには，金利の低いときに長期公債を発行し，金利の高いときに短期公債を発行すべきである。

一般に金利の高いときは，景気が過熱し，金利が低いときには景気が低迷しているから，2つの立場は正反対の政策的な意味を持つ。

練習問題

7.8 公債と租税で財政資金を賄うそれぞれのメリット・デメリットを整理せよ。

7.9 クラウディング・アウト効果に関する記述のうち，正しいのは次のうちどれか。
 (a) 経済が不完全雇用の状態にあるとき，100%のクラウディング・アウトは生じない。
 (b) 経済が不完全雇用の状態にあるとき，必ずある程度のクラウディング・アウトは生じる。
 (c) 投資と貨幣需要の利子弾力性が大きいほど，クラウディング・アウトの程度は大きい。
 (d) 投資と貨幣需要の利子弾力性が小さいほど，クラウディング・アウトの程度は大きい。
 (e) 貨幣需要の利子弾力性が無限大になるケースでは，クラウディング・アウトは生じない。

7.10 公債発行が国民経済に及ぼす効果として，正しいものは次のうちどれか。
 (a) 公債を中央銀行が引き受けると，デフレ圧力が大きくなる。
 (b) 公債を家計が資産とみなす場合には，消費意欲が刺激される。
 (c) 大量の公債発行が続いても，利払いは国民に対する移転支出であるから，財政の硬直化にはならない。
 (d) 公債の発行によりクラウディング・アウト効果が生じると，利子率は減少する。
 (e) 赤字公債の発行により，将来世代に負担か転嫁されると，現在世代の貯蓄は減少するが，消費は増加する。

7.3 将来世代に対する負担

　公債の問題点として，理論的に重要であり，多くの研究成果が蓄積されている論点が，将来世代に対する負担の問題である。

1．ラーナー（Lerner, A. P.）の議論：公債調達による財政支出がかりに課税調達されても，民間が利用可能な資源が公的に使われたという点では同じだから，課税と区別して公債にとくに負担が生じるわけではない。

2．ボーエン（Bowen, H. R.）の議論：公債発行によって，現在世代よりも将来世代の消費量が減少し，将来世代に負担が転嫁される。

3．モディリアニ（Modigliani, F.）の議論：公債発行によって，課税調達の場合よりも資本蓄積が抑制されて，将来世代に負担が転嫁される。

4．リカード（Ricardo, D.）の中立命題：公債償還のための増税を家計が予想したとすれば，課税調達と公債発行とで差はない。

5．バロー（Barro, R. J.）の中立命題：遺産による世代間での自発的な再分配を考慮すると，現在世代が死んでから公債の償還のための課税がなされる場合でも，課税調達と公債発行とでマクロ的な差はなく，中立命題が成立する。

例題 7.7

家計の 2 期間の最適化行動を考える。効用関数が $U = c_1 c_2$ (c_1：第 1 期の消費，c_2：第 2 期の消費) であり，労働所得 Y は第 1 期のみ 100 あるものとする。利子率 r が 10% であるとき，政府が今期 10 だけの公債 B を発行しその財源で移転支出 Tr を行い，来期この公債を償還するために，増税 T を行う。このとき，この公債発行により，家計の貯蓄 s，消費，効用水準はどのように変化するか。

【解答】

家計の第 1 期，第 2 期の予算制約式は，それぞれ次のようになる。

$c_1 = Y - s - B + Tr$

$c_2 = (1+r)(s+B) - T$

また，政府の予算制約は

$B = Tr$

$(1+r)B = T$

これらを家計の予算制約に代入して，家計の予算制約式をまとめると，

$$c_1 + \frac{c_2}{1+r} = Y$$

これより，最適な消費計画は

$$c_1 = \frac{Y}{2}, \ c_2 = \frac{(1+r)Y}{2}, \ s = \frac{Y}{2}$$

となる。それぞれ数字を代入すると，

$c_1 = s = 50, \ c_2 = 55, \ U = 2{,}750$

これは，公債発行のあるなしにかかわらず同じ数字になる。すなわち，リカードの中立命題が成立している。

7.3 将来世代に対する負担

例題 7.8

公債の中立命題が成立する理論的な前提を議論せよ。

【解答】

中立命題が成立するためには，

(1) 公債発行の時点で，人々が将来の利払いおよび償還のための財源として，いずれ増税せざるをえないという政府の予算制約を正しく認識すること。

(2) 政府の予算制約を正しく認識したとして，最適な消費計画が実際に実現できること。

(3) 政府支出が一定であること。

(4) 一括固定税と公債との比較をしていること。

の4点が重要な前提である。

消費と貯蓄の決定は，異時点間の最適化に関わる問題であるから，政府がその間にどう行動するかに家計は多少は関心を持つだろう。現在の可処分所得のみが現在の消費に影響を与えるという単純なケインズ型の消費行動は，一つの極端な仮定である。同時に，将来の増税を完全に認識するというのも，極端な仮定であろう。無限の将来ではなく，ある程度長期的な視野の中で，消費計画が立てられるというのが，もっともらしい。

また，政府の予算制約の範囲が人々の生存期間を超える現実的な場合には，遺産，贈与による調整が必要になるが，その場合の収益率が市場利子率に等しくなるとは限らない。また，生存期間が不確実であれば，事前に意図した遺産や贈与の大きさが事後的に実現した遺産，贈与の大きさに一致する必要性はない。世代間での課税のタイミングを完全に無力にするような遺産，贈与による調整は，不可能になる。

また，一括固定税が利用可能でなければ，課税の現在価値が同じでも税率の相違が，ミクロ的な攪乱効果（超過負担）の相違を引き起こす。この点からは，税率が異時点間であまり変動しないように，税収が外生的要因で変動

したり，支出が大きく変化する際に，公債の発行で調整するのが望ましいという結論を得る。

---- 練習問題 ----

7.11 モディリアニの公債の負担に関する議論を説明せよ。

7.12 リカード・バローの中立命題の現実的妥当性について，述べよ。

7.13 リカード・バローの中立命題に関する記述のうち，正しいものは次のうちどれか。
 (a) 公債が現在世代に発行され，将来世代に償還される場合に，現在世代が将来世代に遺産を残すとすれば，どのような遺産動機であっても，財源調達手段としての租税と公債は，経済効果について無差別になる。
 (b) 公債が現在世代に発行され，将来世代に償還されるときに，現在世代に対する減税の消費刺激効果は，現在世代のみに限定され，将来世代には及ばない。
 (c) 公債発行は，それと同額の貯蓄の増加をもたらし，公債が消化されるので，クラウディング・アウト効果は発生しない。
 (d) 公債が内国債である場合には，将来世代に対する負担は転嫁されないが，外国債の場合には，将来世代への負担の転嫁が行われる。
 (e) 家計において流動性制約が存在する場合でも，減税による消費拡大効果は生じないから，中立命題は成立する。

7.14 公債の負担に関する記述として，正しいものは次のうちどれか。
 (a) ケインズ的な立場では，公債の将来世代への負担の転嫁は生じない。
 (b) モディリアニによると，公債の発行によって民間資本蓄積は減少するが，課税調達の場合も同様に減少するので，公債発行と租税による負担の区別はない。
 (c) ブキャナンによると，国内債の負担は将来世代に転嫁しないが，外国債の負担は転嫁する。
 (d) ラーナーは，国内債も外国債も将来世代への負担の転嫁はないとした。
 (e) ボーエンは，各世代の消費という観点から，公債が将来世代へ転嫁される可能性を議論した。

7.15 公債発行に関する次の記述のうち，正しいものを選べ。
 (a) 財政赤字の景気調整機能を重視するケインズ政策では，景気が低迷しているときに，財政赤字を拡大させて，GDPを増加させようとする。

(b) 公債の中立命題とは，公債増発による金利の上昇によって利払費が増加することで，さらに公債発行が増加するという不安定化効果のことである。
(c) 公債の中立命題によると，財政赤字の拡大は金利を上昇させるが，民間消費は影響を受けない。
(d) 公債の中立命題によると，公債増発による金利の上昇によって資本蓄積が減少するから，将来世代に負担が転嫁される。
(e) 公債の中立命題によると，財政赤字の拡大で金利は変化せず，民間消費も影響を受けない。
(f) 公債の中立命題によると，課税調達と比べて公債発行で資本蓄積がより減少するから，将来世代に負担が転嫁される。
(g) 公債発行によるクラウディング・アウト効果とは，公債増発による金利の上昇によって利払費が増加することで，さらに公債発行が増加するという不安定化の効果である。

コラム　国債発行の新しい手法：交付国債と復興国債

　国が特定の機関や会計に，将来の換金を約束して渡す交付国債は，相手に渡す時点で現金は要らず，換金まで政府の予算に計上しなくて済む。最近では原子力損害賠償支援機構に原発事故の賠償資金として交付した。この場合は，増税が実現した時点で，約20年かけて換金していく。「年金交付国債」は，基礎年金の国庫補助に必要な財源に消費増税分を充てる約束で発行し，年金特別会計の運用機関に渡すものである。消費増税までは現金の支払いが必要にならないため，見かけ上の国債発行額を抑制できる。

　その後，「一体改革」の3党合意で，年金交付国債を発行するのをやめて，将来の消費増税分で返済する「年金債」を発行することになった。年金債は交付国債と異なり，毎年度の借金に計上するが，資金調達の原資を将来の消費増税分に限定するため，通常の赤字国債とは別枠にできる。返済の原資が限定されていない通常の国債とは違うとして，44兆円の国債発行枠とは別扱いになる。

　個人向け国債には，満期まで金利が変わらない固定金利のものと，途中で金利が上下する変動金利のものがある。2012年にこの国債を「復興国債」として東日本大震災の復興財源に充てることになった。復興国債は変動10年物，固定5年物，固定3年物の3種類あり，従来と同じ商品設計であるが，財務相の感謝状が付く。また，「復興応援国債」として，感謝状のほか，一定期間の利息が低い代わりに保有残高によって金貨や銀貨がもらえる個人国債も発行される。この記念金貨は2015年4月時点の残高が1,000万円ごとに1枚，銀貨は100万円ごとに1枚もらえる。金貨と銀貨ともに，裏面には大津波に耐えた岩手県陸前高田市の「奇跡の一本松」が描かれている。

8 財政政策

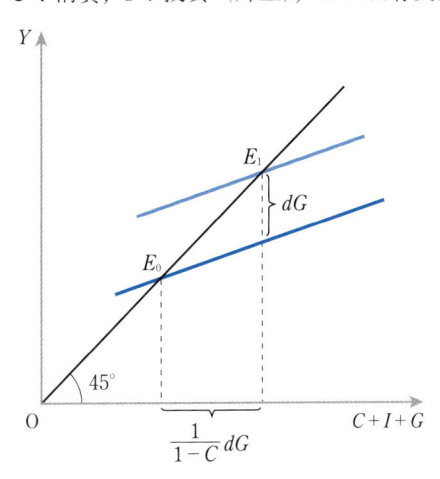

8.1 ケインズ・モデル：その1

◆ケインズ・モデル

財政政策のマクロモデルとして，もっとも基本的なものは，ケインズ・モデルである．とくに，財政政策の効果は，乗数の大きさで分析できる(図8.1)．

乗数：政府支出を1単位増加させたときに，国民所得がどの程度増加するか，財政支出拡大の政策効果の量的な大きさを示す指標．

もっとも単純なケースでは，乗数は，限界貯蓄性向の逆数

$Y = C + I + G$, $C = cY$

（Y：所得，C：消費，I：投資（外生），G：政府支出，c：消費性向）

図8.1 ケインズ・モデル

$$\frac{dY}{dG} = \frac{1}{1-c}$$

限界税率が正のケースでは，$\frac{dY}{dG} = \frac{1}{1-c(1-t)} < \frac{1}{1-c}$

$C = c(Y-T)$

$T = tY$

（Y：所得，G：政府支出，c：限界消費性向，t：限界税率）

1．**ビルト・イン・スタビライザー**：一定の財政制度が与えられると，総需要の変動に対して，財政が景気を自動的に安定化させる方向に働く，つまり乗数が小さくなる。

2．**ビルト・イン・スタビライザーの具体的な例**：景気がよくて所得も上昇すると，所得税の税収も増加する。その結果，家計の可処分所得が減少して，消費の増加が抑制される。これは，総需要の増加を相殺する方向に働くから，税制が存在しないときよりも，景気が過熱するのを防止する効果がある。逆に，景気が悪化しているときには，所得も減少するから，税負担が減少する分だけ可処分所得の低下が小さくなり，消費の減少を緩和する効果を持っている。所得税による総需要の変動を小さくする効果は，税制がより累進的であるほど，大きくなる。

　また，消費税や法人税などの税制や失業保険給付などの移転支出も，同様に景気の変動を安定化させる効果を持っている。乗数の値が，税制によって小さくなると，外生的な需要変動のショックをやわらげる効果を持つ。

3．**均衡予算乗数**：政府支出と税収を同時に拡大させて，均衡予算を維持したまま，財政刺激策を採るときの乗数は，1である。乗数の値は，政府支出を公債発行で賄い，増税をしない場合よりも，小さくなる。財政政策の効果は，財源調達の方法に依存する。

4．**減税乗数**：政府支出一定のままで減税をして，その財源として公債を発行する場合でも，乗数はプラスになる。その場合の乗数は，限界貯蓄性向の逆数（公債発行による政府支出の拡大の乗数）から1（均衡予算乗数）を引いた大きさになる。

$$-\frac{dY}{dT} = \frac{1}{1-c} - 1 = \frac{c}{1-c} > 0$$

例題 8.1

ある経済において，公債発行により財政支出を初年度のみ 1 単位増加させた場合の乗数効果は，初年度 1.2, 2 年目 0.5, 3 年目 0.3, 4 年目以降 0 とする。この経済において，初期の租税負担率が 25%，税収の所得弾力性が 1.2 で，財政は当初均衡している。いま，公債を財源とする財政支出を初年度に 10 単位追加し，2 年目以降も同様にして 10 単位の財政支出を行う場合，5 年目における財政収支はどうなるか。

【解答】

この政策によって，5 年目にどれだけ税収が増加しているかが計算できればよい。そのためには 5 年目の国民所得 Y の増加分と，その増加分による税収の増加分の計算が必要になる。国民所得の増加分は，それまでの乗数効果を合計すればよい。

$$dY = (1.2 + 0.5 + 0.3) \, 10 = 20$$

税収の所得弾力性は，$\dfrac{dT}{dY}\dfrac{Y}{T}$ で与えられるから，

$$\frac{dT}{dY}\frac{Y}{T} = 1.2, \quad \frac{T}{Y} = 0.25$$

より

$$dT = 0.3 \, dY = 0.3 \times 20 = 6$$

税収の増加は，6 となる。政府支出は 10 であるから，政府の財政収支は，$6 - 10 = -4$ となり，財政赤字が 4 だけ生じていることになる。

なお，年度ごとの数字は，表 8.1 のようになる。

表8.1 財政収支

	支出	国民所得の増加分	税収	財政赤字
初年度	10	1.2	3.6	6.4
2年度	10	1.7	5.1	4.9
3年度	10	2.0	6.0	4
4年度, 5年度も3年度と同じ				

例題 8.2

ビルト・イン・スタビライザーの安定化の程度を示す指標は,

$$a = 1 - \frac{\text{税収を考慮したときの投資乗数}}{\text{税収が所得と独立な場合の投資乗数}}$$

で示される。いま, 限界消費性向が80%, 所得税の課税所得 (総所得から諸控除を差し引いたもの) に対する限界税率が20%, 総所得の変化額に対する課税所得の変化額の割合が50%であった場合, a の値はいくらになるか。

【解答】

税収と所得が独立である場合の乗数は,

$$\frac{dY}{dI} = \frac{1}{1-c}$$

(c：限界消費性向)

税収が所得に依存する場合の乗数は,

$$\frac{dY}{dI} = \frac{1}{1-c+ct}$$

(t：限界税率)

で示される。この問題では, $c = 0.8$ である。

$$t = \frac{dT}{dY} = \frac{dT}{dY_D}\frac{dY_D}{dY}$$

(Y：所得, Y_D：課税後所得)

の関係があるから，

$$t = 0.2 \times 0.5 = 0.1$$

したがって，税収が所得と独立なケースの乗数は，

$$\frac{1}{1-0.8} = 5$$

税収が所得に依存するケースの乗数は，

$$\frac{1}{1-0.8+0.8\times 0.1} = 3.57$$

a の値は，

$$1-\frac{3.57}{5} = 0.28$$

28% 程度である。

例題 8.3

国民所得が，消費，投資，および政府支出からなり，租税が定率の所得税のみである経済において，投資 20，政府支出 52，所得税率 20% の水準で完全雇用を達成している。この経済が同時に財政収支の均衡を図るには，政府支出および所得税率はいくらになるか。限界（＝平均）消費性向は 0.8 である。

【解答】

財市場の均衡条件より，完全雇用国民所得 Y を求めると，

$$Y = 0.8(Y-0.2Y)+20+52$$
$$Y = 200$$

したがって，$Y=200$ のもとで，財政収支が均衡するような G（政府支出）と t（税率）を求めてやればよい。

政府の財政収支が均衡するためには，

$$G = tY = t\,200$$

が成立していなければならない。

ところで，$G = tY$ を用いて，財市場の均衡条件をかくと，

$$Y = 0.8(Y - tY) + 20 + tY$$

となる。完全雇用国民所得は，

$$Y = 200$$

であるから，これら2式より t を求めると，

$$t = 0.5$$

この税率を政府の均衡予算制約式に代入すると，

$$G = 100$$

となる。

練習問題

8.1 政府支出と租税がそれぞれ所得や投資とは独立であるとすると，均衡予算原則のもとでの財政政策の乗数効果は，どうなるか。

8.2 所得の均衡水準が完全雇用水準よりも6兆円下にあるとき，乗数が2であれば，均衡所得水準を完全雇用水準まで引き上げるために必要な政府支出の増加は，どれだけか。

8.3 C：消費，G：政府支出，I：投資，T：租税，Y：国民所得として，次のモデルがある。a, b, c, d はすべて定数であり，b, d は1より小さい。

$$Y = C + I + G$$
$$C = a + b(Y - T)$$
$$T = c + dY$$

いま，$b = 0.8$，$d = 0.1$ であるとすれば，独立的な変動に伴う所得の変動は，税収が所得の変化に対し独立的な場合における所得の変動と比較して，ビルト・イン・スタビライザーの働きにより，どのくらい減殺されるか。

8.4 国民所得が消費，投資，および政府支出からなり，消費関数 $C = 30 + 0.8Y_d$，租税関数 $T = 40 + 0.25Y$（Y：国民所得，Y_d：可処分所得，C：個人消費支出，T：租税）とする。投資および財政支出を外生変数とする場合，ビルト・イン・スタビライザーの安定度を示す指標は，いくらになるか。

8.5 民間投資,政府支出および輸出は外生変数であり,限界消費性向 0.8,限界税率 0.2 とするならば,外生的項目の国民所得に及ぼす乗数の大きさはいくらか。

8.6 財政政策に関する次の記述のうち,正しいものを選べ。
 (a) 限界消費性向が 0.75 であれば,1 兆円の政府支出拡大は 5 兆円の GDP の増加をもたらす。
 (b) 限界消費性向が 0.75 であれば,1 兆円の減税は 5 兆円の GDP の増加をもたらす。
 (c) 限界消費性向が 0.75 であれば,1 兆円の政府支出拡大と同額(1 兆円)の増税は 1 兆円の GDP の減少をもたらす。
 (d) 限界消費性向が 0.75 であれば,2 兆円の政府支出と 3 兆円の増税は 1 兆円の GDP の減少をもたらす。

8.7 消費関数が $C = 100 + 0.8(1-t)Y$,税率が $t = 0.25$,投資が $I = 300$,政府支出が $G = 1,000$ とする。Y = 均衡 GDP,C = 消費量である。可処分所得,税収,政府の財政収支をそれぞれ求めよ。

8.2 ケインズ・モデル:その 2 *IS-LM* 分析

◆*IS-LM* 分析

金融部門も含むケインズ・モデルは,利子率を内生化し,投資が利子率によって負に影響されることを考慮した *IS-LM* 分析である(図 8.2)。

> *IS* 曲線:財市場を均衡させる所得と利子率の組合せ。
> *LM* 曲線:貨幣市場を均衡させる所得と利子率の組合せ。

このモデルでは,金融政策との比較で財政政策の効果を分析できる。

$Y = C + I + G$

$I = I(r)$

$C = cY$

$M = L(Y, r)$

(r:利子率,M:貨幣供給,L:貨幣需要)

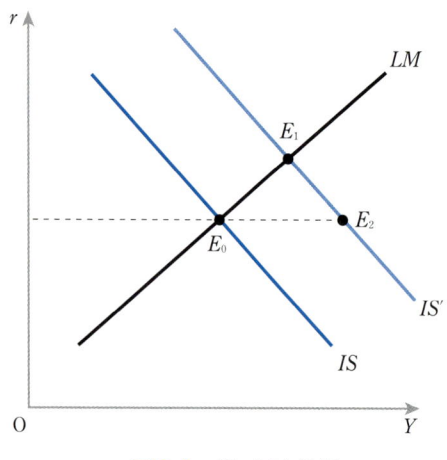

図 8.2　*IS-LM* 分析

投資は利子率の減少関数 $\left(\frac{\partial I}{\partial r} \equiv I_r < 0\right)$，貨幣需要は利子率の減少関数 $\left(\frac{\partial L}{\partial r} \equiv L_r < 0\right)$，所得の増加関数 $\left(\frac{\partial L}{\partial Y} \equiv L_Y > 0\right)$。

> **IS-LM 分析**：金融市場も考慮すると，財政政策の乗数効果は，利子率が上昇する分だけ，そうでないケースよりも小さくなる。

$$\frac{dY}{dG} = 1 \Big/ \left[1 - c + \frac{I_r L_Y}{L_r}\right]$$

◆クラウディング・アウト効果

投資の利子弾力性が小さいほど，また，貨幣需要の利子弾力性が大きいほど，政府支出拡大の乗数値は大きくなる（図 8.2 の $E_2 \rightarrow E_1$ の動き）。

◆均衡予算乗数

IS–LM の枠組みでは，政府支出と税収を同額上昇させたときの均衡予算乗数は，1 よりも小さくなる。これは，所得の増加による貨幣需要の増大が，利子率を上昇させて，投資需要を抑制するからである。

> **例題 8.4**
>
> マクロモデルが次の式で与えられるとしよう。
>
> $Y = C + I + G$
>
> $C = 0.8Y$
>
> $I = 40 - 0.1r$
>
> $G = 4$
>
> $M = 2Y - 10r$
>
> $M = 220$
>
> (Y：所得，C：消費，I：投資，G：政府支出，r：利子率，M：貨幣供給)
>
> (1) IS 曲線を求めよ。
> (2) LM 曲線を求めよ。
> (3) 均衡所得と利子率を求めよ。
> (4) 政府支出が拡大したときの乗数を求めよ。

【解答】

(1) $C = 0.8Y$ と $I = 40 - 0.1r$ を $Y = C + I + G$ に代入して整理すると，

$r = -2Y + 400 + 40$

これが，IS 曲線である。

(2) $220 = 2Y - 10r$ を r について解くと

$r = 0.2Y - 22$

これが，LM 曲線である。

(3) 上の 2 つの式を連立させて，r と Y について解くと，

$Y = 210$，$r = 20$

(4) $c = 0.8$，$I_r = -0.1$，$L_Y = 2$，$L_r = -10$ を

$1 - c + \dfrac{I_r L_Y}{L_r}$

に代入すると，$1-0.8+\dfrac{0.1\times 2}{10}=0.22$。したがって，乗数は $\dfrac{1}{0.22}$ となる。

練 習 問 題

8.8 *IS–LM* のモデルを前提としたとき，財政政策のもたらす乗数効果について，次のうち正しいのはどれか。
(a) 公債発行による政府支出の乗数効果は，限界貯蓄性向の逆数よりも一般的には大きくなる。
(b) 公債発行による政府支出の乗数効果は，貨幣需要の利子弾力性が大きいほど，また，投資の利子弾力性が大きいほど，大きくなる。
(c) 公債発行による政府支出の乗数効果は，増税による均衡予算乗数よりも，必ず大きくなる。
(d) 公債発行による政府支出の乗数効果は，限界貯蓄性向の逆数よりも一般的には小さくなるが，1 よりは必ず大きくなる。
(e) 増税による均衡予算乗数は，必ずしも 1 に等しくならないし，場合によっては 1 より大きくなることもある。

8.9 財政政策と金融政策の有効性に関する記述として，正しいのは次のうちどれか。
(a) 貨幣需要の利子弾力性がゼロの場合には，金融政策も財政政策も有効になる。
(b) 貨幣需要の利子弾力性が無限大となる場合には，金融政策は無効になり，財政政策は有効になる。
(c) 投資の利子弾力性がゼロの場合には，財政政策は無効となり，金融政策は有効となる。
(d) 貨幣需要の利子弾力性がゼロの場合には，金融政策が無効になり，財政政策が有効になる。
(e) 投資の利子弾力性がゼロの場合には，金融政策も財政政策も無効になる。

8.3 新古典派モデル

◆新古典派のマクロモデル

長期的な視点で家計や企業の最適化行動を重視する新古典派のマクロモデルでは，ケインズ・モデルと比較すると，財政政策の効果は小さくなる。

$Y_s = Y_d = Y$

$Y_d = C + I + G$

$Y_s = Y(r)$

$C = Y_p - G_p$

$I = I(r)$

（Y_d：財の需要，Y_s：財の供給，Y_p：恒常所得，G_p：恒常政府支出）

利子率の上昇は，労働供給を刺激して，財の供給を増加させる $\left(\dfrac{\partial Y}{\partial r} \equiv Y_r > 0\right)$。消費は，**恒常可処分所得** $Y_p - G_p$ に依存し，そこからの消費性向は 1 である。**恒常的政府支出**は恒常的税収に等しい（政府支出の現在価値は税収の現在価値に等しい）。

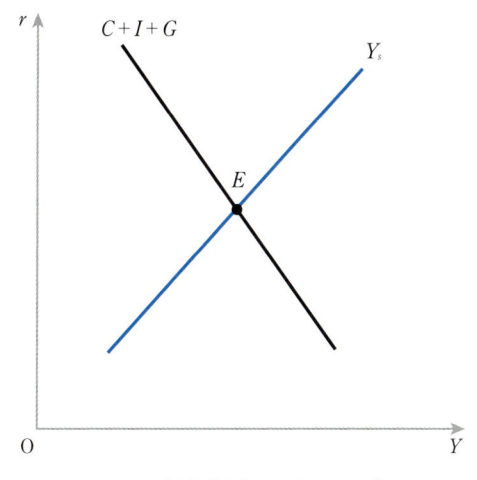

図 8.3 新古典派のマクロモデル

1. **公債の中立命題**：新古典派のモデルでは，現在の財源として公債を発行しても，家計が将来の公債償還のための増税を合理的に予想するので，家計の可処分所得は変化せず，消費は刺激されない。政府支出の現在価値が減少する場合のみ，税支払いの現在価値は減少するので，その場合に限って家計の可処分所得も増加する。
2. **政府支出拡大の効果**：中立命題を前提としても，政府支出の拡大はマクロ的な効果を持つ（図 8.4）。しかし，その乗数効果は，ケインズ・モデルよりも小さい。

新古典派モデルで重要な概念が，一時的な変化と恒常的な変化の区別である。

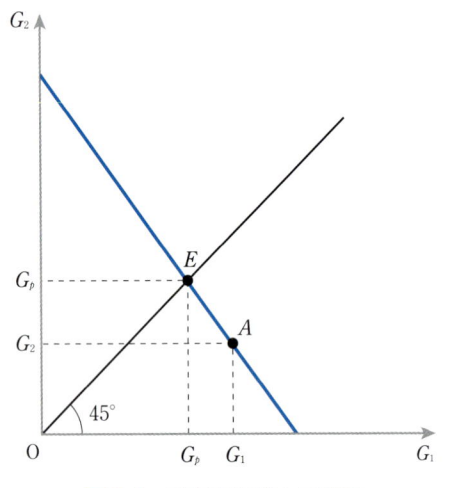

図 8.4 政府支出拡大の効果

3. **一時的拡大か恒常的拡大か**：恒常的な政府支出の拡大で，税負担も恒常的に増加するので，家計の恒常可処分所得が減少して，消費が減少する。乗数は，1 より小さくなる可能性がある。
4. **サプライサイドの重要性**：財政政策により労働供給が刺激されれば，資本蓄積が促進され，乗数も大きくなる。

8.3 新古典派モデル

例題 8.5

次のような新古典派のマクロモデルを考える。
$$Y = C + I + G, \quad Y = 120 + 0.9r, \quad C = Y_p - G_p$$
$$Y_p = 100, \quad G_p = 10, \quad I = 40 - 0.1r, \quad G = 10$$

(Y：所得，C：消費，I：投資，G：今期の政府支出，r：利子率，Y_p：恒常的所得，G_p：恒常的政府支出)

(1) 均衡の所得と利子率を求めよ。
(2) $G_p = 10$ のままで，G が 10 から 20 へ増大すると，Y はどうなるか。
(3) $G = 10$ のままで，G_p が 10 から 20 へ増大すると，Y はどうなるか。
(4) G，G_p ともに，10 から 20 へ増大すると，Y はどうなるか。

【解答】

(1) 最初の2つの式に3番目以降の式を代入して，整理すると，財市場の均衡式は
$$120 + 0.9r = 90 + 40 - 0.1r + 10$$
したがって，$r = 20$，$Y = 138$ となる。

(2) 一時的な政府支出の拡大のケースである。財市場の均衡式は，
$$120 + 0.9r = 90 + 40 - 0.1r + 20$$
したがって，$r = 30$，$Y = 147$ となる。

(3) 恒常的な政府支出の拡大のケースである。財市場の均衡式は，
$$120 + 0.9r = 80 + 40 - 0.1r + 10$$
したがって，$r = 10$，$Y = 129$ となる。

(4) は (2)，(3) が同時に生じたケースであるから，r，Y とも変化しない。

練 習 問 題

8.10 新古典派のモデルでは，なぜ恒常的な可処分所得からの消費性向がほとんど1になるのか，説明せよ。

8.11　政府支出の拡大が家計の効用にプラスの効果をもたらし，かつ，民間の消費と政府支出がかなり代替的であるときに，政府支出拡大の乗数の大きさは，どうなるか．

コラム　所得格差と経済成長

　経済発展段階でみて，世界各国の経済成長率は，国によって異なっているし，地理的に似たような国でも大きな差がみられる．このような国際的に異なる長期的な成長率の格差は所得格差とも関係している．

　政治的自由度が増すにつれて，所得分配の不平等な国ほど成長率が小さい．各国別の成長率を時間とともに追ってみると，所得格差の大きい国は長期的に成長率がそれほど高くないのに対して，所得格差の小さい国は，成長率も高く，次第に先進諸国の仲間入りをしようとしている．このような現象は，以下のように説明できるだろう．

　いま，各国での税率が民主主義の多数決原理で決定されているとしよう．中間層の家計にとって有利な税率が政治的プロセスを経て決定されると考える．所得格差の小さい国ではそれほど再分配をする必要がないので，成長率を最大にするように税率が決定される．しかし，所得格差の激しい国では，所得再分配の必要性が高い．低所得者の割合が大きいと，公平性をより重視するために，税率はかなり高いところで決められる．その結果，経済成長率は，所得格差の小さい国よりも，所得格差の大きい国のほうが低くなる．

　北アフリカ，中東地域には日本の企業も多く進出している．中国は最大の成長市場であり，日本企業の投資先，立地先，貿易取引や人的，物的，資金の相互依存関係も増している．そうした国々での政治的混乱は，進出企業にとっても大きな不確定要因である．非常時でのリスクをあらかじめ認識し，それに備えて平時から危機対応シミュレーションを実施し，非常時での対応に万全を期すことが必要である．

　進出企業は実は，日本国内でも雇用を増加させている元気な企業が多い．逆に，多少のリスクを覚悟して外国に進出することをしないで，国内にとどまっている企業は衰退する可能性もあり，日本国内における雇用を減少させるケースもみられる．対外進出は必ずしも国内空洞化に直結していない．

8.4 経済成長モデル

◆ハロッド=ドーマー・モデル (Harrod-Domar model)

保証成長率（資本が完全に利用される成長率）。

$$G_w = \frac{s}{v}$$

（G_w：保証成長率，s：貯蓄性向，v：資本係数）

支出成長率（現実の所得の成長率）。

◆新古典派モデル

均衡成長率は，外生的な人口成長率 n に等しい。

$\Delta k = sf(k) - nk$

（k：資本労働比率，s：貯蓄率，$f(k)$：1人あたりマクロ生産関数，Δk：資本の増加率）

長期資本労働比率 k^* は安定的（図 8.5）。

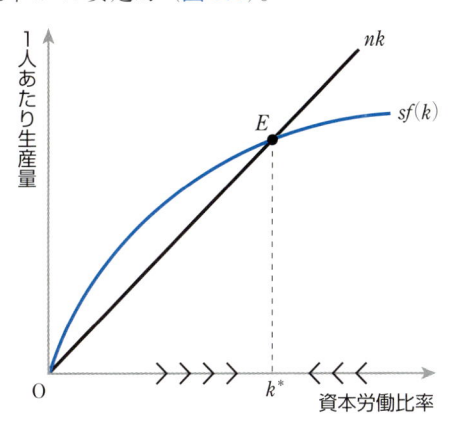

図 8.5 成長率の収束

◆内生的成長モデル

公共資本や研究開発，人的資本の外部性により長期的にも成長率が内生的に決まる。

例題 8.6

新古典派成長モデルにおいて，財政政策はどのように均衡成長率に影響するか。

【解答】

新古典派の経済成長モデルでは，長期的な成長率は，人口成長率と労働増加的な技術進歩率の和で与えられる。どちらも外生的であると考えられているので，長期的な成長率は財政政策とは独立になる。しかし，長期的な資本集約度，すなわち，資本・労働比率は内生的に変化しうる。財政政策は，この資本集約度を変化させることで長期均衡での1人あたりの消費量を変化させたり，長期均衡への収束過程での経済成長率に影響を与える。

たとえば，所得税率を上昇させると，可処分所得が減少して，民間貯蓄も減少する。これは，長期の資本集約度を減少させる効果を持っている（図8.6）。移行過程では，成長率の減少を引き起こす。政府の公共投資を増加させると，資本蓄積が刺激され，長期的な資本集約度も上昇する。また，青年世代から老年世代への年金制度を通じる世代間の所得再分配政策は，若い世代の貯蓄を減少させて，長期的に資本集約度を減少させる。

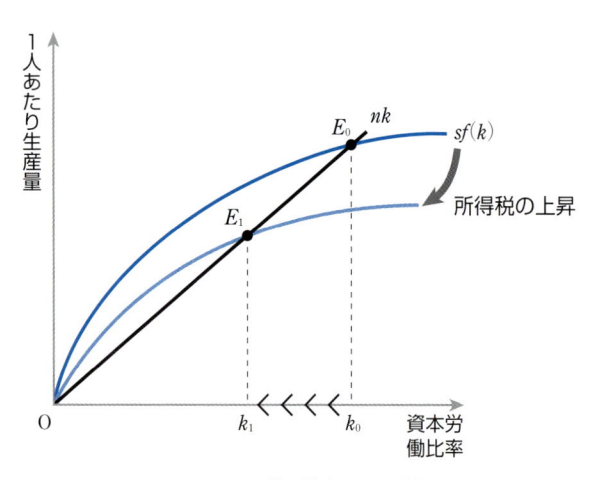

図 8.6　所得税上昇の影響

例題 8.7

内生的成長モデルにおいて，税率の上昇が経済成長率に及ぼす効果を説明せよ．

【解答】

内生的成長モデルでは，資本の限界生産が長期的に逓減しないで，経済成長率もある水準で維持されると考える．資本の限界生産が逓減しないのは，経済全体での技術進歩が人的資本，知的資本，公的資本などの蓄積によって，内生的に生じるからである．とくに，公的資本の蓄積により，民間の資本の限界生産が刺激され，経済成長が促進される点が強調されている．

税率が上昇すると，課税後の資本の限界生産が減少して，成長率を抑制する効果と政府の税収が増加して公的資本が蓄積され，成長率が刺激される効果の2つの相反する効果が生じる．税率が小さい場合には，公的資本の投資も小さいから，公的資本の蓄積が経済成長を刺激する効果も大きいが，税率が上昇するにつれてこの効果は小さくなり，課税後の収益率が低下することのマイナスの効果のほうがやがては大きくなる．したがって，税率と成長率の関係は，図8.7に示すように，山型をしており，最初はプラス，後にマイナスになる．いい換えると，成長率を最大にする税率が存在すると考えられる．

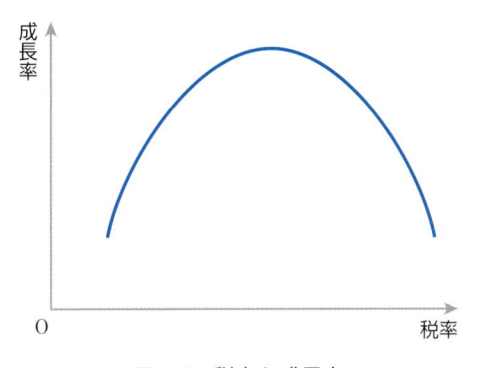

図 8.7 税率と成長率

練習問題

8.12 限界資本係数を4，消費性向を0.8，所得税率を0.3，財政の国民所得に対する規模を0.4とするとき，保証成長率は，どうなるか。

> **コラム　自然災害と公助**
>
> 　国連国際防災戦略（ジュネーブ）が最近発表した報告書によると，東日本大震災や阪神淡路大震災を経験した日本の過去20年の自然災害による経済損失は4,020億ドル（約32兆円）に上り，ハリケーン被害が相次いだアメリカの5,600億ドル（約45兆円）に続いて2番目に多かった。
>
> 　ところで，公助の主要な守備範囲は公的インフラの復旧整備であり，住宅などの個人財産は自助努力あるいは共助（義援金など民間の支援）で対応するのが，自然だろう。住宅など私有財産の再建には，共助（義援金や地震保険など）の役割が大きい。
>
> 　わが国では1993年に北海道南西沖地震で奥尻島が大きな被害を受けるなど，中規模の災害がたびたび発生している。そうした場合，民間からの義援金を被災者に配分することで，1世帯あたり数百万円程度の資金援助が可能であって，それで住宅再建支援はほぼ賄えてきた。しかし，1995年の阪神淡路大震災では，義援金が多く集まったものの，被害を受けた住宅の数も過去最大級であったため，住宅見舞金は1世帯あたり数十万円にとどまった。それだけでは，とうてい住宅再建の資金にならない。
>
> 　そこで，政府は阪神淡路大震災以降，住宅には被災者生活再建支援制度という公助で対応するようになった。これは，住宅再建の場合，最大で300万円を給付する制度であり，かなり充実した給付水準である。問題は，大規模災害になると，給付総額が大きくなるため，その財源を確保するのが困難になるという点である。今回の東日本大震災でも4,000億円規模の財源不足が見込まれており，国の補正予算で別途財源（追加の公助）を確保することになった。もし首都圏で大地震が起きれば，生活再建支援制度の支援額は3兆円以上になると見込まれている。その財源をどう確保するのかは，具体的な目処がついておらず，大きな難問である。

8.5　経済政策の考え方

◆財政赤字

均衡財政を維持すべきかどうか，いろいろな考え方がある。

1. **完全雇用財政赤字（FED）**：完全雇用水準（Y_F）でのみ財政赤字は均衡すべきである（図 8.8）。

$$FED = G - T(Y_F)$$

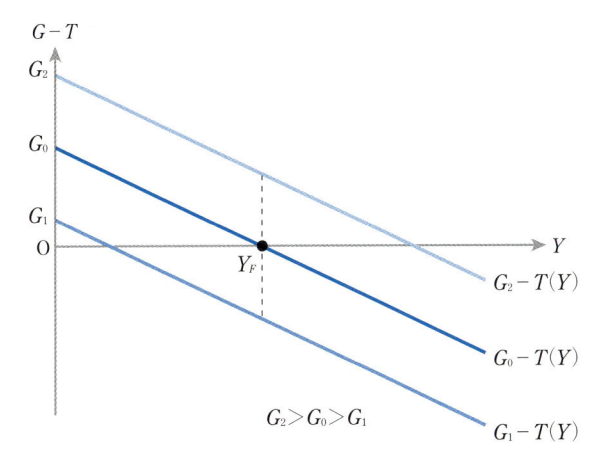

図 8.8　完全雇用財政赤字

2. **クッション政策**：限界税率が一定となるように，外生的なショックに対して公債を発行して対応する。
3. **世代会計**：フローの財政赤字に政策的な意味はなく，各世代ごとの負担と受益の割引現在価値の会計が，世代間の再分配政策の指標として重要である。
4. **ルールか裁量か**：政策の遅れを考慮すると，裁量的な財政政策はかえって有害かもしれない（マネタリストの主張）。
5. **動学的不整合性**：当初最適と思われた政策が，時間の経過とともに再決定すると最適にはならない可能性。

例題 8.8

財政赤字と世代会計の関係を説明せよ。

【解答】

世代間の再分配政策として，賦課方式の年金と公債発行の2つのケースを比較してみよう。図 8.9 に示しているように，年金の場合には，ある時点で若い世代からその時点の老年世代へ所得が移転され，政府の収支は均等している。これに対して，公債発行の場合には，図 8.10 に示すように，公債が発行される時点では，財政赤字が発生しており，これが老年世代への移転支出として使われる。次の期に青年世代に公債を償還するための課税がなされると，このとき，財政収支は黒字であり，青年世代に増税が行われる。どちらの政策でも，世代間で青年世代から老年世代へ所得が移転している。しかし，年金政策では，財政収支は常に均衡し，公債政策では，最初に財政赤字が次いで財政黒字が発生している。

世代間でまったく同じ再分配が行われているから，民間部門の実質的な経済活動は2つのケースで，まったく同じである。したがって，財政収支の収支尻である財政赤字は，経済的には，何ら有益な情報をもたらさない。公債政策は，年金のような1期間内ではなく，2期間にわたって，世代間の再分配を試みたものと解釈できる。つまり，将来の財源を当てにして，あらかじめ今期に老年世代に対して，減税政策を行っているケースである。その資金は実質的には世界市場から借りてくる場合と同じである。

各世代にとっては，ネットの負担がどうなるかのほうが財政赤字の大きさよりも重要である。老年世代は，ネットでみて所得が増加し，青年世代は，ネットで所得が減少している。このように，各世代別の財政政策による負担と受益の差額であるネットの純便益の現在価値の変化を推計するものが，世代会計という考え方である。

8.5 経済政策の考え方

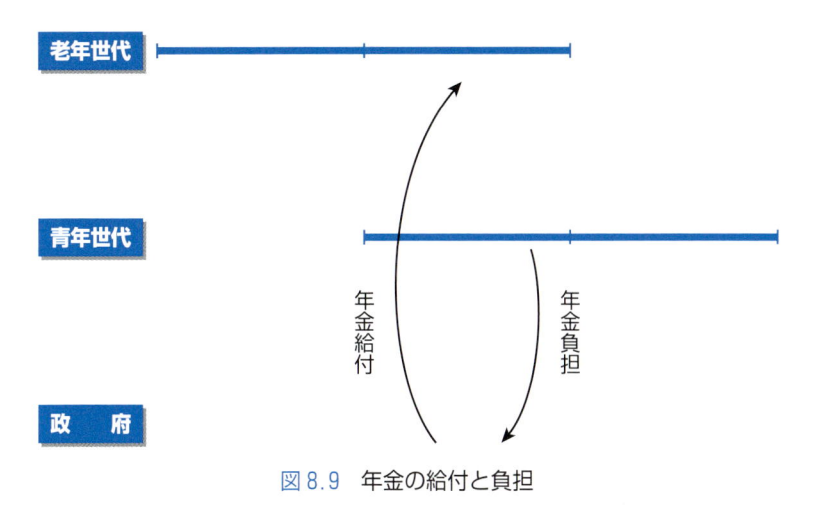

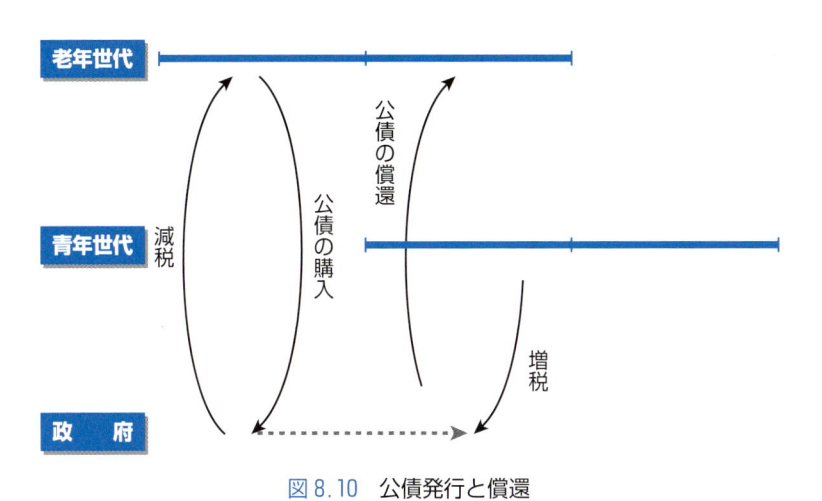

図 8.9 年金の給付と負担

図 8.10 公債発行と償還

例題 8.9

マクロ・バランスからみた財政政策について，説明せよ。

【解答】

マクロ・バランス論は，財政赤字が，民間の貯蓄投資差額と経常収支赤字の合計に等しいというマクロの恒等式に注目する。財政赤字を政策的にコントロールすることで，民間の貯蓄投資差額か経常収支の差額分を変化させようとする議論である。たとえば，経常収支の黒字を削減するために，拡張的な財政政策を採り，財政赤字を拡大させようと考えたり，民間の貯蓄投資差額を投資増加，貯蓄減少の方向で変えるために，財政赤字を減少させるケー

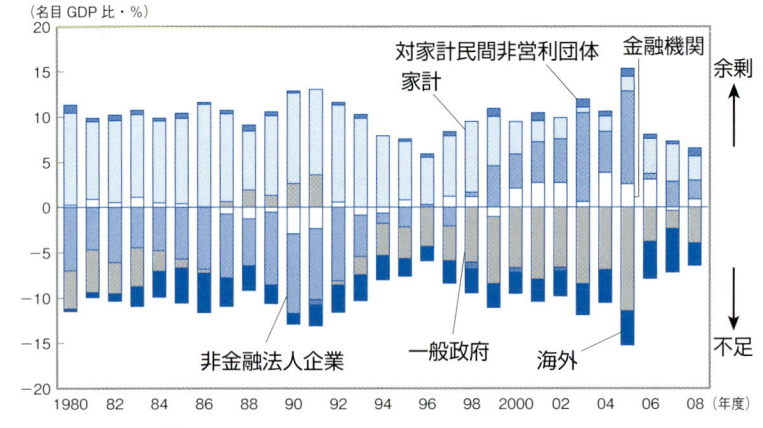

(備考) 1. 日本銀行「資金循環統計」により作成。
2. 98年度は国鉄・林野一般会計承継（27兆円），2005年度は道路関係4公団民営化に伴う資産・負債承継（中央政府土地購入等9.3兆円）の影響を調整している。
他方，2003年度以降は代行返上に伴う金融機関から一般政府への資本移転（2003年度から順に3.5兆円，5.4兆円，3.5兆円，0.7兆円，0.6兆円，0.3兆円），2006, 2008年度は財政投融資特別会計・財政融資資金勘定（公的金融機関に分類）から中央政府部門への繰入れ（12兆円，7.2兆円）の影響を調整している。2007年度については，ゆうちょ銀行等の部門分類変更の影響（6.7兆円）を調整している。
(出所) 内閣府HP「日本経済2009-2010」
http://www5.cao.go.jp/keizai3/2009/1211nk/pdf/09-3-2.pdf

図8.11 日本の貯蓄投資バランス

スが考えられる（図 8.11）。しかし，財政赤字も，経常収支尻も，民間貯蓄投資差額もそれぞれ内生変数であり，単純な因果関係は必ずしも成立しない。

ただし，財政赤字を変化させても，民間の貯蓄がそれを完全に相殺するほどには変化しないとすれば，財政赤字を変化させることで，民間の投資水準を間接的にコントロールすることは可能である。政府は，最適な経済成長が達成されるように，民間の投資水準を誘導する方向に財政赤字を動かしてやればよい。民間投資を刺激して経済成長を高めるには，財政赤字を削減するのが望ましい。

---- 例題 8.10 ----
政治的な景気循環の理論を説明せよ。

【解答】
ノードハウス（Nordhaus, W.）によって定式化されたこの議論は，3つの前提に基づいている。
(1) 政策当局者は，政権の維持のみに関心がある。
(2) 彼らは，失業率とインフレ率との負の関係を示すフィリップス曲線をうまく利用することができる。
(3) 有権者は，政治家にいつもだまされているという意味で合理的ではない。

このとき，選挙の前に政治家は景気を過大に刺激して，選挙の後でインフレを抑制するために不況を招く。有権者は，選挙の前に景気がよくなるので，現在の好況に満足して，政権担当者に投票する。選挙の後では，過去の経験から不況になることが予想できるのに，それを考慮しない。こうして，政治的な理由で景気循環が引き起こされると主張している。これが，アメリカの戦後の景気循環のサイクルをよく説明するのである。

しかし，人々がある程度合理的であれば，この理論は成立しなくなる。

例題 8.11

ケインズ的な財政政策の問題点を述べよ。

【解答】

1970年代にケインズ的な政策への疑問がでてきた背景として，スタグフレーションの問題がある。失業とインフレの同時発生という現状に対して，ケインズ政策は，有効な解決策をとれなかった。インフレには，増税や緊縮財政，失業には減税や財政支出の拡大が，ケインズ的な対応策であるが，スタグフレーションという現象には，どういう政策を採るべきかが明確にできなかったのである。理論的には，失業とインフレとの安定的なトレード・オフ関係を意味するフィリップス曲線が，1970年代に上方にシフトしていったという背景がある。これは，期待インフレが内生的に変化し，長期的にはフィリップス曲線が垂直に立ってしまうというマネタリストの指摘が，現実に妥当したということを意味する（図8.12）。

マネタリストは，インフレの期待がやがては現実のインフレ率に一致するまで変化することを考慮したが，より極端な考え方が，合理的期待形成論と

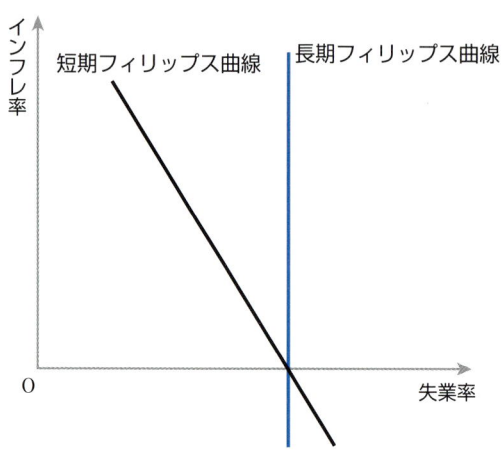

図 8.12　2つのフィリップス曲線

して登場した。これは，物価が上昇する以前に人々は将来の政策の変化を予想して，物価の上昇率の予想を決めるので，合理的な予想では，期待インフレ率と現実のインフレ率とは常に，確率的には（期待値として）等しくなるというものである。このとき，フィリップス曲線は短期的にも垂直となり，失業率は政策的に変更不可能となる。民間が政府の行動を予想していれば，裁量的なケインズ政策は，効果を持たなくなるのである。

　さらに，裁量的なケインズ政策では，財政赤字の拡大の方向にバイアスがかかり，政府の財政収支が長期的に悪化して，収拾が付かなくなるという公共選択学派からの批判もある。民主主義の政治プロセスを想定すると，政府支出の拡大や減税ばかりが追求され，結果として，財政赤字は拡大してしまう。ケインズ理論はそれを正当化するために，利用されるにすぎないという理解である。

───── 練習問題 ─────

8.13 財政政策に関する遅れについて，説明せよ．

8.14 新古典派総合と呼ばれる財政金融政策を，説明せよ．

8.15 財政政策における動学的不整合性について，説明せよ．

8.16 財政政策の有効性に関する記述について，正しいのは以下のうちどれか．
(a) 財政政策には発動されてから，その効果が生じるまで通常遅れがあるが，これは金融政策の場合よりも短く，その意味で財政政策のほうが適切に対応できる．
(b) 財政政策の遅れは，安定化政策の効果とは無関係である．
(c) 財政赤字が拡大しても，必ずしも拡張的な財政政策とはいえないケースもある．
(d) 予想された財政政策のほうが，予想されない財政政策よりも，その効果は大きい．
(e) いったん決定した財政政策をあとで変更することは，必ず国民経済に悪い影響をもたらす．

8.17 乗数の値に関する記述のうち，正しいものはどれか．
(a) 流動性制約にある家計が多いほど，乗数値は小さくなる．
(b) 流動性制約と乗数値は，無関係である．
(c) 将来の政府の予算制約を考慮する家計が多いほど，乗数値は小さくなる．
(d) 近視眼的な家計が多いほど，乗数値は小さくなる．
(e) 将来の財政政策に対する不確実性が高くなるほど，乗数値は小さくなる．

8.18 消費税の増税が民間消費に与えるプラスの効果（民間消費を刺激する効果）が，相対的にもっとも大きいのは次のうちでどれか，また，その理由を述べよ．
(a) 消費税収の増収分が社会保障給付に充てられるケース．
(b) 消費税収の増収分が公共事業に充てられるケース．
(c) 消費税収の増収分が財政赤字の削減に充てられるケース．
(d) 消費税収の増収分が所得税の減税に回されるケース．

9 地方財政

9.1 地方公共財

◆地方公共財とは

地方政府の支出についての重要な概念が，地方公共財である。地方政府の存在理由にもなっている。

> **地方公共財**：便益の広がりが一定の地域にとどまるような(準)公共財。

> **シビル・ミニマム**：地方団体がその住民に対して，地方団体が定めた最低限度の施策を保証するもの。

1. **足による投票**：各地方団体は，独自に税と支出の組み合わせを提示し，住民は自分の選好にもっとも見合った地域に移り住む。各地方は公共サービスに対する選好が同一の住民で構成され，住民の選好に見合った効率的な支出が行われる。
2. **地方支出の原則**：大きな（小さな）支出を選好する住民がより多く（少ない）負担をする受益者負担の原則。
3. **受益者負担**：応益原則の適用。

---- 例題 9.1 ----
足による投票（ティブー（Tiebout, C. M.）のモデル）を説明せよ。

【解答】
　地方公共財の供給に関して，市場での通常の財の需給との類似性で，その最適な供給が可能となる点を強調したのが，ティブーによる「足による投票」という考え方である。
　ティブーは，人々が各地方政府間を自由に移動することで，各地方政府が公共財の供給をめぐって競争し，結果として，資源の最適な配分が達成可能となることを示した。彼の仮定は，次の7つである。
(1)　人々は地方政府間を自由に移動できる。
(2)　人々は，すべての地方政府の公共財の供給やその財源負担の方式について，完全な情報を持っている。
(3)　地方公共財の便益は，ほかの地方には外部効果をもたらさない。
(4)　居住地域とその人の働く地域とは等しくなくてもよい。
(5)　人々の選択対象となる地方政府は十分に存在する。
(6)　地方公共財の供給には，最適人口規模がある。
(7)　最適人口規模を上回る地域は，住民を減少させようと政府が行動し，逆の地域では，住民を増加させようと政府が行動する。
　これらの仮定のもとで，①住民の選好にもっとも適した地方が，足による投票で選ばれて，地方公共財が最適に供給される。②選好や所得において差のある異質的な住民は，グループ化されて，それぞれ同質的な住民が同一の地方政府を形成する。ティブーの強調した足による投票という側面は，地方政府間の競争によって，中央政府の場合よりは，より効率的な資源配分が実現する可能性を，示唆するものとして，有益である。

――――― 練習問題 ―――――

9.1 地方公共財あるいはクラブ財について説明せよ。

9.2 地方分権

分権化定理：地方政府の自主的判断に任せるほうが地方公共財をより効率的に供給できる。地方分権のメリットを明確に示した定理。

課税競争：地方政府間の税率引下げ競争（地域間で競合する課税ベースに対する），企業課税が代表例。

ソフトな予算制約：地方政府が財政破綻しそうになると，中央政府から財政支援を期待できる場合，それを見越して，最初から地方政府が放漫財政をしがちになる。

―― 例題 9.2 ――
　国と地方の財政上の関連を述べよ。

【解答】
　地方財政は，次のような点で国の財政と密接に関係している。
(1)　地方財政の自主性尊重のため，地方公共団体には，自主財源としての地方税が付与されている。同時に，国民の租税負担や行政事務配分のあり方なども考えあわせて，国と地方で適切な税配分が行われている。
(2)　地方公共団体間での財政力の不均衡を是正するため，地方交付税，地方譲与税などよりなる財源調整制度が設けられている。
(3)　行政水準の維持確保のために，補助金，負担金などの制度が設けられている。
(4)　国の規制のもとで，財政力に応じた地方債の発行が行われるとともに，国家資金による地方債の引受けも行われている。
(5)　国の直轄事業に対して，地方公共団体から直轄事業分担金が納付されている。

　国は，全国レベルでの公共財の供給と応能原則（累進税）による所得再分配政策の遂行，地方は，地域公共財の供給と受益者負担の原則（応益原則）に対応した課税というのが，国と地方の基本的な役割分担である（次頁の図9.1を参照）。

9.2 地方分権

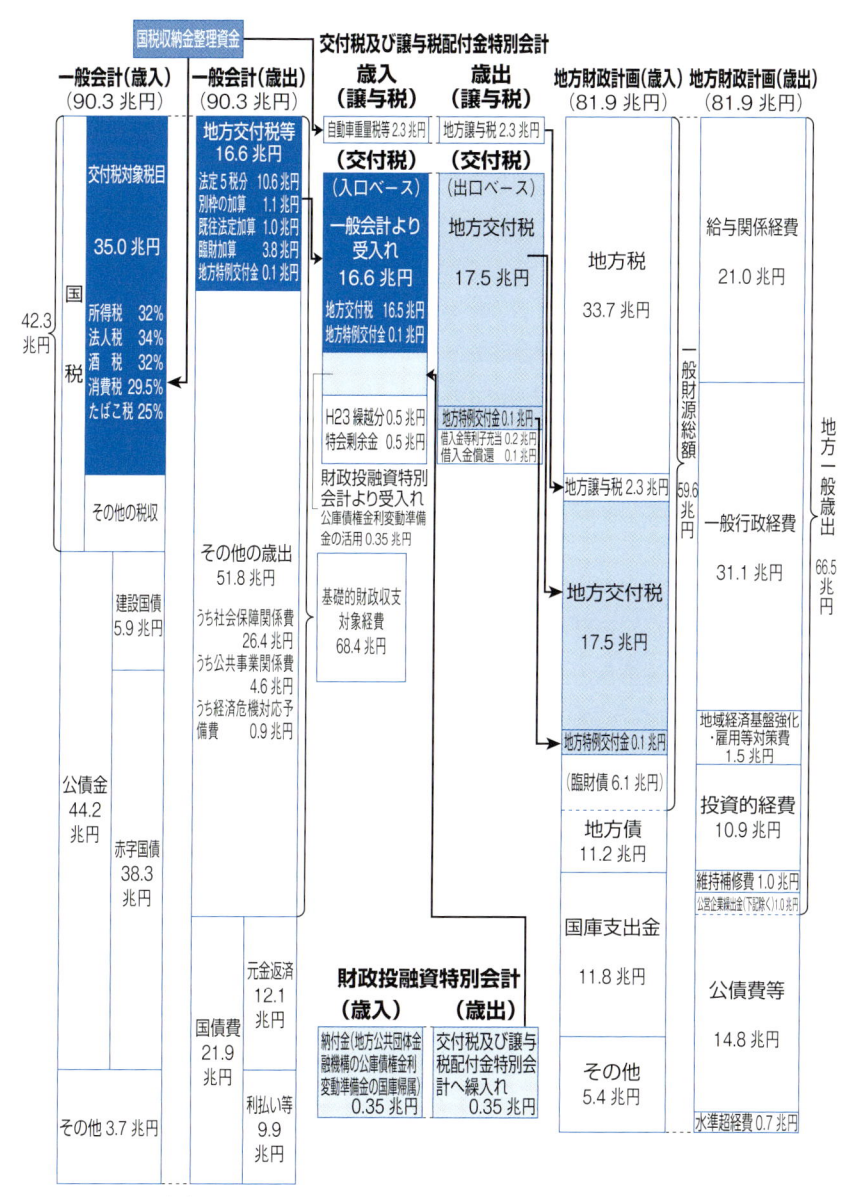

(注) 表示未満四捨五入の関係で，合計が一致しない箇所がある。
(出所) 総務省「地方財政関係資料」

図 9.1　国の予算と地方財政計画（通常収支分）との関係（平成 24 年度当初）

---- 例題 9.3 ----
　地方分権という立場から，今後の地方財政のあり方をどのように考えるべきか。

【解答】
　地方財政の規模は，国と比較すると，地方公共団体間の重複を調整した地方財政全体で，歳出の大きさが国とほぼ同じ程度である。また，国の歳出には，地方交付税や各種の国庫補助金の形で地方公共団体に対する支出が含まれている。地方公共団体の支出の中には，逆に，国に対する直轄事業負担金も含まれている。これら国と地方間での支出の重複を調整した，民間部門に対する実質的な歳出規模でみると，地方財政は国の2倍程度の規模となっている。

　このような規模の大きさとともに，地方財政の果たす機能の重要性も，見逃せない。これからの財政政策の重点が生活関連のものに向けられるとすれば，住民に密着した地方公共団体を通じてのサービスを供給する必要性が，いっそう高くなる。

　これまでの地方財政は，国の指導のもとで，基本的な公共サービスを提供するという点では，優れた成果をあげてきたが，地方の独自性を生かして，地方公共団体間で競争をするという側面は，みられなかった。国と地方の財政の守備範囲を見直すとともに，地方の自主性をもっと生かす方向で改革が必要だろう。経済が全体として成熟するとともに，住民の地方政府に対する期待も，多様化してきている。

　とくに，地方分権という観点からは，地方独自の財源を確保することが重要である。そのためには，受益者負担の原則に対応する応能主義に基づく税体系を，各地方が独自の判断で作り上げる必要がある。地方政府からのサービスを多く望む住民は，それに伴い税負担も増大する。逆に，地方政府からの公的サービスに低い評価をしている住民は，税負担も軽減される。そのような受益と負担の緊張関係の中でより効率的できめの細かい地方財政が確立

されるであろう。

練習問題

9.2 中央集権と地方分権のメリット・デメリットを説明せよ。

9.3 地方財政は，国の財政とは異なる特徴があるが，それについての記述として正しいものは，次のうちどれか。
  (a) 最近，国の財政規模より地方の財政規模のほうがかなり小さい。
  (b) 地方財政は，多数の地方公共団体の財政の集合であるが，その内容は各地方団体でかなり似ている。
  (c) 地方財政の自主性を保つために，自主財源が設けられている。
  (d) 地方公共団体間での財政力はかなりばらつきがあるが，国による直接の財源調整は行われていない。
  (e) 地方自治体の予算編成には，国の許可が必要である。

9.4 地方財政の最適規模に関する記述として正しいのは，次のうちどれか。
  (a) 足による投票の可能性を考えると，地方公共財は必ず最適に供給される。
  (b) 足による投票の可能性を考えても，居住地が自由に選択できなければ，地方公共財は最適には供給されない。
  (c) 地方公共財の便益が地方の枠を超えて波及する場合には，足による投票の場合でも，公共財は過大に供給される。
  (d) 各住民が自分の選好にみあった予算規模を政策とする政治家に投票すれば，必ず多数決により，最適規模が達成される。
  (e) 規模の経済性が働く公共サービスを提供するためには，地方政府の行政区域は，きめ細かく細分化される必要がある。

9.3 地方財政の現状

◆公共支出

わが国の地方公共支出の現状をみておこう。

1．**目的別分類**：都道府県では，大きな項目として，教育費，土木費。市町村では，土木費，民生費。

2．**性質別分類**：都道府県では，大きな項目として，人件費（教職員，警察職員など）。市町村では，普通建設事業費（道路の整備，校舎の新増設など）。

> **給与比較のラスパイレス指数**：同等の職種，経歴に相当する国の水準を100として，地方公務員の給与の水準を示したもの。

◆地方財政の財源

1．**一般財源**：地方団体がどの支出にも自由に充当できる財源（地方税，地方譲与税，地方交付税）（表9.1）。

2．**特定財源**：使途が特定されている財源（国庫支出金，地方債，使用料・手数料）。

3．**自主財源**：自らの権限で収入しうる財源，地方税，使用料，手数料。

4．**依存財源**：国を経由する財源で自治体の裁量が制限されている財源，国庫支出金（補助金），地方交付税。

5．**経常財源**：地方税，地方交付税，経常的な支出に充当される国庫支出金。

6．**臨時財源**：建設事業など特定の事業目的で発行される地方債や，投資支出に充当される国庫支出金。

表 9.1 地方財政計画歳入歳出一覧（通常収支分）

（単位：億円，％）

区　分		2012年度 (A)	2011年度 (B)	増減額 (A)−(B) (C)	増減率 (C)/(B)
歳入	地方税	336,569	334,037	2,532	0.8
	地方譲与税	22,615	21,749	866	4.0
	地方特例交付金	1,275	3,877	−2,602	−67.1
	地方交付税	174,545	173,734	811	0.5
	国庫支出金	117,604	121,745	−4,141	−3.4
	地方債	111,654	114,772	−3,118	−2.7
	使用料及び手数料	14,037	14,279	−242	−1.7
	雑収入	40,444	40,861	−417	−1.0
	緊急防災・減災事業一般財源充当分	−96	—	−96	—
	計	818,647	825,054	−6,407	−0.8
	一般財源	596,241	594,990	1,251	0.2
	（水準超経費を除く）	589,741	587,790	1,951	0.3
歳出	給与関係経費	209,760	212,694	−2,934	−1.4
	一般行政経費	311,406	308,226	3,180	1.0
	地域経済基盤強化・雇用等対策費※	14,950	15,000	−50	−0.3
	公債費	130,790	132,423	−1,633	−1.2
	維持補修費	9,667	9,612	55	0.6
	投資的経費	108,984	113,032	−4,048	−3.6
	公営企業繰出金	26,590	26,867	−277	−1.0
	不交付団体水準超経費	6,500	7,200	−700	−9.7
	計	818,647	825,054	−6,407	−0.8
	（水準超経費除く）	812,147	817,854	−5,707	−0.7
	地方一般歳出	664,533	668,313	−3,780	−0.6

※ 地域経済基盤強化・雇用等対策費の平成23（2011）年度の額は，平成23（2011）年度地方財政計画の歳出に計上された「地方再生対策費」（3,000億円）および「地域活性化・雇用等対策費」（1兆2,000億円）の合算額である。
（出所）　総務省「地方財政関係資料」
　　　http://www.soumu.go.jp/main_content/000154467.pdf

◆地 方 税

地方政府での税体系は,どのような原則に基づくべきであろうか。

1. **地域選択の効率性**:選択と負担,受益者負担の原則の適用。
2. **普遍性の原則**:どの地域でも税源が存在し,ある程度の税収が期待できること。
3. **独立税主義**:地方団体は自ら税目,課税標準,税率,納税義務者などを条例により定められる。

あまり累進的な税は,地方税にはなじまない。

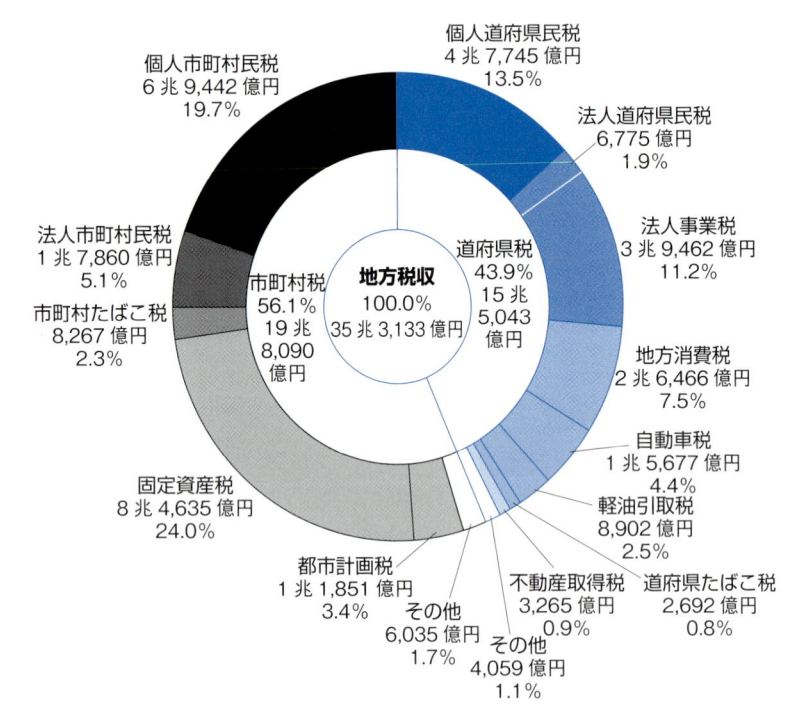

個人道府県民税 4兆7,745億円 13.5%
法人道府県民税 6,775億円 1.9%
法人事業税 3兆9,462億円 11.2%
地方消費税 2兆6,466億円 7.5%
自動車税 1兆5,677億円 4.4%
軽油引取税 8,902億円 2.5%
不動産取得税 3,265億円 0.9%
道府県たばこ税 2,692億円 0.8%
その他 4,059億円 1.1%
道府県税 15兆5,043億円 43.9%

個人市町村民税 6兆9,442億円 19.7%
法人市町村民税 1兆7,860億円 5.1%
市町村たばこ税 8,267億円 2.3%
固定資産税 8兆4,635億円 24.0%
都市計画税 1兆1,851億円 3.4%
その他 6,035億円 1.7%
市町村税 19兆8,090億円 56.1%

地方税収 100.0% 35兆3,133億円

(注) 1.「個人道府県民税」は,利子割,配当割および株式等譲渡所得割を含む。
    2.「固定資産税」は,土地,家屋,償却資産の合計である。
    3.「法人事業税」は,地方法人特別譲与税(1兆6,564億円)を含む。
(出所) 総務省「地方財政関係資料」
    http://www.soumu.go.jp/main_content/000165243.pdf

図9.2 地方税収の構成(平成24年度地方財政計画額)

◆地方税の現状

わが国の地方税の現状をみておこう（図9.2）。

1．住民税：均等割（一律市町村民税3,000円・道府県民税1,000円）と所得割（一律10％）。

都道府県税の利子割：利子所得の5％。

●**クローズアップ　均等割と所得割**

1．均等割の税額：住民税の均等割は，都民税年額1,000円，特別区民税年額3,000円の合計4,000円。

2．所得割の税額：

　　　　（所得金額 − 所得控除額）× 税率 − 税額控除額 ＝ 所得割

- 「所得金額 − 所得控除額」は課税標準額（課税所得金額）といい，1,000円未満を切り捨てる。
- 所得割の税率は，都民税一律，4％，特別区民税一律，6％の合計10％（平成19年度以降）。

2．法人住民税と事業税：外形標準化（法人所得の代わりに，収入金額，資本金，付加価値額などの外形標準を課税ベース）。

●クローズアップ　外形標準課税

【制度の概要】
対象となるのは，資本金1億円を超える法人。（全法人約251万社のうち，約3万社が対象。）
$\frac{1}{4}$ が外形標準課税，$\frac{3}{4}$ が所得課税となるよう設計。

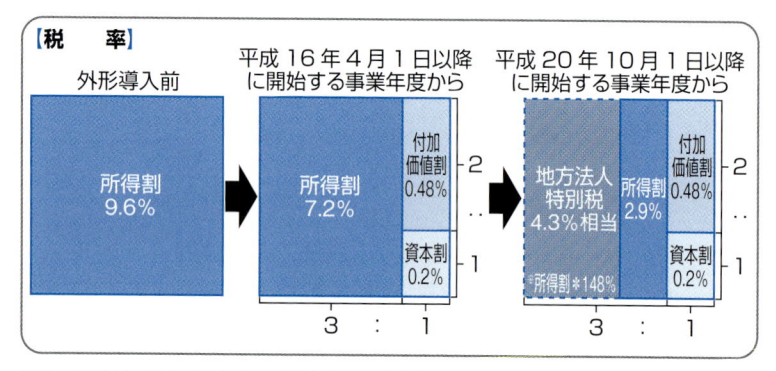

【税率】

外形導入前	平成16年4月1日以降に開始する事業年度から	平成20年10月1日以降に開始する事業年度から
所得割 9.6%	所得割 7.2%／付加価値割 0.48%／資本割 0.2%　（3：1）	地方法人特別税 4.3%相当（所得割＊148%）／所得割 2.9%／付加価値割 0.48%／資本割 0.2%　（3：1）

（注）所得割の税率は，年800万円を超える所得金額に適用される税率。
　　　付加価値割額：付加価値額（その企業の収益分配額＋単年度損益）×0.48%
　　　資本割額：法人税法に規定する資本金などの額×0.2%
（出所）総務省HP
　　　　http://www.soumu.go.jp/main_sosiki/jichi_zeisei/czaisei/news/pdf/gaikei.pdf

図9.3　外形標準課税のしくみ

3．**固定資産税**：資産の価格が課税ベースとなる財産税。

◆地方債

1．**国債と地方債の違い**：地方債とは，地方公共団体が1会計年度を超えて行う借入れのこと（図9.4，図9.5）。国債と地方債は，次のような点で異なる。

(1)　**原則として，赤字地方債はない**：公共事業の財源のみ。
(2)　**地域外でも消化されるから，外国債と同様の性質を持つ**。
(3)　**食い逃げ効果**：償還時にほかの地方に移動すれば，地方債の負担を回避できる可能性がある。

2．**地方債の事前協議制度**：過剰な起債を回避する。

9.3 地方財政の現状　　195

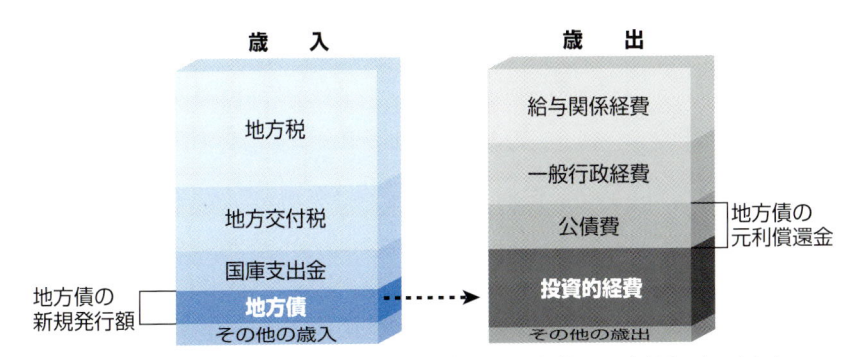

(注) 地方債は，原則として投資的経費（建設事業関係の経費）の一定部分に充てられる。
(出所) 総務省 HP
http://www.soumu.go.jp/main_sosiki/c-zaisei/chihosai/chihosai_a.html

図 9.4　地方公共団体の歳入・歳出における地方債の位置づけ

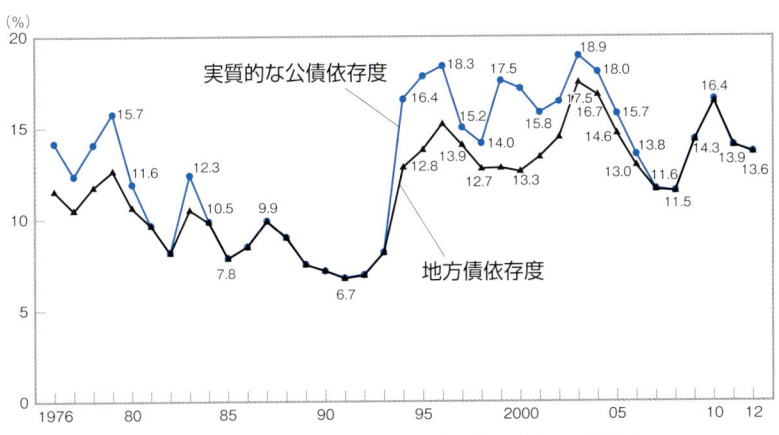

(注)　1．実質的な公債依存度には，交付税特別会計借入金を含む。
　　　2．平成 24（2012）年度は，通常収支分である。
(出所)　総務省「地方財政関係資料」
　　　　http://www.soumu.go.jp/main_content/000154472.pdf

図 9.5　地方債依存度および実質的な公債依存度の推移

例題 9.4

地方交付税制度について，説明せよ。

【解答】

地方交付税制度は，国と地方の財政移転システムにおいて，国庫支出金とともに重要なものである（図 9.6）。地方交付税の総額は，国税の一定割合を国から地方に配分することで決められる。すなわち，所得税，酒税の 32% と法人税の 34%，消費税の 29.5%，たばこ税の 25% がこれに当たる。

この交付税は，普通交付税（94%）と特別交付税（6%）に分かれて，各地方公共団体に配分される。普通交付税の配分ルールは，それぞれの地方団体の基準財政需要額と基準財政収入額との差額である財源不足額に応じて，決められる。このうち，基準財政需要額は，各地方団体にとって合理的かつ妥当な行政水準を確保することを目的として算定される。ただし，実際にはこの需要が過大に算定されて，結果として無駄な歳出と財政赤字を拡大させてしまった。基準財政収入額は，基準財政需要の算定に含まれる行政項目に対して，各地方団体が充当できる一般財源の額である。つまり，地方税収および消費譲与税の 80% および地方譲与税の合計である。

地方交付税の供給と需要が一致する保証はないから，毎年の予算編成において両者が一致するように，必要な調整が行われる。

地方交付税には，(1) 国と地方の財源配分機能，(2) 地方の財源保障機能，(3) 地方間の財源調整機能の 3 つがある。地方交付税のような地域間再分配政策が有効であるためには，地方公共団体が徴税努力をおろそかにしたり，固定資産税の評価を軽減したりして，自らの税負担を軽減し，その分だけほかの地方公共団体の税負担にただ乗りしようという誘因がないことが重要である。これは，総務省による各地方公共団体の徴税努力に対するモニタリングが完全であれば，成立する条件であろう。しかし，モニタリングを完全にしようとすれば，総務省の多数の役人を定期的に全国 1,800 の地方自治体に出向させるなど，多額のコストがかかる。現行制度では地方税収が減少して

も，交付税が増加すれば，当該地方政府や住民に何の負担も生じない。その結果，地方自治体は地方税収を増やす努力をしない。制度自体にただ乗りの誘因を生じさせるメカニズムがあるにもかかわらず，官僚による規制でそれをコントロールしようとするのは，困難だろう。

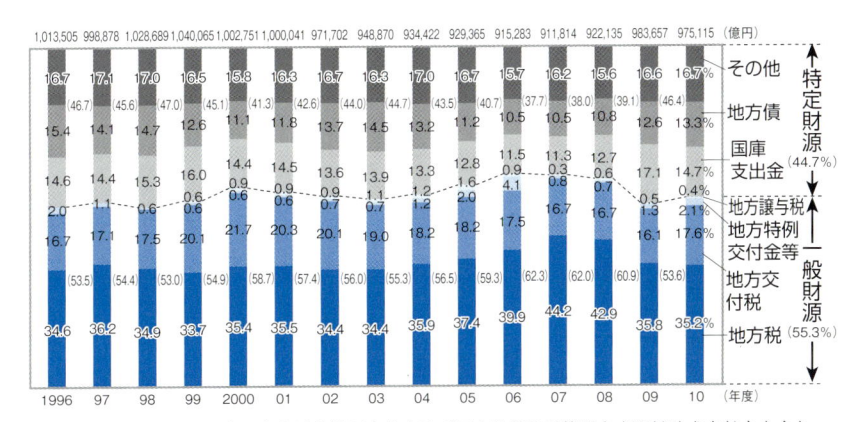

(注) 国庫支出金には，交通安全対策特別交付金及び国有提供施設等所在市町村助成交付金を含む。
(出所)「地方財政白書」(24年版)
http://www.soumu.go.jp/menu_seisaku/hakusyo/chihou/24data/

図 9.6　歳入純計決算額の構成比の推移

9.4　地方財政の改革

◆国と地方の役割分担

1. **歳出面**：国は広く波及する公共財，ナショナル・ミニマムの提供。地方は，地域限定の公共財，きめ細かい行政サービスの提供。
2. **歳入面**：国は累進機能を持つ所得税，法人税，消費税，応能原則。地方は，移動しない課税ベースへの固定資産税，住民税，応益原則。

表9.2 国と地方との行政事務の分担

分野		公共資本	教育	福祉	その他
国		●高速自動車道 ●国道（指定区間） ●一級河川	●大学 ●私学助成（大学）	●社会保険 ●医師等免許 ●医薬品許可免許	●防衛 ●外交 ●通貨
地方	都道府県	●国道（その他） ●都道府県道 ●一級河川（指定区間） ●二級河川 ●港湾 ●公営住宅 ●市街化区域，調整区域決定	●高等学校・特殊教育学校 ●小・中学校教員の給与・人事 ●私学助成（幼～高） ●公立大学（特定の県）	●生活保護（町村の区域） ●児童福祉 ●保健所	●警察 ●職業訓練
	市町村	●都市計画等（用途地域，都市施設） ●市町村道 ●準用河川 ●港湾 ●公営住宅 ●下水道	●小・中学校 ●幼稚園	●生活保護（市の区域） ●児童福祉 ●国民健康保険 ●介護保険 ●上水道 ●ごみ・し尿処理 ●保健所（特定の市）	●戸籍 ●住民基本台帳 ●消防

(出所) 総務省「地方財政関係資料」（平成24年9月）

表9.3 政府間財政の歴史

時 期	特 徴	問 題 点
地方分権への最初の試み （1945～54年）	中央政府の地方政府に対する管理は弱められ，地方分権への動きがはじまった	戦後直後の経済社会環境では，理想的な地方分権を推進することに無理があった
地方政府への監視拡大の時期（1955～1980年）	多くの地方政府の機能が中央政府の監視・監督・指導のもとに行われるようになった	地方政府の歳出抑制は進まず，地方政府の自律的な財政運営機能も損なわれた。
財政改革と地域発展政策 （1981～1992年）	産業の空洞化が進んだ地方や農業に依存してきた地方が，地域振興を公共事業や公的支援に頼るようになった。	地域振興のために地方債が発行され，公共事業が行われたが，成功しなかった
地方分権と財政再建 （1993年以降）	地方政府が財政面で自立した運営が行えるように，地方分権が進められた	財政再建，地方分権で十分な成果は見えない

◆三位一体改革

国税から地方税税への税源移転，ひも付き補助金の削減，交付税の改革。

●クローズアップ　三位一体改革

2000年4月に「地方分権一括法」が施行され，機関委任事務が廃止されるなど，国と地方の関係が「上下・主従」から「対等・平等」なものとされた。その後も，より理想的な地方自治を目指して，地方分権推進改革推進会議・地方制度調査会・経済財政諮問会議などが議論を進め，補助金削減・税源移譲・地方交付税改革をめぐる「三位一体」改革などが進められた。

2003年に小泉内閣で始まった「三位一体」の改革では，地方政府の自主的な自助努力を重視して，地方政府が財政面でも自立した運営が行えるように，①国からの補助金の整理，廃止，②交付税の抜本的改革，③国税からと地方税への税源の移譲という3つの改革が，一体として実施されることになった。「三位一体」の改革とは，こうした3つの改革を同時に進めて地方分権を財政面から支えることで，中央政府が地方政府を指導・管理・監督する度合いを少なくしようとするものである。

地方分権と財政再建を同時に実現するために，地方政府の財政基盤を強化して，税収面でも公共サービスの面でも自由度を高める必要があるのは，確かであろう。しかし，財政基盤を強化するには，地方政府自らが税収を確保する自助努力を行う必要がある。それによって，国からの補助金や地方債に依存する体質を変えなければならない。また，交付税を改革して，交付税総額を削減するとともに，その算定基準を簡略化し，地方政府の財政収支が悪化しても交付税でそれを補填しないこと重要である。限界的な意思決定において，地方政府が自らの税収で自らの公共サービスの財源を調達するようになってはじめて，ソフトな予算制約を解決することもできるし，財政再建も可能になる。また，地方の利益団体によるロビー活動を抑制することもできる。

◆課税自主権

地方自治体が独自に税率（あるいは税目も）を設定。

> **ナショナル・ミニマム**：国民として最低限国から提供されるべきサービス財政力のない地方政府に居住する住民にも国が提供する義務があるとされる。

例題 9.5
地方税のあるべき理念について述べよ。

【解答】

　地方政府の役割が，地方公共財の供給にあるとすれば，地方税としてのその望ましい負担のメカニズムは，原則として受益者負担（応益原則）であろう。より大きな公共財を望む人々が多く住んでいる地方が，より大きな負担をしてこそ，地方間での異質性の問題がうまく解決される。これは，公共財の最適供給を実現するような個別化された価格が，各地方政府，住民によって異なることを意味する。

　したがって，地方税の基本は均等割りの人頭税か，あるいは，便益の程度に対応する比例税である。累進的な税体系は，所得再分配を目的としているから，地方税にはなじまない。しかし，受益者負担の原則を厳格に実施することが困難な状況では，地方内の全員が便益を受けていると考えて，均等割りの人頭税で対応し，それ以上の便益を望む場合に，料金制を併用すべきである。

　次善のケースでの地方税の望ましい体系としては，便益に課税ベースが対応していると考えられるものへの，比例的な課税である。この観点からは，地方税の財源として，まず固定資産税が有力である。とくに土地については，その地方の便益の程度を反映して地価が形成されているとすれば，受益者負担の有力な財源となる。また，税率も比例税率であり（居住用土地に関しては軽減されているが），課税最低限もないから，効率性の観点からは望ましい。

また，住民税も，地方税の有力な財源である。地方政府の支出が生産活動に寄与して，住民の所得を増加させていると考えられないこともない。できるだけ課税最低限を引き下げて，累進性を弱くするとともに，税率も単一の税率を適用すべきである。

---- 例題 9.6 ----
地方債について，説明せよ。

【解答】

地方債は，それによって歳入となる財源を調達する手段であって，その返済が2年以上の期間にわたる地方公共団体の長期債務である。地方債収入は，地方歳入の5～10％程度を占めており，地方税，交付税，国庫支出金に次ぐ収入項目である。地方債と国債との相違は，次の通りである。
(1) 地方財政の経常収入割合は国より小さいので，地方債はより不可避的財源である。
(2) 地方債の大部分は，流動性，換金性が低く，金融政策の対象とはならない。
(3) 信用創造手段でないので，インフレ圧力を生まない。
(4) 景気対策としては，利用されない。

地方債の機能としては，次のような点が指摘されている。
(1) 地方財政の支出と収入の年度間調整機能。
(2) 現在住民と将来住民との負担公平のための調整機能。
(3) 一般財源の補完機能。
(4) 国の財政政策に対する協調機能。

例題 9.7

地方債の協議制度について説明せよ。

【解答】

2006年度から地方債許可制度は，協議制度に移行した。このために従来の公債費比率や起債制限比率に代わり，実質公債費比率という新しい比率で起債制限などを行うことになった。地方財政法施行令の改正，および起債許可方針に代わる「地方債同意等基準」で示すという形で行われる。

実質公債費比率は，基本的には分子に地方債の元利償還金（公債費）を置き，分母に標準財政規模を置いて求める。すなわち，

$$\frac{(A+B)-(C+D)}{E-D}$$

が算式である。この3年度間の平均値をとる。ここで，A は地方債の元利償還金（繰上げ償還などを除く）。B は元利償還金に準ずるもの。C は元利償還に充てられる特定財源（都市計画税など）。D は普通地方交付税の額の基準財政需要額に算入された地方債の元利償還金。E は標準財政規模（および当面は臨時財政対策債の発行予定額を加える）。

この実質公債費比率が18%を超えると，地方債許可団体に移行する。また25%を超えると，単独事業の起債が認められなくなり，起債制限団体となる。ただし，25%を超えても当分の間，起債制限比率が20%以下の団体は，当該団体の公債費負担適正化計画やその実施状況をみて，起債制限をしないこととされている。

実質赤字が一定規模以上の赤字団体も，「早期是正措置」として地方債の発行に許可が必要となった。単年度の標準財政規模に対する赤字が都道府県で2.5%以上，市町村で10%以上の団体は許可団体とされ，「地方債同意等基準」に基づき「財政健全化計画」を提出することが求められる。

例題 9.8

地方債の食い逃げ効果について，説明せよ。

【解答】

　地方債の食い逃げ効果とは，その地方で地方債によって公共支出が行われ，その便益を享受した住民が，将来地方債の償還のための増税を嫌って，別の地方に移動することである。公共支出の便益だけを先取りして，その負担である増税を回避するという意味で，食い逃げと呼ばれている。

　しかし，住民移動による地価の変動を考慮すると，食い逃げ効果は生じないかもしれない。地方債が発行され，将来の償還のための増税が予想されるなら，その時点で，地価が下落するだろう。これは，地価に対する税の資本化と呼ばれている。地価は，将来の税負担の現在価値に等しい額だけ下落するから，地方税と地方債は同じになる。

　すなわち，地方債は地価の下落として，発行時の住民が負担する。住民が償還時に土地を売却してほかの地域に移動しようとしても，売却収入は償還額だけ低下している。

練習問題

9.5 地方公共団体の予算制度について，説明せよ。
9.6 地方財政収入について，説明せよ。
9.7 国税と比較して，地方税の特色を述べよ。
9.8 わが国の経済力は地域的に遍在しており，住民の租税負担能力に格差がみられる。国と地方の財源調整について，説明せよ。
9.9 固定資産税の意義と問題点を述べよ。
9.10 わが国の地方財政の記述として正しいのは，次のうちどれか。
 (a) 地方交付税は，所得税，法人税，酒税の一定割合を地方公共団体に交付するもので，すべての団体がその交付を受けており，一般財源として重要な地位を占めている。
 (b) 地方譲与税は，国税として徴収した自動車従量税，石油ガス税などの全部または一部を国が地方公共団体に交付するものであるが，地方財政に占める位置は小さい。
 (c) 国庫補助金は，地方交付税と一括して地方公共団体に交付されるもので，一般財源として地方公共団体が自由に使うことができる。
 (d) 地方債は地方公共団体が自由に発行できるものであり，国や地方の議会の承認は必要ではない。
 (e) 地方債は，地方公共団体の安易な財政運営を防止するために，一定限度の赤字団体に限ってその発行が認められている。
9.11 法定外税について説明せよ。
9.12 地方財政に関する次の記述のうち，正しいものを選べ。
 (a) 地方財政は市町村，都道府県の各地方公共団体の財政活動によって構成されており，その総体としての予算の規模は，国の財政規模の3分の1程度である。
 (b) 地方自治体の財政基盤は弱いので，地方債も国債と同様，中央政府が発行している。
 (c) 地域選択の効率性とは，住民が自らの選好にもっとも適した地域を選択することで，効率的な資源配分が達成されることである。
 (d) 「足による投票」とは，地方議会選挙で投票するために投票所まで出かけることである。
 (e) 「足による投票」とは，住民が自らの選好にもっとも適した地域を投票行動によって表明することで，効率的な資源配分が達成されることである。

(f) 地方財政は約 2,000 の地方公共団体の財政活動によって構成されており，その総体としての予算の規模は，国の財政規模の 10 倍程度である．

(g) 地方交付税は，所得税や法人税などの国税の一部を，財源調整のために各地方公共団体間に配分する仕組みである．

(h) 「三位一体」の改革では，地方分権と財政再建を同時に実現するために，国税と地方税を増税することがその中心的なテーマになっている．

(i) 地方分権は，権限の委譲など歳出面では進んでいるが，歳入面では住民税の一部が所得税に回されるなど，むしろ，地方税から国税へのシフトが進展している．

(j) 地方自治体の財政基盤は弱いので，地方債も国債と同様，中央政府が発行している．

9.13 税源移譲について説明せよ．

コラム　イベントの経済効果

　大規模イベントではインフラ整備など大規模な公共事業を伴うので，地元への経済効果も大きい。1964年に開催にされた東京オリンピックは，そうした公共事業の代表例だった。当時は高度成長を実現するために，産業基盤のインフラ整備が急務とされていた。東京オリンピックを契機に，東海道新幹線や高速道路など大都市圏の産業・交通基盤のインフラ整備を最重点に資金が配分され，実際にもその後の高い経済成長に十分な効果があった。

　さらに，そのあとで，1970年代に入って，大阪万博を契機として，整備が遅れていた下水道や公園など生活関連の公共資本の充実が図られるようになった。オリンピックなどの国家事業を誘致して，産業基盤整備の資本をまず優先して蓄積し，それが一定の水準に達したとき，ソフト面を重視した万国博覧会などを開催して，生活関連のインフラも整備するというインフラ整備のパターンは，最適な経済政策だった。

　最近ではどこの国でも財政事情が厳しいこともあって，インフラ整備も，こうした大規模イベントなどの国家事業でないと，なかなか予算が付かない。また，開催によって知名度が国際的に上昇すると，開催時のみならず，そのあとでも観光産業などの経済活動が好調になるだろう。したがって，地元の誘致合戦もますます過熱してしまう。

　しかし，国際的なイベントを誘致・開催することには，マイナス面も無視できない。たとえば，ギリシャでは2004年のオリンピックで公共事業を過大に実施した結果，そのつけが重い借金返済となって，オリンピック後にギリシャ経済や財政を悪化させた。このように，一大イベントを開催するときに，国民が頑張りすぎると，その後は反動で，気力，体力，経済力が落ち込んでしまう。

　したがって，大規模イベントの開催においては，経済状況の見通しを慎重にする必要がある。また，インフラ整備というハード面だけでなく，イベントでの円滑な運営，ソフト面での充実が求められる。観客や地域住民，企業，メディアのさまざまなニーズに的確に対応することが，重要である。大規模イベントを成功させるには，インフラ整備だけでなく，ソフト面でのきめ細かい配慮がますます重要になっている。

10 国際経済

10.1 固定相場と財政政策

◆財政政策の効果の分析

　開放経済での財政政策の効果を分析するときは，為替レートが固定相場制度か変動相場制度かが重要なポイントである。

1．**財の輸出入とマクロ経済**：貿易乗数は，輸入が所得に依存する分，閉鎖経済の乗数よりも小さくなる。

$$Y = C + I + G + X - M$$
$$C = cY$$
$$M = mY$$

$$\frac{dY}{dG} = \frac{1}{1 - c + m}$$

（Y：所得，G：政府支出，X：輸出，M：輸入，C：消費，I：投資，c：限界消費性向，m：限界輸入性向）

2．**開放経済での IS-LM 分析**：財政政策だけでは，国内均衡と対外均衡を同時に達成できない。

　財政政策は有効，しかし，独自の金融政策はとれない（資本移動が完全な場合）。

例題 10.1

マクロ経済モデル

$Y = C + I + G + X - M$

$C = C_0 + 0.8(Y - T)$

$T = 0.25Y$

$M = M_0 + 0.1Y$

(Y：国民所得，C：消費，I：投資，G：政府支出，X：輸出，M：輸入，T：税収)

において，純輸出（$X - M$）が10兆円の黒字であるとき，この黒字を解消するために政府支出 G をいくら増加させる必要があるか。

【解答】

10兆円の黒字を解消するには，10兆円だけの輸入増加が必要である。限界輸入性向が0.1だから，国民所得は100兆円増加させる必要がある。

ところで，政府支出乗数は，

$$\frac{dY}{dG} = \frac{1}{1 - c + ct + m}$$

(c：限界消費性向，t：限界税率，m：限界輸入性向)

これに数値を代入して，

$$\frac{dY}{dG} = \frac{1}{1 - 0.8 + 0.8 \times 0.25 + 0.1}$$

乗数が2だから，100兆円の国民所得の拡大には，50兆円の政府支出の増加が必要となる。

例題 10.2

資本移動が完全な固定相場制度における財政政策の効果を，金融政策の効果と比較しながら説明せよ．

【解答】

固定レート相場では，外国為替の需給に関わりなく，為替レートを一定に維持しなければならない（図 10.1）．貨幣供給をそのために用いざるをえない．その意味で，独自の金融政策は存在しない．財政支出の拡大を考える．IS 曲線は右にシフトするが，そのままでは利子率が上昇して，資本収支が黒字になり，為替レートを一定に維持できない．貨幣供給を増加させて，利子率の上昇を抑えることで，為替レートの制約は満たされる．結局 LM 曲線が E_1 を通るところまでシフトするため，政府支出 G の拡大は利子率の上昇なしに，Y を拡大させる．その乗数効果は，単純なケインズ・モデルと同様，（限界貯蓄性向＋限界輸入性向）の逆数で与えられる．

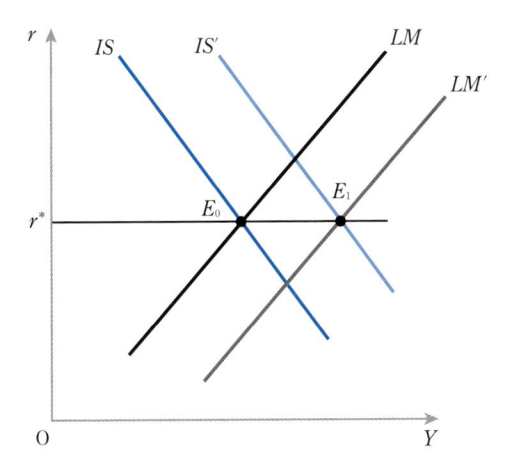

図 10.1　固定相場制度下における財政政策の効果

練習問題

10.1 ある経済において，$C=$ 消費，$I=$ 投資，$Y=$ 国民所得，$T=$ 租税，$r=$ 利子率，$X=$ 輸出，$M=$ 輸入，$L=$ 貨幣需要，Money $=$ 貨幣供給として，次の関係がある。

$C = 0.7(Y-T) + 40$
$I = 160 - 6r$
$X = 70$
$M = 0.1Y + 20$
$T = 0.2Y$
$L = 0.4Y + 100 - 10r$
Money $= 200$

この経済において，完全雇用国民所得水準が500なら，完全雇用を達成するように政府支出を行った場合，財政収支はいくらになるか。

10.2 固定相場制度を前提として，公債発行による政府支出拡大の効果に関する記述として正しいものは，次のうちどれか。

(a) 自国の国民所得は増加し，経常収支が改善するとともに，資本収支も黒字になる。
(b) 自国の国民所得は増加し，経常収支は改善するが，資本収支は悪化する。
(c) 自国の国民所得は増加し，経常収支は悪化するが，資本収支は改善する。
(d) 自国の国民所得は増加し，経常収支は悪化するとともに，資本収支も悪化する。
(e) 自国の国民所得が増加するかどうかは不確定であり，経常収支，資本収支の動きも不確定である。

10.2　変動相場と財政政策

◆資本移動
あるのか，ないのかが重要な場合分け。

> **財政政策の効果**：資本移動のない場合，財政支出の拡大で IS 曲線は右にシフト，為替レートは減価し，純輸出が拡大，総需要をさらに刺激する。

◆近隣窮乏化政策
為替を人為的に切り下げて，純輸出を拡大する。外国に失業を輸出。

◆資本移動が完全な場合（小国のケース）
財政政策は無効，財政支出の拡大により利子率が上昇すると，資本流入が起こり，為替が切り上がり，純輸出が減少する。このケースでは，金融政策が有効。

> **政策協調**：各国が政策的に協調して，互いの利益になるように，財政，金融，為替政策を調整する。

◆マクロの IS バランス
マクロ経済全体の貯蓄投資の恒等関係式から，経常収支の動きを論じる。
　　民間の貯蓄投資差額＝政府の財政赤字＋経常収支の黒字

例題 10.3

資本移動が完全な世界で，変動相場制度における財政政策の効果を，金融政策の効果と比較しながら説明せよ。

【解答】

変動相場制度の場合，為替レートの予想が問題となる。予想為替レートと外国の利子率を一定とすれば，利子裁定式より，利子率と為替レートとは負の関係になる。IS-LM の図を書くと図 10.2 のようになる。均衡点で経常収支が黒字であれば，対外純資産が増加し，貨幣市場で超過需要をもたらす。長期均衡では，IS 曲線と LM 曲線の交点で経常収支の均衡が達成される。

政府支出の拡大で IS 曲線が右上にシフトすると，為替レートが増価して，利子率が上昇する。これに対して，貨幣供給の増加は，LM 曲線を右下方にシフトさせ，国民所得の増加と利子率の減少をもたらす。

長期的には財政政策は無効であり，金融政策は有効になる。これは，変動レート制度でも長期的に利子率が外生的に所与となる状況を想定している。この場合，財政政策によって IS 曲線がシフトしても，金融政策が所与である限り，LM 曲線がシフトしないから，やがては為替レートの調整によって IS 曲線がもとのところまで戻ってしまう。これに対して，金融政策の場合

(1) 財政政策の効果　　　　(2) 金融政策の効果

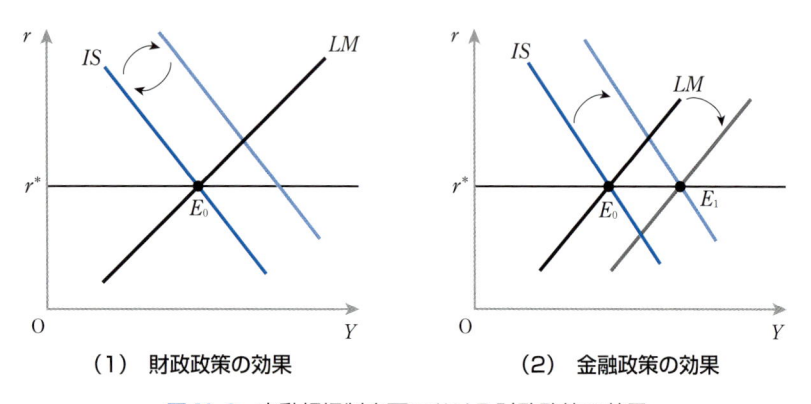

図 10.2　変動相場制度下における財政政策の効果

には，*LM* 曲線のシフトによる為替レートの調整が，*IS* 曲線を拡張的な方向にシフトさせ，長期的に拡張的な効果をもたらす．

― 練 習 問 題 ―

10.3 資本移動が全然行われていない世界を想定しよう．このケースでは，変動相場制度における財政政策の効果は，どうなるか．

10.4 変動相場制度における公債調達による政府支出の拡大の効果について，正しいのは次のうちどれか．
 (a) 資本移動がない場合，自国の国民所得は増加しない．
 (b) 資本移動がない場合，自国の国民所得はかなり大きく増加する．
 (c) 資本移動のあるなしにかかわらず，自国の国民所得は同じ程度増加する．
 (d) 資本移動がある場合のほうが，ない場合よりも，国民所得の増加は大きい．
 (e) 資本移動がある場合，自国の国民所得は減少する．

10.5 *IS* バランス論に関する記述のうち，正しいのは次のどれか．
 (a) *IS* バランス論は，国民経済計算の三面等価の原則に基づき，生産，分配面の GDP と支出面の GDP が，恒常的に等しいという関係を用いている．
 (b) 経常収支の黒字は，民間部門の投資超過と対応している．
 (c) 財政赤字が拡大すれば，ほかの条件が変化しなければ，経常収支の黒字も拡大する．
 (d) 財政赤字が拡大すれば，ほかの条件が変化しなければ，民間の貯蓄超過は縮小する．
 (e) マクロの *IS* バランスの関係は，完全雇用の国民所得の水準でしか成立しない均衡条件である．

10.3 国際課税

◆国際課税の2つの原則

(1) **源泉地主義**：自国内で生じた所得に対しては，その稼得者，所有者の居住地などを問わず，これに課税する。
(2) **居住地主義**：自国の居住者（居住者個人および内国法人）の稼得する所得については，その所得の源泉地を問わず，これに課税する。

1. **二重課税の調整**：外国税額控除。
2. **移転価格税制**：国内企業が国外の関連企業との取引で，通常の取引価格とは異なる価格を用いて，課税所得を操作した際に，適正な課税所得を再計算する制度。
3. **タックス・ヘイブン税制**：タックス・ヘイブン（租税回避に利用される

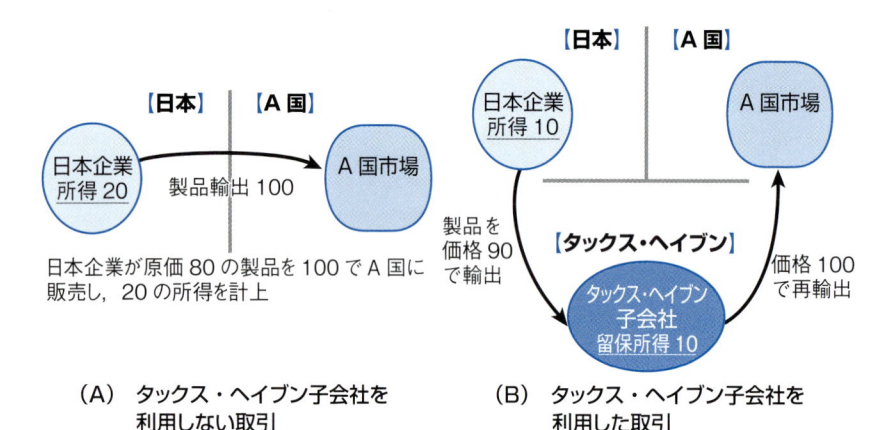

(A) タックス・ヘイブン子会社を利用しない取引

【日本】日本企業 所得20 ― 製品輸出100 → 【A国】A国市場

日本企業が原価80の製品を100でA国に販売し，20の所得を計上

(B) タックス・ヘイブン子会社を利用した取引

【日本】日本企業 所得10 ― 製品を価格90で輸出 → 【タックス・ヘイブン】タックス・ヘイブン子会社 留保所得10 ― 価格100で再輸出 → 【A国】A国市場

(注) 1. タックス・ヘイブン税制：本邦企業がタックス・ヘイブンに設立した子会社に留保された所得（(B)図では10）を本邦親会社の所得に合算して課税する。
2. 海外子会社の留保所得を，その持分に応じて，親会社の所得に合算して課税する。
(出所) 内閣府HP
http://www.cao.go.jp/zeicho/siryou/pdf/kiho19a.pdf#page=22

図10.3 タックス・ヘイブン税制の仕組み

軽課税国）を利用した国際的な租税回避を防止する制度（図10.3）。

例題 10.4

関税のコストと輸入制限のコストを比較せよ。

【解答】
　関税の場合には，一定の関税を上乗せすれば，いくらでも輸入することができる。しかし，輸入制限の場合には，ある与えられた数量しか，輸入できない。この点では，両方の政策は異なるように思われる。が，どちらも自由貿易の場合よりも，輸入量を抑制して，国内価格を上昇させる点では同じであり，結果としての輸入量が同じであれば，どちらの政策を用いても，同じ大きさの経済厚生上の損失が生じる。

　図10.4(1)では，関税政策を描いているが，この場合国内価格は関税分上乗せされて，P^*となる。このもとで輸入量は AB となり，関税収入 $ABCD$ を上回る消費者余剰の減少分，すなわち三角形 ACF と BDG がコストとなる。

　輸入制限の場合には，図10.4(2)に描いているように，最初 AB の大きさの輸入量が割り当てられると，国内価格はやはり P^* となり，消費者余剰は

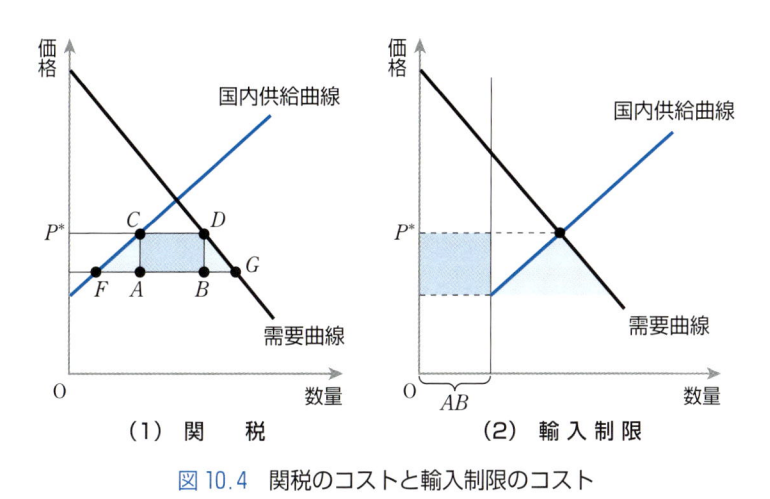

図10.4　関税のコストと輸入制限のコスト

関税政策のときと同額だけ減少する。したがって、経済厚生上のコストも、関税政策の場合と同じである。関税収入の代わりに、輸入量だけ国内価格と国際価格との差額分の販売によって超過利潤が生じる。政府がこれを得る場合もあれば、輸入業者がこれを得る場合もある。いずれにしても、国民経済全体にとってのコストは同じになる。

---- 例題 10.5 ----
資本所得の国際的な二重課税の調整について、述べよ。

【解答】
　居住地主義と源泉地主義の重複、競合による二重課税については、外国税額控除制度がある。これは、外国で納付した所得に対する税額を、国外から生じた所得に対応するわが国での税額（外国税額控除の控除限度額）を限度として、わが国で納付すべき税額から税額控除するものである。控除限度額の設定によって、少なくとも国内源泉所得に対応する税額については、わが国での納税が確保されていることになる。

　また、間接外国税額控除制度もある。これは、持ち株比率25%以上の外国子会社が納付した外国法人税額のうち、親会社である内国法人が受け取る配当に対応する金額を、当該配当の金額とあわせて内国法人の所得に算入するとともに、内国法人が納付した外国税額とみなして、外国税額控除の対象とするものである。

　二重課税を調整するために、当該2国間での租税条約が結ばれる。通常は、源泉地主義をベースとし、二重課税の調整が図られている。その際、国内の居住者の所得と非居住者の国内源泉所得を、課税上差別しないという無差別ルールが適用される。また、相互主義に基づいて租税条約が締結される。

　二重課税を調整する代表的な方法が、外国税額控除である。外国税額控除制度は、自国の居住地国課税が他国の源泉地国課税と競合する場合に、他国の源泉地国としての課税権を優先することによって課税権の競合を調整しよ

うとする制度である。

しかし，源泉地国の税率が高いと，外国で支払った税額が自国で納付すべき税額を上回るようになり，二重課税を完全には調整できない。さらに，外国税額控除を受けるための申告手続きに要する人的時間的コストといった納税コストや，源泉徴収から外国税額控除までのタイム・ラグから生じる機会費用を考慮すると，外国税額控除は外国での源泉徴収免除よりは，納税者にとっては不利となる。

外国税額控除を採用しない場合には，外国で納付した税額はわが国での課税所得算定上，経費として損金算入されるにとどまる（＝外国税額免除方式）。この場合には，国際的二重課税が完全に調整されることにはならない。このほか，居住地国において国外所得に対する課税権を放棄する国外所得免除方式がある。

―― 例題 10.6 ――
移転価格税制について説明せよ。

【解答】
国際的な企業活動が盛んになるにつれて，法人課税が企業活動に及ぼす国際的な影響も重要なものとなっている。とくに，移転価格やタックス・ヘイブンを利用して，所得を法人税の低い国に配分する動きや，企業活動の立地先として，法人税率の低い国を選択する動きがみられる。移転価格とは，関連会社間の取引を正常な対価（独立当時者間取引における対価）とは異なる価格で行うことにより，所得移転を図るものである。

多国籍企業の国際的な取引では，たとえば，自国企業の国内部門が同企業の外国支店から製品を購入する際に，その価格が市場価格よりも高い場合には，自国企業から外国支店への支払いが過大となり，自国企業の国内所得が圧縮されて，外国支店の所得が増加する。その結果，自国企業の国内部門から外国支店に対して利益の移転が行われたことになり，自国の課税ベースが

小さくなる。これが移転価格を用いた利益操作である。

　こうした課税回避行動に対して，税務当局は企業グループ内部での取引で成立する価格を独立した第三者企業との取引価格と同じ水準とみなすことによって，企業グループの一員を独立企業とみなし，その国内に帰属する所得を算定して，当該自国企業の所得を増額更正する。これが移転価格税制である。移転価格税制では，実際の取引価格と独立企業間価格との関係が問題となるが，とくに独立企業間価格をどう算定するかが最大の問題となる。

例題 10.7

ある小国の IS バランスに国際課税が与える効果について，説明せよ。

【解答】
　源泉地主義，居住地主義課税の経済的効果は，別の見方をすると，投資に対する課税か貯蓄に対する課税かという観点からも，整理することができる。源泉地主義は，収益が発生する際に課税するのであるから，投資収益に対する課税であり，居住地主義は投資収益を回収した経済主体に課税されるのであるから，貯蓄収益に対する課税であると考えることができる。上でも述べたように，閉鎖経済であれば，貯蓄と投資は等しいから，どちらの課税原則も同じ効果を持っている。しかし，開放経済であれば，ある国の貯蓄と投資は均等化する必要はないから，源泉地主義と居住地主義は異なる経済的な効果を持つ。

　一国全体での貯蓄と投資の差額は，その国の経常収支の大きさを示している。いま，ある小国の経常収支が図 10.5 のように決められるとしよう。この国の貯蓄 S は世界利子率 r の増加関数であり，投資 I は r の減少関数であるとする。世界利子率がある水準（r_F）で与えられると，それに対応するその国の貯蓄と投資は均等化するとは限らず，その差額がその国の経常収支となる。いまここで，居住地主義に基づく課税が導入されたとすると，課税後の貯蓄の収益率が減少する分，図 10.5 では S 曲線が左のほうにシフトす

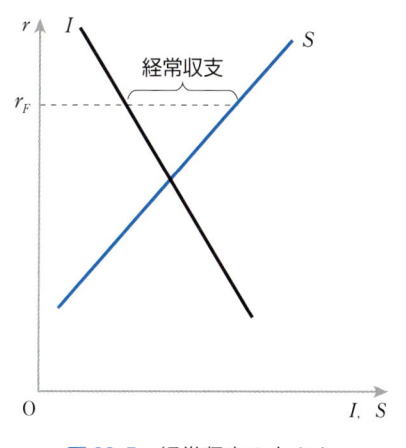

図 10.5　経常収支の大きさ

る。この効果は，貯蓄への課税と同じである。その結果，経常収支の黒字幅は減少する。逆に，源泉地主義に基づく課税が導入されると，投資収益の課税後の収益率が減少するから，I 曲線が左のほうにシフトする。その結果，経常収支の黒字幅は拡大する。すなわち，居住地主義のもとでの課税の強化は経常収支の黒字を縮小させる方向に働くのに対して，源泉地主義のもとでの課税の強化は経常収支の黒字幅を拡大させる方向に働く。

練習問題

10.6 ある小国A国のX財に対する需要曲線が，

$$Q = 450 - 2P,$$

X財の供給曲線が

$$Q = 3P - 100$$

で示される。X財の国際価格が80であるとき，A国はX財に対して1単位あたり20の関税を課した場合と同量の輸入数量になるように輸入割当てを行った。A国のX財産業に独占があった場合，X財の国内価格はいくらになるか。ただし，PはX財の価格，QはX財の需要量または供給量である。

10.7 移転価格税制について説明せよ。

10.8 タックス・ヘイブン税制について説明せよ。

10.9 国内に輸入代替産業があるとき，輸入関税のもたらす効果として正しいのは，次のうちどれか。

 (a) 関税は，一般的に消費者と外国の生産者とで負担される。
 (b) 関税は，すべて外国の生産者に負担される。
 (c) 関税によっても，国内の生産者の利潤は変化しない。
 (d) 関税により消費者の余剰は減少するが，国内の生産者の利潤が増加するので，社会全体としての利益は一定のままである。
 (e) 関税により，消費者の余剰の減少を上回るだけの国内の生産者の利潤の増加および税収の増加は，必ず生じない。

10.10 外国子会社配当益金不算入制度について説明せよ。

10.4 グローバル経済での財政運営

◆財政への信認低下による世界経済への影響

2009年にはじまったEUでの金融危機には財政破綻の懸念が関わっている。一国の財政赤字によって世界経済にも悪影響が生じるなど，財政運営も国際化している。

> **GIIPS諸国**：ユーロ圏に加盟する国のうち，財政状況の悪化が懸念される5カ国（ギリシャ，アイルランド，イタリア，ポルトガル，スペイン）は，その頭文字をとって「GIIPS諸国」と呼ばれている。

表10.1 GIIPS諸国の財政状況

実質GDP成長率

	2008	2009	2010	2011	2012
ギリシャ	−0.2	−3.2	−3.5	−6.9	−5.3
アイルランド	−3.0	−7.0	−0.4	0.7	0.6
イタリア	−1.2	−5.5	1.8	0.5	−1.7
ポルトガル	0.0	−2.9	1.4	−1.6	−3.2
スペイン	0.9	−3.7	−0.1	0.7	−1.6
（参考）日本	−1.1	−5.5	4.5	−0.7	2.0

財政収支対GDP比

	2008	2009	2010	2011	2012
ギリシャ	−9.9	−15.6	−10.5	−9.2	−7.4
アイルランド	−7.3	−14.0	−31.2	−13.0	−8.4
イタリア	−2.7	−5.4	−4.5	−3.8	−1.7
ポルトガル	−3.7	−10.2	−9.8	−4.2	−4.6
スペイン	−4.5	−11.2	−9.3	−8.5	−5.4
（参考）日本	−3.0	−8.8	−8.7	−9.3	−9.2

債務残高対GDP比

	2008	2009	2010	2011	2012
ギリシャ	118.7	134.0	149.6	170.0	168.0
アイルランド	49.5	71.1	98.4	114.1	121.6
イタリア	114.6	127.7	126.5	119.7	122.7
ポルトガル	80.7	92.9	103.2	117.6	124.3
スペイン	47.7	62.9	67.1	75.3	87.9
（参考）日本	171.2	188.8	192.7	205.5	214.1

（出所）OECD "Economic Outlook 91"
（注）1．財政収支・債務残高は，一般政府（中央政府，地方政府，社会保障基金を合わせたもの）ベース。ただし，日本の財政収支については，社会保障基金を除いた値。
2．日本の財政収支は，単年度限りの特殊要因を除いた値。
（出所）財務省「日本の財政関係資料」（平成24年9月）p.26

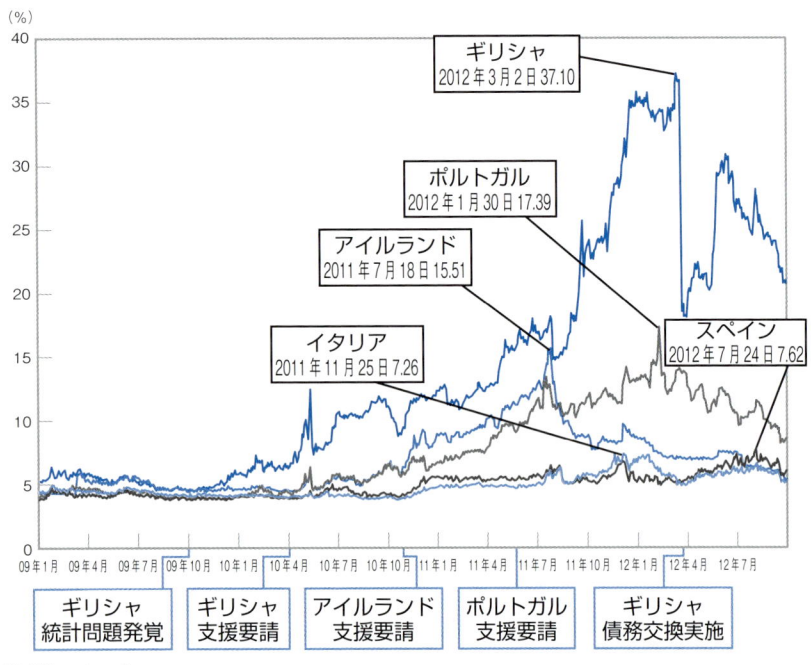

(資料) Bloomberg
(注) アイルランド10年国債は現在市場に流通していないことから，本グラフではアイルランド9年債の利回りを使用している。
ギリシャ国債は，民間債権者との債務交換に伴い，2012年3月12日より交換後の新発債にて取引が行われている。
本資料では2012年3月12日以降，2023年償還のギリシャ国債の金利を使用しており，債務交換前と比較して低くなっている。
(出所) 財務省「日本の財政関係資料」（平成24年9月）p.25

図10.6　GIIPS諸国における国債金利の急激な上昇（2012年9月18日現在）

　GIIPS諸国の国債金利は，2010年4月のギリシャのEU，IMFへの支援要請以後，数度にわたる債務問題の顕在化を経て急激に上昇している（表10.1）。

◆自由貿易への対応

　WTO，FTA，関税の引下げ交渉。

> **国際公共財**：国際的に波及効果のある公共財の負担問題，地球温暖化対策への財政負担，国際機関への分担金。

10.4 グローバル経済での財政運営

◆国際的リスクへの対応

自然災害リスク，テロなど安全保障リスク，金融危機など経済リスク，財政面での備え。

例題 10.8

2010年の欧州債務危機は財政面からどう解釈できるか。

【解答】
　ギリシャは長年の放漫財政から国の信用が失墜しており，欧州連合（EU）や国際通貨基金（IMF）の資金援助でなんとか延命してきた。しかし，緊縮財政や構造改革を怠っていることに対して，EUから強い形で改革の実施を強いられている。ギリシャ危機についてはさまざまな見方があるが，一括補助金とひも付き補助金の相違という視点で解釈することもできる。

　EUはギリシャが労働市場の流動化などの構造改革，公務員人件費や年金給付の削減などの財政緊縮策と引替えであれば支援する。これは「カネも出すが口も出す」という条件付き，ひも付きの支援である。これに対して，ギリシャ国民はEUからの財政支援を期待しているが，それを自由に使いたいと考えている。緊縮財政を実施しないで，EUからの資金援助で当座の借金返済をしのぎたい。口を出さない一括補助金での支援なら受け入れるが，条件付きの援助には拒否反応が強い。

　ギリシャがユーロから離脱するのは，子どもが親子の縁を切るのと似ている。親にとっても子どもと縁を切るのは，避けたい。したがって，子どもが援助のお金を浪費して，困窮した場合，親は子どもと縁を切るよりは，もう一度子どもが更生するだろうという甘い期待で，さらに子どもを援助してしまう。子どもはそれを見越して，最初から浪費に走る。いざとなれば，親が追加の援助で助けてくれるだろうと考えている。

　ギリシャ国内で緊縮財政に反対する国民は，緊縮財政をしなくても，ユーロの離脱は避けられると考える。そうであれば，無理して緊縮財政を実行す

ることはない。これは，援助を受ける側でモラル・ハザードをもたらす**ソフトな予算制約**と呼ばれる現象である。ギリシャ危機の混迷は，ソフトな予算制約を克服する困難さを物語っている。

●クローズアップ　通貨統合の制約

　EUがヨーロッパ通貨統合の参加条件として，財政赤字の削減を設定したのは，ある国の財政赤字の拡張がほかの諸国に負の外部性を与えるからである。これには，以下の5つの効果が考えられる。
(1)　ある国の公債水準が維持可能でないレベルまで上昇すれば，ほかの参加国もその危機を回避するために，ある程度の財政支援をせざるをえなくなる。これは，それぞれの参加国に財政赤字を意図的に大きくさせるモラル・ハザードの誘因を与える。
(2)　通貨統合による金融の相互依存関係のために，ある国の財政危機はEU全体の金融システムにも悪影響を与える。
(3)　ある国が過度に公債を発行すると，金利が上昇して，他国の利払費も上昇する。これは財政赤字を拡大させて，中長期的に増税の圧力になる。
(4)　もし投資家がそれぞれの国の本当の財務状況について不確実であれば，財務状況のよい国は信頼できる均衡予算原則を自らに課すことで，財務状況の悪い国にはできない財政規律を示すことになり，投資家に自国が財務状況のよい国であるとシグナルを送ることができる。
(5)　経済的動機は別にしても，物価の安定に強い選好を持つ国にとっては，政治的理由で均衡予算原則を通貨統合の参加条件に課す誘因がある。財政赤字の大きい国を通貨統合から排除することで，より財政赤字の小さな国の選好＝物価の安定を金融政策で実現しやすくなる。

　こうした制約もあって，通貨統合時には各国の財政赤字は縮小した。しかし，一端通貨統合が実現した後では，財政赤字の拡大傾向もみられる。通貨統合後の財政規律をどう維持するかは，重要な課題になっている。

例題 10.9

環境税を南北問題の視点で議論せよ。

【解答】

21世紀の大きな課題は、環境問題である。1997年に京都で地球環境問題に関する国際会議が開催され、CO_2 の排出量を削減するための包括的な取り決め（京都議定書）が締結された。わが国もこの取り組みに積極的にコミットしてきたが、アメリカや中国が参加しなかったため、有効に機能したとはいえなかった。実際に CO_2 の排出抑制をどれだけ、また、どのような手段で行うのかは、大きな政策課題である。

経済が発展して豊かな国になるにつれて、環境への配慮に対する関心がより強くなる。また、最近一部のヨーロッパ諸国では環境税が導入されており、ほかの地域でも協調して環境税を導入しようという動きもみられる。これに対して、途上国では環境よりもまず経済的な開発や貧困の解決が優先順位として高く、環境保全に消極的な対応がみられる。これは、いままで先進諸国が環境を犠牲にして発展してきたつけを、今度はこれから発展しようとする途上国にも負担させられるのでは不公平である、という途上国からの反発もその背景にある。これが、地球環境保全に関する南北問題である。

炭素税など環境税の導入は温暖化などの地球環境問題への対応であり、国際的な波及効果の大きい政策である。わが国が環境税を導入して、エネルギーの消費を抑制すると、それによって便益を受けるのは、わが国ばかりではなく、東アジアのほかの国も同様である。逆に、たとえば中国が環境対策をおろそかにして、経済発展至上主義でエネルギーの消費を拡大し続けると、中国のみならずわが国にとっても環境の悪化というコストを被る。したがって、日本だけが環境税を導入すると、中国は得をし、その結果ますます中国の環境対策がおろそかになると、日本はかえって環境税の導入によって損をするかもしれない。

このような現象は、ゲーム理論でいう囚人のディレンマの状態であり、互

いに利己的な利益のみで環境対策をやろうとすると，まじめに環境対策をやる国が結果として損をするから，どの国も環境対策をしなくなってしまう。こうした互いに不幸な状況から抜け出すには，国際的に協調して環境税などの導入を実施することが必要となる。

● クローズアップ　地球温暖化対策税

　課税による経済的インセンティブを活用して化石燃料に由来する CO_2 の排出抑制を進めるとともに，その税収を活用して再生可能エネルギーや省エ

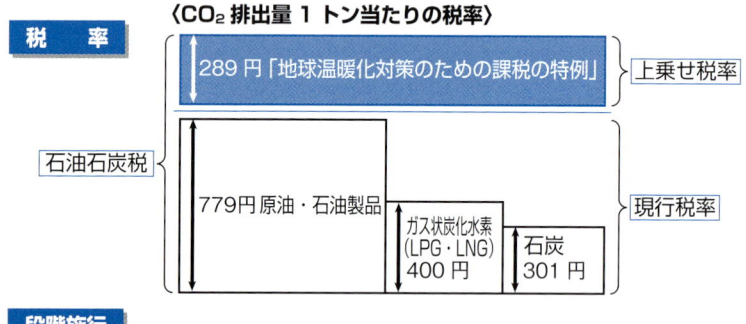

税率　〈CO_2 排出量1トン当たりの税率〉

289円「地球温暖化対策のための課税の特例」　上乗せ税率

石油石炭税　779円 原油・石油製品　ガス状炭化水素（LPG・LNG）400円　石炭 301円　現行税率

段階施行

課税物件	現行税率	2012年10/1～	2014年4/1～	2016年4/1～
原油・石油製品 [1kℓ当たり]	(2,040円)	+250円 (2,290円)	+250円 (2,540円)	+260円 (2,800円)
ガス状炭化水素 [1t当たり]	(1,080円)	+260円 (1,340円)	+260円 (1,600円)	+260円 (1,860円)
石炭 [1t当たり]	(700円)	+220円 (920円)	+220円 (1,140円)	+230円 (1,370円)

※（　）は石油石炭税の税率。

税収　初年度：391億円／平年度：2,623億円

➡ 再生可能エネルギー大幅導入，省エネ対策の抜本強化等に活用

全化石燃料に対して CO_2 排出量に応じた税率（289円／CO_2 トン）を上乗せ。
2012年10月から施行し，3年半かけて税率を段階的に引上げ。
税収は，我が国の温室効果ガスの9割を占めるエネルギー起源 CO_2 排出抑制施策に充当。
（出所）　環境庁 HP
　　　　　http://www.env.go.jp/policy/tax/about.html

図10.7　「地球温暖化対策のための税」について

ネ対策を始めとするエネルギー起源 CO_2 排出抑制対策を強化するために，平成 24 年度税制改正において「地球温暖化対策のための税」が創設された。この地球温暖化対策のための税（「地球温暖化対策税」）は，石油・天然ガス・石炭といったすべての化石燃料の利用に対し，環境負荷に応じて広く薄く公平に負担を求めるもので，2012 年 10 月 1 日から段階的に施行される。

練習問題

10.11 次の文章のうちで正しいものはどれか。
(a) グローバル化が進展すると，各国の産業構造も均一化して，人々の選好も似てくるので，国際的紛争処理に必要な財政需要も減少する。
(b) 地球環境保全に対する取り組みでは環境税の導入も有力な選択肢であるが，総じて，先進諸国よりも途上国のほうが積極的な姿勢がみられる。
(c) 国際公共財とは，ある国の支出がその国のみの便益となるものである。
(d) EU の財政危機は，ドイツやフランスなど経済，政治の主要国のほうが，ギリシャやポルトガルなどの周辺国よりも深刻である。
(e) EU にみられるように，通貨統合など金融面での統合と比較すると，税制や社会保障制度を各国間で統合するのは困難である。

10.12 1997 年の京都議定書について，正しいものは次のうちでどれか。
(a) EU，日本だけでなく，アメリカや中国も締結した。
(b) 先進国の温室効果ガス排出量について，法的拘束力のある数値目標を各国ごとに設定した。
(c) 途上国に対しても，温室効果ガス排出量について数値目標などの新たな義務を導入した。
(d) 排出枠（割当量）が設定されている先進国の間で，排出枠の一部の移転（または獲得）を認める排出権取引制度が導入された。
(e) 1990 年を基準年として 2008 年から 2012 年までに温室効果ガス排出量を削減する目標を国別に定めたが，日本の削減率は − 6 % で先進国で最大規模となった。

コラム　天然資源の経済効果

　BRICS（ブラジル，ロシア，インド，中国，南アフリカ）という国々に代表されるように，資源や人口，領土の大きな国が成長すると，世界の政治経済にも大きな存在感を与える。しかし，一方でアフリカなどでは，豊富な天然資源を持ちながら，それを活用できないで停滞，混迷している国も多い。人口や資源，領土の大きな国が必ずしも経済的に有利ともいえない。また，小さな国が貧しいともいえない。たとえば，シンガポールは天然資源，人口，地理的にもアジアの小国であるが，経済的には活力ある発展を遂げている。水という生存に不可欠な天然資源にも乏しい小国が，外国から優秀な人材を集めて，わが国をしのぐ勢いで成長している。

　たしかに，ある国が天然資源を多く保有することは，一般的にはその国の利得になる。アラブ産油国が国際的に大きな影響力を持っているのも，その領土に大量の油田を抱えているからである。歴史的にみると，戦争の原因の一つは，こうした資源を獲得する際の各国（あるいは自国内）の利害対立であった。また，海洋資源を確保する上で，自国の占有支配地域を広げる動きは，200海里の経済的占有権として現実にも多くの紛争・対立をもたらした。わが国周辺だけをみても，北方領土問題や尖閣諸島問題など領土に関する紛争・対立には，経済的要因も大きい。

　しかし，天然資源を多く持っていることは，常に望ましいともいえない。なぜなら，その所有や使用に関して，国際間，国内で対立や紛争，混乱を引き起こしやすいからである。また，自国の保有している天然資源を有効に利用するには，それなりの投資が必要である。しかし，そうした投資に肩入れしすぎると，サンクコスト（埋没費用）になってしまい，ほかへの転用が難しくなる。

　とくに，天然資源に対する需要の先行きは不確実なケースが多いにもかかわらず，自国にその資源が多くあるという理由だけで，偏った投資をする傾向がある。その結果，その天然資源の経済的価値が下落すると，被る打撃も大きい。逆に，天然資源に恵まれていない国は，人的投資など自前で努力をすることでその国の経済資源を創造せざるをえない。そうした努力は常に報われるわけでもないし，厳しい国際競争にさらされる。しかし，人的資源の場合は，需要の変化に応じてそのスキルの対象を変えることもできるから，天然資源よりもリスク変動に強い。

コラム　領土問題の経済学

　失われた領土を回復することは，経済学の視点からみても当然メリットが多い。安全保障上は，領土が拡大するので，わが国全体の安全に寄与する。また，天然資源を獲得できるのも，経済的に有利である。しかし，デメリットもある。領土が拡大すれば，それを防衛するための費用も増加する。特定の天然資源にコミットしすぎると，長期的にはマイナスになるかもしれない。さらに，そこに新しく居住する人に対する財政的な支援も重荷になる。

　1990年に，旧東ドイツが西ドイツに吸収されて統一ドイツが誕生したが，東ドイツの復興に膨大な財政負担を強いられている。一般的にいえば，拡大した（新）領土の経済的環境はよくない場合が多いので，財政的負担は多額になる。それに見合うだけのメリットがあるのかどうか，冷静に判断する必要がある。

練習問題解答

1 財政学の考え方

1.1 政府の経済活動には3つの特徴がある。政府は，税金や公債を発行して得た資金で，政府支出を行っている。政府の徴税は，強制的なものであり，違法な租税回避行動は脱税として罰せられる。強制的な公権力による介入というのが，財政活動の第1の特徴である。

　また，市場では，価格を媒介として，需給が調整されるが，政府の場合には，選挙を通じて，納税者の意思が反映されるシステムになっている。民主主義社会では，納税者は1人1票で平等の権利を持っており，結果として，中位投票者の意思が反映されることが多い。これが政府活動の第2の特徴である。市場では，所得の多いものが，より多くの力を持っている。また，企業の意思決定はより多くの株を持つ株主によって決定される。

　市場では，家計は，自由に株を売買できる。どの企業から財を購入するか，どの企業に労働を供給するかは，自由である。しかし，政府の場合には，家計が自由に政府を選択できる可能性は小さい。地方政府間の場合には，地域を選択できるが，国際的な人の移動には大きなコストが存在するだろう。この点が，政府の財政活動と民間の経済活動との第3の相違である。

1.2 財政の機能は，資源配分上の機能，所得分配上の機能，安定化の機能の3つに分けられる。所得再分配機能は次のような理由で正当化される。市場が完全であり，資源配分が効率的に行われても，必ずしも理想の経済状態が達成されるわけではない。人々の経済的な満足度は初期の資産の保有状態に依存している。最初に資産をいくら持っているか，どの程度の質の労働を供給できるか，これらはその人個人の経済活動の以前に決まっているケースが多い。市場メカニズムが完全であっても，不平等格差は生じる。結果をどの程度均等させるかはともかく，政府がある程度，所得や資産を再分配することは，機会の均等という観点から，多くの人々の価値判断として，もっともらしいだろう。

1.3 外生的なショックがあると，市場メカニズムが完全であっても，短期的には労働や資本の不完全雇用が生じる。まして，現実には価格の硬直性や独占などの弊害に

より，大きな影響が生じる。政府が外生的ショックの悪影響を緩和するため，経済的に介入するのは，正当化されよう。

　安定化政策として，政府の役割を強調するのは，ケインズ的な立場であり，景気の変動を緩和し，失業のコストを最小にする上で，大きな役割を果たしてきた。より合理的な経済主体の行動を前提とする新古典派的な立場では，安定化政策としての政府の役割はあまり大きくない。

1.4 　(c)。市場メカニズムの補定に徹するのが政府の役割である。

1.5 　(d)。自動安定化機能である。

1.6 　夜警国家は，政府の役割を最小限のものとしてとらえ，市場機構の円滑な運営に必要なものに限定する考え方であり，アダム・スミス以来の古典派の立場を代表している。スミスによると，政府の義務として，以下のものが指摘されている。

(1) 　その社会を，ほかの社会の暴力と侵入から保護する義務。

(2) 　その社会の各構成員をほかの構成員の不正，抑圧から保護する義務。

(3) 　一定の公共施設を設立して維持する義務。

　すなわち，政府の役割を，市場経済では不十分にしか供給されない純粋公共財の供給に限定する考え方である。

1.7 　(c)。

1.8 　ミルは財政学を経済学の応用として体系づけようとした最初の体系的な経済学者であり，財政学の学問としての統一的な発展に大きな功績を残している。ミルの「経済学原理」第5編『政府の影響について』では，課税の原則，公債の経済的効果が述べられている。すなわち，直接税が間接税よりも効率性，公平性の面で優れていることから，直接税中心の税制を主張し，同時に，補完的な間接税の7つの規則を述べている。また，社会改良主義の立場から，労資協調を理想とした政府の一般的便宜を議論している。

1.9 　ワグナーは，ドイツの国家社会主義を理想とする公共経済の理念と財政制度の論理的根拠を体系的に議論した。民間自由経済の技術的な不十分性から，国家による社会経済的不均衡の調整を説き，公共支出の増大の法則，近代的租税原則，直接税を中心とする複税制度，不生産的公債（赤字公債）の制限など，ドイツ財政学の支配的な学説として，大きな影響を与えた。

1.10 　マスグレイブは，政府の政治的機能を前提として，社会経済的機能に重点を置き，資源配分，所得分配，安定の3つの機能を分類している。現代の財政学の基本的な考え方を集大成したものである。マスグレイブによって，ケインズ的なマクロ財政政策や，ミクロ的な公共財の理論などバラバラなトピックが，3つの機能としてまと

められたことで，財政学は，経済学の重要な応用分野として，学問的にも体系化されたといえる。また，機能的な分化を主張し，資源配分の観点からみた公共財の水準の決定と，公共部門の所得分配にしめる機能とが，完全に分化できると議論している。

1.11 現代の財政学の理論的な枠組みを与える考え方であり，代表的な個人の経済厚生である効用を最大にするような政府の政策のあるべき姿を分析しようとするものである。厚生経済学に基礎をおいて，財政学の分野でも，いくつかの重要な研究成果も得られている。とくに，利益説的なアプローチの重要性やミクロ的な誘因効果の分析，政治プロセスの研究などは，大きな影響を与えている。全体として，社会契約的な国家観と個人主義的なアプローチで，財政の機能を議論している。

1.12 ブキャナンは，民主主義のメカニズムを経済学の分析に取り入れて，財政政策の問題点を指摘して，ノーベル経済学賞を受賞した公共選択学派の中心的な存在である。経済政策を議論する際には，ケインズがそうであったように，通常は，政府は正しい情報を持ち，自由に最適な対応ができるという想定で分析を進める。しかし，現実には，財政は政治と密接に関わっており，財政支出の拡大は容易でも削減には強い抵抗があり，また，減税は簡単でも増税には大きな抵抗がある。結果として，公債の発行にバイアスが生じて，赤字財政が拡大していくというのが，ブキャナンのケインズ批判である。公債発行は，増税と違って国民にとっての痛みが小さく，公共財の負担のコストが小さく感じられる（財政錯覚）。したがって，民主主義のもとでは，人々は政府支出に対する需要を拡大させ，資源が無駄に使われると，ブキャナンは考える。それに対する有効な対応は，均衡財政を制度的な歯止めとして，（たとえば憲法に）組み込むことであるとしている。

1.13 (d)。供給サイドを重視して，財政政策の長期的な効果を定量的に検討している。

1.14 (b)。ケインズ経済学はマクロの財政政策を重視した。

2 予算制度

2.1 予算の目的は，歳出と歳入を明確な形式で記録し，これを広く国民へ公開することである。予算の機能としては，3つある。
(1) 公示機能：明確に政府の財政活動の内容を国民に公開している。
(2) 統制機能：予算が一定の形式で表示され，財政法による法的制約を受けていることで日常の業務遂行のルールを示すことになる。
(3) 計画機能：特定の政策目標のために資金と資源の配分を示している。

2.2 一般会計，特別会計，政府関係機関予算の区別は次の通りである。

(1) 一般会計と特別会計：国の一般の歳入歳出を経理する会計を一般会計と呼ぶ。国が特定の事業を営む場合，あるいは特定の資金を保有してその運用を行う場合，一般の歳入歳出と区別して経理する会計を特別会計と呼ぶ。

(2) 政府関係機関予算：特別の法律によって設立された法人で，その資本金が全額政府出資であり，予算について国会の議決を必要とする機関（政府関係機関）の予算。

本予算，暫定予算，補正予算の区別は次の通りである。

① 本予算：一般会計，特別会計，政府関係機関，各々の予算は，一体として国会の審議・議決を経て，通常当該年度開始前に成立する。この予算を本予算という。

② 暫定予算：何らかの理由で年度開始までに国会の議決が得られず本予算が成立しない場合，本予算が成立するまでの必要な経費の支出のために暫定的な予算。

③ 補正予算：必要やむをえない場合，国会の議決を経て当初の本予算の内容を変更する予算を組む場合の予算。

2.3 (b)

2.4 (b)

2.5 (a)

2.6 財政法第30条では「必要に応じて，一会計年度のうちの一定期間に係る」暫定予算が組めることになっている。本予算が成立した段階で，暫定予算の効力は直ちに失われる。そして，暫定予算ですでに行った支出または債務の負担は，本予算に基づいて行ったものとみなされる。暫定予算では，政策的な経費は計上されず，法律上の義務的な経費などに限定される。

2.7 決算は，各省庁が所管の決算を策定し，7月末までに財務大臣に決算報告書を送付する。それに基づいて，財務大臣が歳入歳出の決算を作成し，11月末までに会計検査院に送る。会計検査院は，これを検査，確認し，検査報告書を作成する。会計検査院は予算の執行状況を実地検査して，12月に内閣に報告する。内閣は，検査報告書とともに，決算を翌年度の国会に提出する。この際，歳入決算明細書，各省庁の歳出決算報告書，継続費決算報告書，国の債務に関する計算書が添付されることになっている。

2.8 アメリカの予算制度は，わが国とはかなり異なっている。予算は，複数の法律として成立する。歳出については，経常予算権限による裁量的経費に係るものと恒久的予算権限による義務的経費に係るものとがある。前者は，毎年法律（13本）が必要であり，後者は一度授権法で定められると，毎年自動的に支出が認められるもので

表解 2.8　日本とアメリカの予算制度の比較

項　目	日　本	アメリカ
1. 予算等の区分	●国の予算は，一般会計予算および特別会計予算からなり，このほか政府関係機関の予算がある。 ●国の財政投融資にかかるものとしては，財政投融資計画がある。	●連邦予算は，連邦政府の所有にかかる資金を経理する連邦資金と連邦政府に信託される資金を経理する信託資金からなる。
2. 会計年度	●4月〜3月	●10月〜9月（年度末の属する年をもって年度名とする）
3. 予算の法形式	●法律とは異なる議決形式である「予算」として成立。 ●歳出・歳入とも議決の対象。	●通常13本の法律（歳出予算法）として成立する。 ●歳入は単なる見通しとして提示されるにすぎない。
4. 予算手続き上の特色	●予算の編成権および提出権は，内閣に専属。 ●予算は先に衆議院に提出。	●大統領は毎年初，予算案を議会に提出するが，これは議会への勧告・要請にすぎず，それ自体法案となるものではない。歳出予算法案は，議会において作成。 ●歳入法案を審議する場合は憲法により下院先議，歳出予算法案も慣習により下院先議。

ある。歳入については，歳入法が制定されるのみで，歳入予算は議決されない。歳入見積りは，議会審議の資料として作成されるにすぎない。大統領は毎年初，予算案を議会に提出するが，これは議会への勧告，要請にすぎず，それ自体として法案になるものではない。歳出予算法案は，議会において作成される（表解2.8参照）。

2.9　(c) と (f)

2.10　国を財産権の主体としてみた場合，行政，司法などの機能の主体である国から区別して，とくに国庫といい，国庫に属する現金を国庫金という。国庫金はすべて日本銀行における政府預金となっており，その受け支払いも日銀が一元的に取り扱っている。国庫金全体として余裕が生じれば，短期証券を発行したり一時的借入れを行っている特別会計に使用させたり，資金運用部に預託することもできる。反対に，資金

繰りが苦しくなれば，特別会計などに繰替え使用の返済を求める。さらに，国庫全体に一時的な資金不足になれば，財務省証券を発行して，資金調達することもある。

2.11 財政資金対民間収支は，財政と民間との受払いを示すものであり，日銀の窓口を出入りする国庫金を各会計，資金などに整理した窓口収支と，これに国庫内部の振替収支を加えた実質収支がある。窓口収支と実質収支は，総収支尻では常に等しい。

均衡予算の場合でも，好況の年には，租税を中心に財政収支が予算以上に増加して揚超（引上げ超過）になり，不況の年には前々年度の剰余金使用など過去の蓄積資金の取り崩しを行い，支出の促進が行われるので，散超になる傾向がみられた。財政資金全体でみると，これに外国為替資金の変動が加わって，一層波動が複雑になっている。

2.12 2009年9月に誕生した鳩山政権に対する国民の期待は大きかった。鳩山政権も，官僚主導の予算編成をやめて，政治家が主導する形で予算編成を最初からやり直そうとした。民主党政権が掲げた，公共事業を中心に無駄の撲滅に取り組むという理念や政治姿勢は，多くの国民の支持を得た。

民主党政権の予算編成作業を結果で判断する限り，新規の歳出増には甘い一方で，既存経費の削減は手付かずの状態である。財政健全化なしに，民主党政権が主張する抜本的な財政改革や無駄の見直しもありえない。無駄の見直しが完了するまで消費税の議論を先送りするのは，財政健全化の努力をしない口実でしかない。

とくに，現在の国民（＝有権者）に負担増となる増税や，各種補助金の削減などの痛みを伴う政策を実施しておらず，財政赤字が高止まりしている。消費税の増税を先送りした結果，法人税率の引下げも中途半端であり，将来を見据えた抜本的な税制改革や財政健全化がみえてこない。

社会保障費の自然増を聖域化して，そのまま歳出計上する民主党政権の方針では，当面の高齢者に優しい予算になるが，そのつけは若い世代，将来世代が負わされる。2020年代に入ると，団塊世代が75歳以上となって医療費が大幅に増加する。こうした社会保障費増大を，税金であれ保険料であれ，2020年代の現役世代が負担するのに限界がある。今後の若い世代があまり裕福でないとすれば，こうした予算編成は世代間の公平を欠く。社会保障費の増大傾向を聖域化しないで，制度を効率化，公平化して，できるだけ抑制すべきである。

総じて，中長期的にみて，どの時期，どの世代がより厳しい経済環境に直面しそうかという判断が重要である。財政赤字をできるだけ削減するとともに，早めに増税して，税収増の一部を基金として積み立て，2020年代の社会保障費増大に備えるべきだろう。経済状態の悪化が想定される若い世代・将来世代の利害をきちんと考慮して，

3 公共財の理論

3.1 (e)。公共財は外部性のある財であるが，その供給にはコストがかかるため，国民の要求に従うと，ただ乗りの問題が生じる。

3.2 (a)。サムエルソンのルールはパレート最適に対応しているが，これは特定の所得分配を前提とした議論であり，所得分配の望ましい姿に応じて，最適な公共財の水準は，一般的には変化する。

3.3 ウィークエスト・リンクは複数の経済主体の供給する公共財の中で，最低水準の公共財が全体の公共財として機能するケースであり，ベスト・ショットは最高水準の公共財が全体の公共財として機能するケースである。前者は，たとえば，堤防を複数の地域で建設する場合，もっとも低い高さの堤防が全国の防災としても意味を持つ例が考えられる。あるいは，感染症などの検疫体制を構築する場合，もっとも弱い窓口での検疫水準がこの例に当てはまる。一端そこから感染症が入ってくると，全国に波及するからである。これに対して，ベスト・ショットは，防衛能力を同盟国と構築する場合，もっとも攻撃能力の高い公共財（防衛能力）を提供する国の公共財水準が，同盟国全体の防衛能力としての公共財を規定する。たとえば，敵対国からのミサイル攻撃という脅威に対して，それを撃ち落とせる能力が同盟国内で1国でもあれば，同盟国全体にとってメリットになる。

3.4 公共財の限界代替率は $\frac{U_Y}{U_x^i}$ で与えられるから，個人1では $\frac{x_1}{Y}$，個人2では $\frac{x_2}{Y}$ となる。サムエルソンの条件は，$\frac{x_1}{Y}+\frac{x_2}{Y}=1$ になる。他方で，経済全体の制約式は

となる。これら2式より Y を求めると，$Y=20$。これが最適な公共財水準となる。

3.5 (b)

3.6 各個人の公共財の限界評価と限界費用を一致させると，

$$\frac{1}{G}=\frac{1}{G}=1$$

したがって，公共財の供給水準は，

$$G=1$$

となる。これは，各個人の所得とは独立になる。各人の効用関数，所得が同じだから均等負担が均衡で実現しており，$g_1=g_2=\frac{1}{2}$ となる。もちろん，$\frac{W}{2}>\frac{1}{2}$ を前提としている。このとき，所得が増加しても，すべて私的財の消費が増加するのみである。もし $\frac{W}{2}<\frac{1}{2}$ のときは，公共財の供給は所得によって制約され，$G=W$ で与えられる。

3.7 個人2の公共財の限界評価が減少すると,

$$\frac{1}{G}=1, \quad \frac{1}{2G}=1$$

は,同時には成立しない。公共財の限界評価の高い個人1のみが公共財を供給し,個人2は公共財を全然負担しないコーナー解になる。したがって,$\frac{W}{2}>1$ であれば,$G=1$ で,公共財は第1個人のみが負担し,個人2がただ乗りする。$1>\frac{W}{2}>\frac{1}{2}$ のときには,$G=\frac{W}{2}$ となり,個人1のみが負担する。$\frac{W}{2}<\frac{1}{2}$ のときは,$G=\frac{W}{2}$ であるが,両方の個人が負担する。

3.8 ただ乗りとは,負担を伴わないで公共財の便益を享受することである。公共財である以上,外部性が生じているから,公共財が供給される限りにおいて,ある程度のただ乗りは避けられない。また,公共財の負担をまったくしない人にも便益が及ぶという意味でも,公共財のただ乗りは,人々の公共財の評価に関するばらつきが大きいときや,所得格差が大きいときなどに,生じる現象である。

また,個人が自らの選好を正直に表示しないことで利益が得られる可能性を考慮すると,公共財の負担を戦略的に回避する行動の結果として,より小さい負担である程度の便益が享受できれば,それもただ乗りとみなせるだろう。

たとえば,リンダール均衡において,個人1が正直に行動せず,公共財の負担比率を意図的に小さく表示すると,**図解3.8**で個人1の反応関数が下方にシフトしたのと同じであるから,均衡点は,L から A へと移動する。A では,小さい負担で公共財

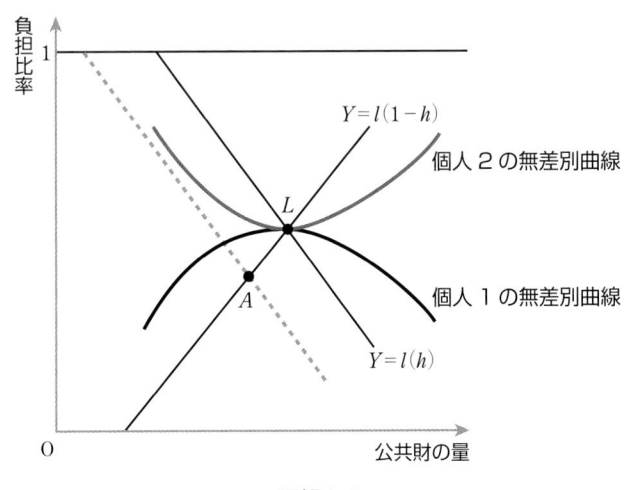

図解3.8

の便益を享受できるから，彼の効用は上昇している。その結果として，公共財供給は過小となり，また，個人2の負担は増大するから，彼の効用は必ず低下する。すなわち，ただ乗りとは，自分の公共財に対する選好を過小に表示することで，他人に公共財の負担を押し付けることと解釈できる。

3.9 図解3.9は，ナッシュ均衡での両個人の反応関数を表現したものである。また，それぞれの個人の無差別曲線も図示してある。個人1の無差別曲線は，彼のナッシュ反応曲線上でその傾きが垂直になっている。なぜなら，ある y_2 のもとでは，ナッシュ反応曲線上の y_1 が個人1の効用を最大にするからである。同じように，個人2の無差別曲線は，彼のナッシュ反応曲線と，その傾きが水平なところで交わっている。今度は，y_1 一定のもとで y_2 の最適な点が個人2のナッシュ反応曲線だからである。もし，2人の効用関数，所得が同じであれば，ナッシュ反応曲線も無差別曲線も，45度線上で対称的な形をしている。

　両者の反応曲線の交点が，ナッシュ均衡である。この点 N では，各人の無差別曲線が交わっているから，非効率である。パレート最適点は，各人の無差別曲線の接点の軌跡 WW であり，図解3.9からも明らかなように，N 点の右上方にある。ナッシュ均衡では，パレート最適点よりも公共財が過小にしか供給されない。これは，各人が自分にとっての便益のみを考慮して，公共財の負担を決めるためと考えられる。

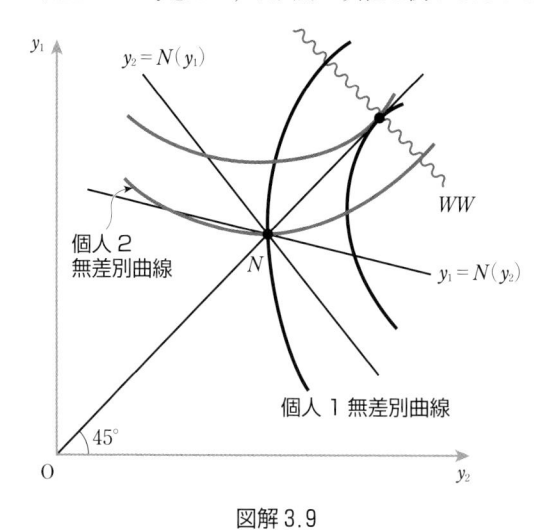

図解3.9

3.10　3.9と同じナッシュ均衡を想定する。ここで，政府の再分配政策を導入する。すなわち，政府が個人1の所得を減少させ，それを個人2に補助金として，トランス

図解3.10

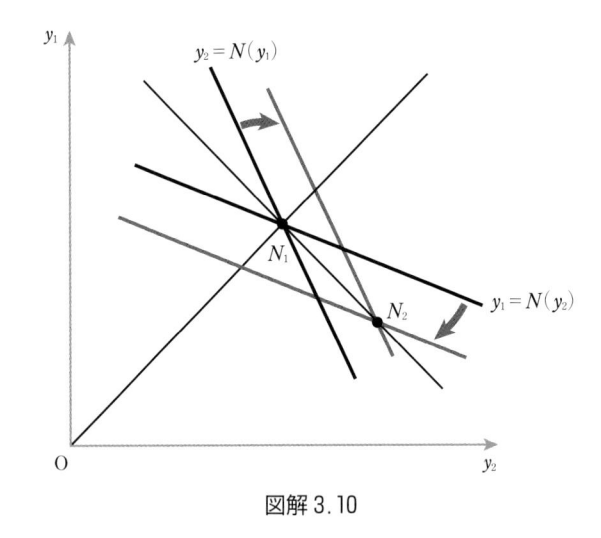

ファーするとしよう．個人1の可処分所得は減少するから，彼の公共財の負担も減少する．逆に，個人2の所得は増加するから，彼の公共財の負担も増加する．公共財の中立命題が意味するのは，均衡では，個人1の負担の減少は，ちょうど彼の所得の減少と同一であり，また，個人2の負担の増加も彼の所得の増加と同一になるというものである．その結果，公共財の総供給量は変化せず，私的財の各人の消費量も変化しない．各人の効用水準も，所得再分配政策によって，何ら変化しない．

図解3.10で説明すると，個人1のナッシュ反応曲線は，左下方にシフトし，個人2のナッシュ反応曲線は，右上方にシフトして，均衡点がN_1からN_2へ移動する．しかし，公共財の総負担量Yは変化せず，y_1の減少分とy_2の増加分が完全に相殺される．

3.11 (c)

4 日本の政府支出

4.1 戦前の財政では，防衛費の占める割合が非常に高く，1934・1936年度（昭和9・11年度）平均では45％程度であった．これに公共事業関係費，文教関係費が続いていた．恩給費（軍人・公務員の給与の後払い）も8％程度あり，これらで，国債費以外の一般歳出の80％程度を占めていた．

4.2 第2次石油ショック以降，わが国の財政収支が悪化するとともに，1980年度財

政再建元年とする財政改革が行われた。1982年度予算では，概算要求の段階で一律ゼロシーリングの設定が行われるなど，歳出の削減が行われた。しかし，経済の低迷による税収不足などで，財政赤字の解消は容易に進まず，1984年度赤字公債脱却の目標は断念され，新たに，1990年度赤字公債脱却が設定され，引き続き強力に財政改革が推進され，歳出の削減が進められた。1983年度予算以降，マイナスシーリングの設定が行われたほか，年金，医療保険，老人保険制度の改革，地方税制改革，補助率などの見直し，食糧管理費の合理化，3公社の民営化などの制度改革が行われた。

4.3　わが国一般政府総支出の対GDP比率は，1991年には32%程度であったが，2008年には37%に上昇した。国際的にみると，アメリカと同じ水準まで増加している。しかし，対GDP比で50%程度となっているヨーロッパ諸国よりは小さい水準である。その内訳をみると，わが国では，一般政府最終消費支出がかなり小さく，総資本形成が最近では抑制傾向にあるが，まだ大きいという特徴がある。社会保障移転は，高齢化の進展とともに，ほかの先進諸国同様，上昇傾向にある。

4.4　国の支出の分類には，いくつかの方法がある。

(1)　主要経費別分類：社会保障関係費，公共事業関係費，というように重要施策別に分類したもの。
(2)　目的別分類：国土保全および開発，産業経済費，社会保障関係費というように，政策の基本目的に従って分類したもの。
(3)　使途別分類：人件費，物件費，施設費，補助費，委託費というように，経費の使途別に分類したもの。
(4)　所管別分類：経費を行政管理の観点から各省庁別に分類したもの。
(5)　経済性質別分類：財政支出を経済的性質から分類したもので，国民経済計算上の政府支出を算定する基礎となるもの。

このうちで，主要経費別分類は，政府支出の内容を示すものとして，もっともよく用いられる分類である。

4.5　A：国債費，B：地方財政関係費，C：社会保障費，D：その他（文教および科学振興費，防衛費など）E：公共事業関係費。

4.6　(d)

4.7　社会保障関係費は，わが国の政府支出のうちでもっとも高いウェイトを占めている。傾向的には，生活保護費，保健衛生および失業対策費が相対的に低下しているのに対し，社会保険，社会福祉費が上昇している。これは，戦後，救貧的な色彩の強い生活保護や失業対策を中心に始められたわが国の社会保障制度が，社会保険や社会福祉などの総合的なものに制度的に発展していったことを反映している。高齢化が進

行している現在，医療，年金，介護に関わる社会保障費は今後とも増加するだろう。また，最近では経済状況の低迷を反映して，生活保護費が増加傾向に転じている。

表解4.7　国の予算における社会保障関係費の推移

(単位：億円・％)

区　分	95 (平成7)	2000 (12)	05 (17)	08 (20)
社会保障関係費	139,244(100.0)	167,666(100.0)	203,808(100.0)	217,824(100.0)
生活保護費	10,532(7.6)	12,306(7.3)	19,230(9.4)	20,053(9.2)
社会福祉費	34,728(24.9)	36,580(21.8)	16,443(8.1)	16,589(7.6)
社会保険費	84,700(60.8)	109,551(65.3)	158,638(77.8)	175,132(80.4)
保健衛生対策費	6,348(4.6)	5,434(3.2)	4,832(2.4)	4,094(1.9)
失業対策費	2,936(2.1)	3,795(2.3)	4,664(2.3)	1,956(0.9)

区　分	09 (21)	10 (22)	11 (23)	12 (24)
社会保障関係費	248,344(100.0)	272,686(100.0)	287,079(100.0)	263,901(100.0)
年金医療介護保険給付費	196,004(78.9)	203,363(74.6)	210,366(73.3)	190,845(72.3)
生活保護費	20,969(8.4)	22,388(8.2)	26,065(9.1)	28,319(10.7)
社会福祉費	25,091(10.1)	39,305(14.4)	44,194(15.4)	38,746(14.7)
保健衛生対策費	4,346(1.8)	4,262(1.6)	3,905(1.4)	3,788(1.4)
雇用労災対策費	1,934(0.8)	3,367(1.2)	2,549(0.9)	2,204(0.8)

(資料)　厚生労働省大臣官房会計課調べ．
(注)　1．四捨五入のため内訳の合計が予算総額に合わない場合がある．
　　　2．(　)内は構成比．
　　　3．平成21 (2009) 年度において，社会保障関係費の区分の見直しを行っている．
　　　4．平成24 (2012) 年度の基礎年金国庫負担割合は，歳出予算 (36.5％分) と税制抜本改革により確保される財源を充てて償還される「年金交付国債」(年金差額分 (*)) により2分の1を確保．なお，「年金交付国債」は，年金差額分と運用収入相当額とを合算した額を発行．
　　　(*) 平成24 (2012) 年度年金差額分は25,882億円 (うち社会保障関係費25,044億円 (厚生労働省分は24,879億円))．
(出所)　厚生労働省「平成24年版　厚生労働白書」

4.8 徴兵制では，軍隊に行くことの機会費用が人によって異なる点を無視しているので，非効率である．志願制の問題点は，軍隊の賃金が低い場合に，機会費用の低い人しか集まらず，生産性が落ちる点である．徴兵制のメリットは公平に召集される点であり，志願制のメリットは，軍隊の賃金が適正に設定されれば，効率的な資源配分が達成される点である．

4.9 (b)

4.10 日本の援助の大きな特徴は，贈与ではなく借款の比重が大きいことである．す

なわち，贈与の場合には100％相手の国に所得が移転され，相手国がそれを自由に使ってかまわない。これに対して，借款の場合には，低利であっても有償の資金提供であるから，長期間かかっても，最終的には全額日本へ返済される。

　日本の借款方式は，ひも付きの援助であるとの批判もある。とくに，資金提供の見返りとして，日本の企業と契約することが義務付けられている場合には，日本の企業が現地で道路建設などの作業を行うことになり，日本国内での公共事業とほとんど変わらない構図になる。日本の資金で日本の企業が儲かっているだけだという批判もある。

　しかし，長期的な観点でみると，日本の援助の中心となってきたASEAN諸国では経済発展がめざましいのに対して，アメリカやヨーロッパ諸国の援助の中心となってきたアフリカなどでは，それほどの経済発展はみられない。その一つの理由として，日本の援助が公共事業など，経済の基盤整備を中心として長期的に発展に役立つものであったのに対して，他国の贈与の場合には，飢餓対策など消費的な支出に使われる傾向があり，その場しのぎで終わってしまって，長期的な経済の発展にはあまり役立たなかったという側面も指摘されている。

　援助する国は，当然援助される国の意向を最大限に尊重する必要があるが，援助される国の現在の政府が常に長期的な視点で，資金を有効に，効率的に活用しているとは限らない。そうした状況では，借款方式のような長期的な資金の提供は，援助が適切に使われているかをモニターする機能を持っており，それなりの役割を果たしている。

4.11 (e)

4.12 (a)

4.13 (a)

4.14 (d)

4.15 公共投資の便益は，すべての国民が関係する純粋公共財ではなく，ある特定の住民が多くの便益を受ける準公共財，あるは，場合によっては私的財に近いものが多い。とくに，地方での農業，漁業関連の支出は，生産能力を向上させるというよりは，その地域での住民の所得を保障する役割を持つものが多く，事実上は補助金として機能している。したがって，公共投資が都市部から地方のほうへ配分されると，都市の住民から地方の住民への所得の再分配の機能を持つことになる。また，低所得者がより便益を受ける住宅などを整備することで，所得が高所得者から低所得者へ再分配される側面もありうる。

5 課税の効果

5.1 直接税と間接税の相違は，通常は，納税者が直接税金を納める（つまり，ほかの人に税負担を転嫁できない）のが直接税，納税者が間接的に税金を納める（つまり，ほかの人に税負担を転嫁できる）のが，間接税と分類されている。いい換えると，直接税とは，法律上の納税義務者と実際に租税を負担する者（担税者）とが一致することが予定されている租税で，間接税とは，法律上の納税義務者と実際に租税を負担する者（担税者）とが一致しないことが予定されている租税のことをいう。

たとえば，所得税，法人税，相続税，贈与税，地価税，法人臨時特別税，法人特別税などが，直接税であり，消費税，酒税，たばこ税，揮発油税，石油ガス税，航空機燃料税，石油石炭税，自動車重量税，関税，とん税，印紙税，登録免許税などが間接税である。しかし，労働所得税や法人税は，以下で議論するように，転嫁可能な税である。転嫁できない税というのは特殊なケースでしか理論的に存在しない。したがって，経済学ではよりもっともらしい定義として，課税ベースを決定する際に，控除項目で個人的事情を考慮できる税を直接税，そうでない税を間接税と分類している。

5.2 ある所得階層の税率引上げには2つの影響がある。第1は，労働意欲が抑制されることで，その階層の所得が減少する。第2は，それ以上の所得階層でも，所得が減少しても，引き上げられた税率が適用される所得からの税額は増える。その結果，各個人の効用（満足度）が変化して，社会的厚生も変化する。

1971年にマーリーズ（Mirrlees, J. A.）（1996年にノーベル経済学賞を受賞）は，「最適な税率はほぼ一定で20％台」と結論づけた。当時は高所得者の税率が非常に高い累進課税が現実の税制だったので，この結果は注目された。

その後，1998年のダイヤモンド（Diamond, P.），2001年のサエズ（Saez, E.）の論文では，所得分布の形状，税率に対する所得の反応（弾性値），価値判断という3つの要素を明示した数値計算を用い，非常に簡明な形で最適税率を導出した。そしてアメリカのデータと整合的な試算では，望ましい最高税率が50％を超えるという結果を得た。これは，マーリーズの結果と対照的である。研究結果が相違した大きな理由は，数値計算の際の所得分布の想定の違いにあった。最高税率が適用される高所得者の人口が多いと，高所得層からの税収が大きく増える。このため，望ましい税率が高くなる。

5.3 この場合，$20-L$ が労働供給であり，賃金率は1と考えられる。所得税が課された後では，（課税後）所得 Y は

$$Y = 20 - L - 0.3(20 - L - 7) = -0.7L + 16.1$$

この式を効用関数に代入して，
$$U = L(-0.7L+16.1+4) = -0.7L^2 + 20.1L$$
これを最大にする L を求めると，
$$\frac{dU}{dL} = -1.4L + 20.1 = 0$$
$$L = 14.4 = 14.4$$
したがって，労働供給 N_1 は
$$N_1 = 20 - L = 5.6$$
税率が 0.2 に引き下げられると，（課税後）所得 Y は，
$$Y = 20 - L - 0.2(20 - L - 7) = -0.8L + 17.4$$
上と同様にして，効用を最大にする L を求めると，
$$U = L(-0.8L + 17.4 + 4)L = -0.8L^2 + 21.4L$$
$$\frac{dU}{dL} = -1.6L + 21.4 = 0$$
$$L = 13.4$$
したがって，新しい労働供給 N_2 は
$$N_2 = 20 - L = 6.6$$
すなわち，税率の引下げにより労働供給は1単位だけ増加する。

5.4 課税後所得 Y_D は，次のようになる。
$$Y_D = Y - T = Y - t(Y - K) = (1-t)Y + tK$$

控除水準 K の引上げは，所得効果のみをもたらすから，余暇が上級財であるとすれば，余暇の需要が増大して，労働供給は減少する。税率 t の引上げは，実質的な賃金率の引下げと控除水準の引上げの2つの効果を持っている。前者は，代替効果と所得効果が相殺する方向に働くので，変化の方向は確定しない。後者は，労働供給を減少させる。したがって，賃金率の変化による所得効果が大きくない限りにおいて，全体としての効果は労働供給を抑制する方向に働くだろう。

5.5 負の所得税とは，最低保証所得 M をすべての人に保障して，一定税率 t のもとで，線形の所得税制を，税負担が負になる人には補助金の形で，包括的に適用しようとするものである。通常の所得税体系では，**図解 5.5 (1)** で A で示される課税最低限以下の所得の人には，税負担がゼロになるだけで，補助金がもらえるわけではない。生活保護は，所得税とは別の次元で政策的に決められている。これに対して，負の所得税では，A 以下の所得の人には，自動的に補助金（負の所得税）を支給し，A 以上の所得の人からは所得税を徴収する社会保障の総合的体系である。最低保証所得と税

図解 5.5

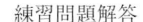

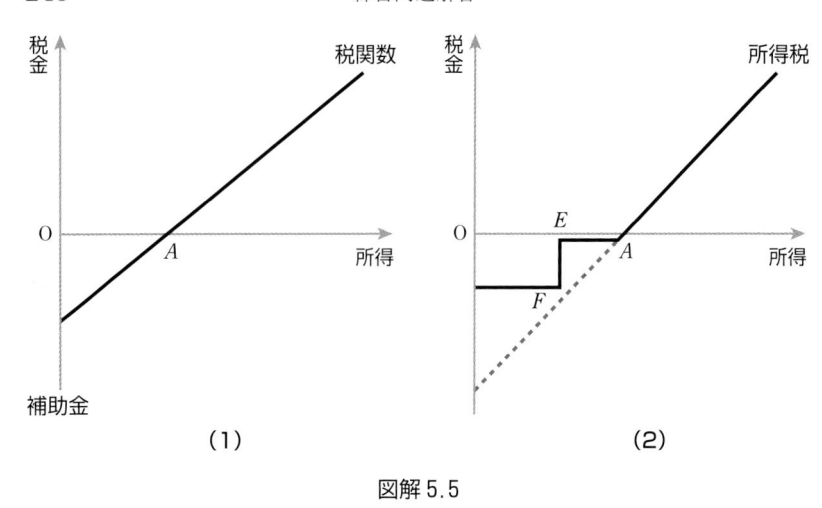

率とで，総合的な再分配構造が決まる。

　通常の生活保護政策では，**図解 5.5**(2) に示すように，一定水準の所得 (E) があると保護 (EF) が打ち切られるために，その水準での労働所得に対する限界税率が非常に高くなってしまい，勤労意欲が損なわれるという問題がある。負の所得税では，限界税率は常に一定であるから，勤労意欲の低下を防ぎながら，望ましい再分配政策が実現可能になる。

5.6　簡単な 2 期間モデルで考えよう。第 1 期に労働所得のみがあり，第 2 期に利子所得のみがあるとする。利子課税は，第 1 期の労働所得課税の残りを貯蓄して，その収益が第 2 期に生じるときにさらに課税されるので，二重課税と批判されることがある。しかし，二重課税論はあまり意味のない議論である。消費を考えても，第 1 期の労働所得に課税された残り（＝可処分所得）を消費する際に税金がさらに負担されるので，その意味では二重課税である。ところが，貯蓄に関しては，第 1 期の課税後労働所得の使い方としては，非課税である。すなわち，貯蓄する行為自体には課税されない。むしろ，二重課税の調整問題は，利子課税よりは，労働所得と消費課税の調整の問題として考えるほうが，経済学の上では重要である。

5.7　企業は株主という家計によって保有されているとすれば，個人所得税とは別に，企業に対する別個の法人税を合理化することは，困難である（法人擬制説）。しかし，企業に独自の経済的存在を認めるなら，法人税も正当化しうる（法人実在説）。法人形態で企業活動を行うことに何らかの特権があるとすれば，そこから生じる所得に対して，法人税という形で個人とは別に課税する根拠も生まれる。

しかし，現状では法人化することは容易であり，とくに既得権はない．しかも，かりに既得権があったとしても，それは経済的なレントとして個人に帰着するから，個人レベルの所得税でも対応できる．

もっとも現実的な法人税の根拠としては，個人レベルでの資産課税を補完するという考え方である．本来ならば，資産課税が個人レベルで理想的に課税されていると，法人税は必要ないが，現実には，個人レベルでの資産課税が不徹底であるために，それを補完するものとして，法人税が評価できる．納税者番号制度がなく，株価の変動によるキャピタル・ゲインが個人所得レベルで課税されていない以上，法人レベルでの課税も次善のものとして，やむをえないと考えるのである．

5.8 閉じこめ効果とは，資本所得が実現したもののみに課せられると，資本利得を実現しないで保有することが得になってしまう現象をいう．資産の収益率も税率も30%とすると，表解5.8のように得られる．当初10だけの価値があるとすると，課税がなければ2年後には16.9になる．資本利得課税があると，16.9－10＝6.9の売却益に30%で税金6.9×0.3＝2.07がかかるから，手取りは16.9－2.07＝14.83となる．これに対して，1年ごとに売却して運用すると，1年度には13－10＝3の資本利得に30%の税率で税金3×0.3＝0.9がかかるから，手取額は13－0.9＝12.1となる．これをもう1年運用すると，15.73になる．売却益は，15.73－12.1＝3.63だから，税金は3.63×0.3＝1.089となる．したがって，手取りは，15.73－1.089＝14.641．これは，2年間持っていた場合よりも，手取りが少ない．すなわち，資本利得を実現するよりは，未実現のままにしておくほうが得をする．これが閉じこめ効果である．

表解5.8

年	2年後売却	1年ごとに売却
0	10	10
1		13 (0.9)
2	16.9 (2.07)	15.73 (1.089)
手取り	14.83	14.641

5.9 企業課税の古典的見解によると，企業に対する課税は，企業行動を短期的にも長期的にも変化させない．法人税率を変化させても，産出量や投資量は変化しない．課税後の利潤を最大にするためには，課税前の利潤を最大にする必要がある．課税後であっても，課税前の利潤を最大にするように産出量や投資量が決められるから，そ

れらの最適水準は法人税とは独立になる。

　この議論で重要なポイントは，課税後の利潤と課税前の利潤とが1対1に対応することである。企業の目的が資本に対する報酬も含めて，正常なコストを差し引いた純粋利潤を最大にすることにあると考えると，企業課税の古典的な見解が成立するには，課税ベースから資本を使うことの正常なコスト，すなわち，資本コストが除外されることを意味する。

5.10　法人税は，法人の資本から生じる所得（利潤）に対する課税である。経済全体を法人と非法人の2つに分割すると，法人税は前者の利潤にかかる税である。法人税は，製品価格の変化，生産量の変化，生産要素の代替という3つの経路を通じて，経済全体に波及する。その帰着は，支出のうちで法人部門の製品を購入する比率の高い階層に不利となり，法人部門の資本集約度が非法人部門のそれと比べて高ければ，資本の収益率が低下して，資本家が不利となる。

5.11　(b)

5.12　転嫁とは，通常，法律上の納税義務者が何らかの形で課税による負担をほかの人々に移し替えることを意味する。帰着とは，租税の負担の最終的な帰属を意味している。なお，転嫁の有無によって租税を区別することがある。直接税を転嫁のない課税，間接税を転嫁のある課税という分類である。これが，伝統的な直接税と間接税の分類である。

　しかし，転嫁には完全な転嫁から部分的な転嫁まで程度の差があり，労働所得税でも部分的には企業に転嫁されていると考えられる。したがって，この種の分類は限界があり，直接税と間接税の区別は，転嫁のあるなしではなく，個人的な事情を考慮しているかどうかで分類するほうが，有益である。

　したがって，消費税率が引き上げられても，それと同額だけ消費者への販売価格を引き下げられるかどうかは，経済状況次第で何ともいえない。これは中小事業者の価格転嫁の立場が弱いから，消費税の増税分を転嫁できないのではなくて，消費者価格が上昇すれば多少とも消費欲が減退するので，増税分の一部を生産者が負担するからである。

5.13　一般消費税の効果を分析しよう。課税の結果，消費財の価格が投資財の価格よりも相対的に高くなるから，消費財に対する需要が減少する。これは，消費財生産の減少をもたらし，生産要素市場に波及する。消費財部門のほうが投資財部門よりも資本集約的であれば，資本に対する需要のほうが相対的に大きく減少するから，資本の完全利用を満たすためには，賃金所得よりは資本所得が相対的に低下する。逆の場合には，賃金所得のほうが相対的に低下する。

一般的な消費課税によって，消費財の価格が投資財の価格に比べて上昇するから，消費財への支出が投資財への支出よりも多い階層が，相対的に不利になる。消費財生産部門が労働生産的であれば，賃金所得を得ている階層が資本所得を得ている階層よりも，不利になる。もし，賃金所得を得ている階層が消費財への支出比率が高いとすれば，賃金所得を得ている階層が，一般消費税の負担をすることになる。

6 税制改革

6.1　一般的には，直接税は納税義務者が税金を実質的に負担している税，間接税は納税義務者が税金を転嫁できる税と区分されている。しかし，転嫁できるかどうかはそのときどきの経済的な環境に依存しており，通常直接税として分類されている所得税でも，労働市場での賃金決定を考慮すると，部分的に転嫁が行われていると考えるほうが自然である。したがって，このような定義は，経済学的にはまったくおかしな定義である。よりもっともらしい分類方法は，納税義務者の個人的な事情を考慮して税負担が決定されているかどうかで分類するものである。所得税の場合にはその人の個人的な事情（子どもが何人いるかなど）によって税負担が異なる。このような税を直接税，個人的な事情とは無関係に税負担が決められる税を間接税と分類するのである（5.1も参照）。

6.2　租税負担率は，税負担全体としての大きさを示す指標であり，租税負担額の対GDP比で示される。国税と地方税を合計した租税負担率は，戦後の長い期間20％前後の水準にあったが，最近は増加傾向にある。低成長期に入った1970年代の後半から1980年代の前半まで，所得税減税が見送られたり，また，法人税や個別消費税の増税が図られた結果，租税負担率は毎年増加した。しかし，1980年代前半では税収増は政府支出増ほどではなく，財政赤字を埋めるための増税の可能性（一般消費税の導入）が議論され，1989年に消費税が3％で導入された。1980年代の後半からはいわゆるバブル経済のもとで税収も増加したが，1990年代に入ってバブルがはじけるとともに，税収も低迷するようになっている。

6.3　地球環境問題に対応する財政手段に有力なものが，税や課徴金，還付金付き廃品回収など，市場メカニズムを活用しながら環境保護と両立する経済活動を誘導する環境税制という考え方である。とくに，環境に悪影響を及ぼす物質に対し，直接・間接に税負担を課して，そのような物質の排出・消費を抑制しようとする間接税（従量税）が，環境税として注目されている。

　オランダ，スウェーデン，フィンランドなどでは，燃料の種類ごとに二酸化炭素の

表解 6.3 各国の環境関連税制 (その 1)

	日 本	アメリカ	イギリス	ド イ ツ	フランス
1. 法人税等における措置	①エネルギー需給構造改革推進設備の特別償却または特別税額控除 ②公害防止用設備の特別償却 ③環境技術に係る増加試験研究費等の特別税額控除 ④再生資源利用促進準備金等	公害防止施設の特別償却		環境保護用施設（水・空気の汚染、騒音または震動の防止、排除）の特別償却	工業用水浄化施設、大気汚染防止施設、騒音防止施設および臭気防止施設の特別償却
2. 間接税における措置	フロン混合洗浄剤製造用に供される一定規格の揮発油について揮発油税および地方道路税を免除	①オゾン破壊物質税の導入(1990年) ②石油税、化学物質税(1981年導入)、輸入物質税(1989年導入)の時限措置の延長	無鉛と有鉛のガソリンで炭化水素油税の税率に格差を設定	無鉛と有鉛のガソリンで鉱油税の税率に格差を設定	無鉛と有鉛のスーパーガソリンで石油産品内国消費税の税率に格差を設定
3. その他の税における措置	公害防止施設について固定資産税を軽減	法人環境所得税を法人ミニマムタックス所得の200万ドルを超える部分に対し課税（税率0.12%）(注)			公害対策施設について既建築地税および職業税（共に地方税）を軽減

(注) アメリカの法人ミニマムタックス所得とは、法人の課税所得に租税特別措置の効果等を加算調整したものである。

排出量に応じた税負担を求める CO_2 税が導入されている。また、アメリカでは排気物処理など環境対策のための特定財源として、法人環境税が導入されている（**表解 6.3 参照**）。

6.4 (e)。たとえば、利子所得は一律 20% の分離課税となっている。

6.5 (b)

表解 6.3　各国の環境関連税制（その2）

	カナダ	スウェーデン	オランダ	フィンランド	ノルウェー
1. 法人税等における措置	大気汚染防止施設および水質汚濁防止施設の特別償却		環境保護用施設の特別償却		
2. 間接税における措置		①無鉛と有鉛のガソリンで揮発油税の税率に格差を設定 ②CO_2税（1991年）（CO_2の排出量に応じて定められた税率により課税）③硫黄税（1991年）	環境燃料税（1992年）（CO_2およびエネルギー含有量に応じて定められた税率により課税）	①無鉛と有鉛のガソリンで燃料税の基本税の税率に格差を設定 ②燃料税付加税（CO_2およびエネルギー含有量に応じて定められた税率により課税）	①無鉛と有鉛のガソリンで揮発油税の税率に格差を設定 ②CO_2税（1991年）（CO_2の排出量に応じて定められた税率により課税）
3. その他の税における措置					

6.6　(b)

6.7　(d)

6.8　公平性には，垂直的公平と水平的公平の2つの概念がある。前者は，経済的能力の異なる人は，異なる負担をすることを主張し，後者は，経済的能力の同じ人が同じ負担をすることを主張する。水平的公平は，明快な基準であるが，実際問題としては，経済的能力として何を採用するかで，出てくる租税体系も異なってくる。たとえば，生涯を通じての消費可能水準を採用すると，利子所得への課税は水平的公平の原則とは，両立しない。なぜなら，利子所得は所得の割引現在価値をとる場合には，消える所得だから，これに課税すると，消費可能水準の同じ人でも利子所得の大きさ如何で，異なった負担になってしまうからである。ところが，包括的な所得を経済的能力の指標に採用すれば，利子所得への課税が水平的公平の原則に対応することになる。

　垂直的公平の場合には，所得への極端な累進的な課税を意味しているが，これが本当にもっともらしいかどうかは，議論の余地がある。とくに，課税の負の誘因効果を考慮すると，あまり極端な累進税率では，悪平等になってしまい，所得の低い人にもプラスに働かないことが指摘されている。

6.9 支出税あるいは消費税のメリットは,
(1) 利子所得を非課税とするほうが,より水平的な公平が確保される。
(2) 貯蓄に対する中立性を高めるには,貯蓄と消費の選択に影響しない税制が望ましい。
(3) 高齢化社会への対応という点で,貯蓄に課税しない支出税が望ましい。
(4) わが国の現実が,建て前としては包括的所得税制をとりながら,実際には消費ベース課税に近いという現実を重視する。

デメリットとしては,
(1) 垂直的公平が損なわれる。
(2) 労働供給の負の誘因効果如何では,所得税より支出税のほうが撹乱的かもしれない。
(3) 内需拡大のために,消費を刺激するほうが望ましい。

所得税のメリットは,
(1) 包括的所得を課税ベースとすることで,課税ベースの拡大が図られ,税率が低下できる。
(2) 累進的な税率が適用しやすく,垂直的な公平が確保される。
(3) 課税の中立性や簡素化が図られる。

デメリットとしては,
(1) 水平的な公平性とは,必ずしも両立しない。
(2) 所得間の異質性を考慮すると,課税の効率性は必ずしも実現されない。
(3) 現実の税制改正で,分離課税される所得が増えてきたのは,異なる所得を無理に同様に扱うことの弊害が認識されたためである。

6.10 最適課税論の基本的な立場は,労働所得,事業所得,利子所得などさまざまな所得の異質性を重要視する点にある。ここから,各種所得の異質性に見合って,異なる課税方法が,すなわち,税率構造や納税方法などの差別化が主張される。

所得の異質性としては,
(1) 課税による負の誘因効果の相違:所得に対する課税は,課税後の収益率を低下させて,所得のもとになる労働や貯蓄の意欲や供給に悪影響をもたらす。効率性を重視すると,誘因効果の大きい所得には低率の課税,誘因効果の小さい所得には高率の課税が望ましい。
(2) 所得分配の考慮:不平等に対する価値判断が与えられると,そのもとで何らかの再分配をするような課税方法が,望ましい。
(3) 徴税コストの相違:所得によって,徴税コストは異なる。労働所得は,比較的

その把握が容易であり，徴税コストは小さい。資産所得，とくに金融資産からの所得は，その源泉が多様であり，徴税コストは高い。納税者番号制度のような捕捉体制がとられない限り，資産所得を重く課税すると，徴税コストが無視できなくなる。

　最適課税論は，所得の異質性を総合的に考慮して，分類所得税を主張する。最適課税論を現実の税制に適用するには分配の公平性に関する社会的な合意が必要であるとともに，負の誘因効果がどのくらいか，能力，遺産，所得の分配の分布がどうなっているのかについての実証分析も必要となる。

6.11 (b)

6.12 (d)

6.13 納税者番号制度の導入は，公平な徴税制度を確立するのに不可欠である。とくに金融資産の取引を捕捉することは，金融資産が高額所得者に偏って保有されているために，公平性の観点から重要である。現状では相続税を逃れるために，無記名の割引債券が珍重されている。こうした不公平感を解消するには，きちんと金融資産を捕捉することが不可欠である。納税者番号制度のメリットは，短い時間と安い費用で包括的な名寄せができる点にある。

　ただし，納税者番号の導入は，必ずしも総合課税を意味しない。金融資産や金融所得を捕捉できたとしても，それらをほかの所得と合算して累進的に課税するのが望ましいとはいえない。捕捉ができることと，どんな税率で課税するかは，まったく別の問題である。

　また，金融資産以外の所得を捕捉する際にも，納税者番号制度の意義は大きい。最近では雇用形態も流動化しており，1年間の間に複数の企業で働く人も増加している。また，本職以外にパートで働いたり，ネットを使って副収入を得る人もいる。そうした人々が所得税を納税する際に，納税者番号制度で所得の名寄せが簡単にできることのメリットは大きい。これは，税務当局が所得を捕捉しやすくなると同時に，納税者自身が所得税を確定申告する際にも，納税コストを軽減できる。このように，透明で公平な納税制度を効率的に構築するのに，納税者番号制度は不可欠である。

　諸外国では，アメリカやカナダ，スウェーデンなど多くの国で，すでに何らかの納税者番号制度が導入されている。わが国でも，年金番号や住民登録番号は実質的に国民背番号制になっている。納税者番号として何を用いるのかは，議論の余地があろうが，これを導入する行政コストはそれほど大きくない。また，プライバシーの保護に一定の歯止めがかけられれば，政治的にも強く反対している政党はいない。わが国でも導入の環境は次第に整いつつある。

6.14　税制が複雑で不透明なままに，その都度改正され，納税者にとってわかりにくくなってきたという側面もある。しかし，それだけではない。
徴税の大原則である
- 簡素（税金を徴税する仕組みが透明であり，徴税費用が少ない）
- 中立（課税による攪乱効果，負の誘因効果が少ない）
- 公平（同じ経済力の人が同じ税金を負担し，また，経済力の高い人がより多く税金を負担する）

の基準が満たされたとしても，それだけでは不十分である。税金の使い道をきちんと監視すること，すなわち，歳出に信頼感をもてることが重要である。

　税の不公平感，不信感の多くは，納税者が税金を支払うだけの存在でしかなく，その財源が適切に使われるかどうかをチェックする権限がなく，結果として，自分の納めた税金が無駄に使われているという認識に基づいている。スウェーデンなどの北欧諸国で税負担が重いにもかかわらず，平均的な納税者の不満がそれほど表面化していないのは，税金がきちんと使われて，その便益を納税者が実感できるからである。

6.15　(d)

7　公　　債

7.1　1931年（昭和6年）に大蔵大臣になった高橋是清は，景気の回復を図るために，財政支出を赤字公債で賄うという積極財政を行い，歳入補填公債を日銀に引き受けさせた。この積極政策で，経済は不況から脱出していった。が，満州事変以後わが国の輸出が伸び悩むとともに，日銀引受国債の市中消化が困難となり，景気回復策は限界に達した。彼は公債を減少させ，健全財政への復帰を図ったが，軍部と対立し，1936年（昭和11年）2・26事件で暗殺され，公債漸減方針は，放棄された。

7.2　財政法第4条は，公共事業費，出資金，および貸付金の財源に充てる場合のみ国債を発行できることとしている。この規定により発行される国債を建設国債という。なお，公共事業の範囲については，毎会計年度国会の議決を経なければならないとされており，予算総則にその範囲が明記されている。

　これは，戦前に軍事費調達のため，市中消化能力を超えた巨額の公債が発行され，インフレなどの好ましくない影響が出たためである。

　また，世代間の負担の転嫁という観点からも，将来の世代に便益が残らない消費的な支出については，課税調達で対応するのが望ましいと考えられている。

7.3　超長期国債とは，償還期限が10年を超える国債である。従来，最長のものは

10年債であったが，国債の発行残高が累増していること，1985年度以降，従来の10年債が続々と大量に満期を迎えることなどを背景として，1983年2月以降，超長期国債の発行が行われるようになった。そのねらいは，第1に，国債の種類および資金調達ルートを多様化することにより国債消化の円滑化を図ること。第2に，国債の満期構成の長期化により借換え負担を軽減させることなどが考えられる。

非市場国債とは，市場を通さずに発行する国債。通常の国債は，市場を通して購入し，また，満期前であっても流通市場で売却可能である。これに対して，非市場国債は，市場を介在させずに発行され，直接投資家が満期まで保有し，途中での売却も認めない。こうした国債は，厚生年金などの公的年金の資金運用に限定して，2004年度から新たに発行された。金利や満期などの条件は，通常の国債と同じである。公的年金が直接国債を引き受けることで，国は安定した国債の発行が可能となる一方，公的年金も市場を通さず安定した資金運用ができる。

7.4 国債の償還については減債制度があり，これに基づいて毎年度資金の繰入れが行われている。
(1) 定率繰入れ（発行差減額繰入れ）：一般会計，特別会計を通じて前年度首の国債総額の100分の1.6に相当する額の繰入れ。
(2) 剰余金繰入れ：一般会計における決算上の剰余金の2分の1をくだらない額の繰入れ。
(3) 予算繰入れ：必要がある場合における一般会計または特別会計からの予算措置による繰入れ。

7.5 (c)

7.6 (d)

7.7 (b)

7.8 公債発行には，(1) クラウディング・アウト，(2) 将来世代への負担，(3) 財政の硬直化，(4) 財政の放漫化という問題点がある。しかし，課税調達にも別の問題がある。税収を増加させるためには，税率を上昇させる必要があるが，これは負の誘因効果をもたらす。たとえば，所得税の限界税率を上昇させると，異時点間の労働供給とレジャーに関する合理的な個人の選択に重大な歪みを与え，資源配分の効率性からみて，重大な損失をもたらす。このコストは，限界税率の2乗に比例するから，このコストを小さくするには，異時点間で限界税率を一定にするのが望ましい。

したがって，長期的には政府支出は課税調達で賄うのが望ましいが，短期的には，税率の変動を小さくするために公債を発行するほうが望ましい。すなわち，公債発行は，景気後退，政府支出の一次的な拡大などの外生的なショックを吸収するように，

クッションとして変動すべきであろう。

7.9　(e)

7.10　(b)

7.11　モディリアニは，資本蓄積の減少で負担を定義し，公債発行による将来世代への負担の転嫁を主張した。公債発行の場合，人々が公債を保有することになるが，これは民間貯蓄の一部が公債の消化に充てられることを意味し，その分資本蓄積が減少する。課税調達の場合は，民間の貯蓄とともに民間消費も一部減少するから，資本蓄積の減少分はそれほど多くない。したがって，課税調達と比べて公債発行では，資本蓄積がより減少する分，将来世代の利用できる資本ストックが小さくなり，将来世代に負担が生じる。この議論は，建設公債の発行を正当化する根拠にもなっている。

7.12　公債発行と公債の償還とが世代の枠を超えてなされるとき，公債を発行し，それを先送りする現在世代は，償還のための増税という負担を将来世代に転嫁することができる。これが，一般的に受け入れられている考え方である。このような現実的な場合にもなお課税と公債の無差別を主張するのが，バローの中立命題である。

　バローは親の世代が子の効用にも関心を持つことを指摘し，その結果，子の子である孫の世代，さらには孫の子である曾孫の世代の効用にも関心を持つことを示した。これは，結局無限の先の世代のことまで間接的に関心を持つことを意味するから，いくら公債の償還が先送りされても，人々は自らの生涯の間に償還があるときと同じように行動する。遺産を納税準備金として，将来世代に残すことで，公債の中立命題が成立する。

　しかし，バローの主張する遺産動機が現実の遺産動機であるかどうかは，議論がある。親の面倒をみる代償として子どもが遺産や贈与を受け取ると考えると，どれだけ遺産を残すかは，子どもの行動にも依存する。その場合は，子どもと親との駆け引きで遺産の大きさが決まり，中立命題は必ずしも成立しない。

7.13　(c)

7.14　(e)

7.15　(a) と (e)

8　財政政策

8.1　均衡予算乗数は，1である。モデルは，次のように定式化される。
$$Y = C + I + G$$
$$C = a(Y - T)$$

$$T = G$$

ここで，Y：国民所得，C：消費，I：投資，G：政府支出，T：税収，a：消費性向．
これら3式より，

$$Y = a(Y-G) + I + G$$
$$\Delta Y = a(\Delta Y - \Delta G) + \Delta G$$
$$\Delta Y = \Delta G$$

つまり，均衡予算乗数 $\dfrac{\Delta Y}{\Delta G}$ は，常に1となる．

8.2 乗数が2ということは，1兆円の政府支出の増加が，2兆円のGNPの増加をもたらすことを意味する．6兆円GNPを増加させれば，完全雇用水準に到達できるのであるから，それに必要な政府支出増は，$\dfrac{6}{2} = 3$ 兆円である．

8.3 税収が所得の変化に独立な場合の乗数は，

$$\frac{dY}{dG} = \frac{1}{1-b} = \frac{1}{1-0.8} = 5$$

税収が所得税で調達される場合の乗数は，

$$\frac{dY}{dG} = \frac{1}{1-b+bd} = \frac{1}{1-0.8+0.8\times 0.1} = 3.57$$

したがって，ビルト・イン・スタビライザーの減殺効果は，

$$\frac{5-3.57}{5} = 0.29$$

すなわち，約30% 程度である．

8.4 8.3と同様に計算すればよい．税収が所得に依存しない場合の乗数は，

$$\frac{dY}{dG} = \frac{1}{1-0.8} = 5$$

税収が所得税で調達される場合の乗数は，

$$\frac{dY}{dG} = \frac{1}{1-0.8+0.8\times 0.25} = 2.5$$

したがって，減殺効果は，

$$\frac{5-2.5}{5} = 0.5$$

50% である．

8.5 $\dfrac{dY}{dG} = \dfrac{1}{1-0.8+0.8\times 0.2} = 2.8$

8.6 （d）

8.7 $Y = 3,500$, $C = 2,100$, $Y_d = 2,625$, $T = 875$, $G - T = 125$ (の財政赤字)

8.8 (c)

8.9 (b)

8.10 いま,今期の所得のみが増加し,来期の所得は一定としよう。この場合,恒常的な所得は増加するが,今期の所得の増加ほどではない。ところで,今期の所得のみが増加すれば,今期の消費も増加するだろうが,一部は来期のための貯蓄に回るだろう。したがって,今期の所得の増加ほどには,今期の消費は増加しない。これら2つを比較すると,恒常的な所得も,今期の消費も,ともに増加しているが,今期の所得の増加ほどには増加していないという共通点を持っている。その結果,恒常的な所得の増加分と今期の消費の増加分は,ほとんど等しくなり,恒常的な所得からの消費性向は1に近くなる。

8.11 2つのルートで影響する。一つは,民間消費に与える直接の効果であり,家計の消費するものと同じものを政府が支出すれば,政府支出の拡大は家計の消費の減少をもたらす。もう一つの効果は,恒常所得に与える効果である。政府支出の増加が家計にとって有益であれば,その分実質的な家計の所得が増加したのと同じである。前者の効果は,乗数の値を小さくする方向に働き,後者の効果は,乗数の値を大きくするほうに働く。

8.12 マクロモデルは,次のようにかける。

$$Y = C + I + G$$
$$C = a(Y - T)$$
$$G = gY$$
$$T = tY$$
$$Y = \frac{k}{v}$$

ここで,Y:国民所得,C:消費,I:投資,G:政府支出,T:税収,a:限界消費性向,g:政府支出の対GNP比率,t:税率,v:資本係数である。投資の増加による有効需要の増加は,

$$\frac{\Delta Y}{\Delta I} = \frac{1}{1 - a(1-t) - g}$$

投資の増加による生産の増加は,

$$\frac{\Delta Y}{I} = \frac{1}{v}$$

これより,保証成長率 G_w は,

$$G_W = \frac{\Delta I}{I} = \frac{1-a(1-t)-g}{v}$$

これに,問題の数値を代入すると,

$$G_W = \frac{1-0.8(1-0.3)-0.4}{4} = 0.01$$

すなわち,保証成長率は1%となる。

8.13 遅れには,内部ラグと外部ラグの2つの遅れがある。
(1) 内部ラグ:政策発動の必要性を認知し,それに基づいて実際に政策を実施するまでの遅れ。
　(1-A) 認知ラグ:景気判断ための情報収集や情報処理のための時間。
　(1-B) 実施ラグ:政策発動の意思決定までの時間。
(2) 外部ラグ:政策を実施してから,それが効果を表すまでの時間。
　とくに,財政政策においては内部ラグが大きく,金融政策においては外部ラグが大きい。

8.14 サムエルソンが提唱した概念で,ケインズ経済学と新古典派経済学の共存の可能性を模索したものである。ケインズ経済学の強調する不完全雇用状態も,適切なマクロ財政金融政策により,完全雇用状態に移行することが可能であり,そうなれば,その後は完全雇用を前提とした古典派経済学のモデルが適用可能となるという考え方である。新古典派総合は,1960年代の前半にアメリカの経済政策に大きな影響を与えて,理論的にも現実の政策でも主流の考え方となった。しかし,1970年代に入るとともに,マクロ安定政策の限界が表面化してからは,それほど注目されなくなってしまった。

8.15 政権交代の可能性を考慮すると,公債を将来の政府にどれだけ引き渡すかを選択することで,現在の政府は,将来の財政政策にある程度の影響をもたらす。公債発行は,そうした状況では,動学的な不整合性の原因となる。
　たとえばいま,現在政権にある政府が近い将来,より政府支出を過大に評価している政府に政権を明け渡さざるをえないとしよう。現在の政府の財政政策は,その政府が将来政権にある場合よりも,現在の財政政策を積極的に運営し,政府支出を拡大して,財政赤字を拡大させて,そのつけを将来の政府に押し付けるようになる。その結果として,将来の政府は,本来望ましいと判断していた大きな政府に対応した財政政策を,より縮小せざるをえない。

8.16 (c)

8.17 (c)

8.18 どのように家計が反応するか，マクロモデルの考え方で，正解も異なる。標準的なケインズ・モデルを前提とすると，政府支出の増加に回る (b) のケースで，均衡予算乗数が1だから，これが一番消費を刺激する。(a) は増税分だけ，移転支出が増加するから，マクロの民間可処分所得は変化せず，乗数もゼロである。(d) も同じことがいえる。(c) は増税のメリットが今期に生じないので，民間消費は減少する。

しかし，財政状況が悪化しているときに，家計が将来の財政破綻を心配していれば，(c) のケースで将来の財政危機が回避されることで，現在から民間消費が刺激される。これは非ケインズ効果である。この効果が強ければ，(c) が正解となる。

9 地方財政

9.1 排除原則が働く準公共財のうちで，ある特定の地域に便益が限定される公共財は，「地方公共財（あるいはクラブ財）」と呼ばれる。クラブ財とは，スポーツ施設の会員権のように，一定の料金を支払う人のみに限定して入会を認めることができる（排除原則が働く）が，入会してその施設を利用する際には，ある程度混雑現象なしで利用することができる（競合性がない）ものである。ただし，厳密にいえば，地方公共財とクラブ財とはまったく同じではない。地方公共財の場合，その利用に際して排除原則は必ずしも働かない。しかし，その公共財を利用するのには，その地域に居住することが必要になるから，そこからある程度の排除原則が成り立っている。

9.2 中央集権がメリットを持つのは，全国レベルでの選択に関わるケース。たとえば，防衛，外交など地域外への波及効果の大きい全国レベルでの公共サービスを供給する問題を想定しよう。このとき，地方政府の連合体では，協力して政策決定が行われない限り，ある地方政府のそのような支出がほかの地方政府に及ぼす外部性（＝波及効果）が考慮されないために，各地方政府にとってただ乗りの誘因が生じる。全国レベルの公共サービスを地方政府の連合体が適切に供給するのは，困難である。

また，所得再分配政策について，各地方レベルで行おうとすると，所得の高い人が，再分配に熱心で累進税率の高い地方から逃げ出す可能性がある。ほかの地方は，逆に累進税率を下げることで，高所得者を呼び込めば，税収を増加させることができる。住民移動を考慮すると，地方レベルでは有効な再分配政策が実施できない。こうした点からは，中央政府が責任を持つべき分野も大きい。

地方分権がメリットを持つのは，地方公共財を供給する分野で，地方の住民間での異質性が大きい場合である。住民の選好については，中央政府の持つ情報量よりも地方政府の持つ情報量のほうが豊富であろう。ある地方での政府の経済活動に対する住

表解 9.2 中央集権と地方分権のメリット,デメリット

	メリット	デメリット
中央集権	地域外への波及効果の大きい全国レベルでの公共サービスを最適に供給できる。 意思決定の固定費用を節約できる。	公共サービスに対する住民の選好について情報の不完全性が大きいほど,画一的な供給は好ましくない。
地方分権	住民の選好について地方政府のもつ情報量が豊富である。 住民が異なる地方を選択できる。	公共財の地域を越えた波及効果の程度が大きいほど,外部性を内部化できにくい。

民の評価が,別の地方での評価と著しく異なる場合には,中央政府が画一的な行動をすれば,それぞれの地域間でともに,そのような活動に対する不満が生じる。

公共財の地域を越えた波及効果の程度が大きいほど,中央集権のメリットが大きくなり,逆に,公共サービスに対する住民の選好について情報の不完全性が大きいほど,地方分権のメリットが大きくなる(**表解 9.2 参照**)。

9.3 (c)

9.4 (b)

9.5 地方公共団体の予算制度は,地方自治法で統一的に定められており,基本的には国の場合と同様である。予算は,一般会計と特別会計に区別されており,特別会計には,国の法令で設置が義務づけられているものと,各地方公共団体が任意に設置するものとがある。そこで,これとは別に,普通会計と公営事業会計に区分する統一基準により,地方財政が制度化されている。

9.6 地方税の税収を,所得,消費,資産などに分けてそのウェイトをみると,戦後高度成長期にかけて,固定資産税の伸びが相対的に低く,資産課税のウェイトが低下した。1989年に消費税が導入された改革で,料理飲食等消費税が特別地方消費税に移行したことで,消費課税のウェイトが低下した。

9.7 国税と異なる地方税固有の原則として,応益性,地域選択の効率性,普遍性の3つがあげられている。

(1) 応益性:地方公共財は便益がその地方内に限定されるから,費用は受益者であるその地方の住民が負担すべきである。住民税の均等割りの例に代表されるように,多くの住民が負担しあうことで,公共サービスのコスト意識が高くなり,効率的な資源配分が達成される。

(2) 地域選択の効率性:住民が自らの選好にもっとも適した地域を選択することで,

効率的な資源配分が達成される．住民は，公共サービスからの限界効用が税負担の限界費用に等しい地域を選択する．公共サービスの便益が，地域の所得水準や地価に反映されるなら，所得税や固定資産税が望ましい．

(3) 普遍性：どの地方団体にも，課税ベースとなる税源が存在し，一定以上の税収が期待できることも重要である．

9.8 わが国では，国は地方交付税，地方譲与税などによる財源調整を行っている．

(1) 地方交付税：国税である所得税，法人税，および酒税の32％，消費税（譲与分を控除後の消費税収）の24％，たばこ税の25％を地方公共団体へ，その財源不足額に応じて，客観的基準に基づき交付する．

(2) 地方譲与税：消費税や石油関係税などの税収の一部を，国の特別会計を通じて，一定基準に基づき，地方に譲与するもの．

9.9 地方公共サービスの便益は地価に反映されると考えられるから，地価に応じた課税である固定資産税は，受益者負担の原則から望ましい税である．しかし，固定資産税には，2つの問題点もある．一つは，客観的な評価が困難であること，もう一つは，現金が手元にない人にも課税するという問題である．土地は株式と異なり，標準化された土地が市場で売買されているわけではない．土地の市場価格をどのように評価するかが，とくに最近のように地価が大幅に変動している場合には，困難であろう．また，土地を売却して現金が手元にある際に課税するのでないために，税金をどのようにして納めるのかという問題も生じる．これは，原則的には，土地を担保に資金を金融機関から借りて，そのお金で税金を払えばよいということである．しかし，市場が不完全であれば，土地を担保に資金を借りようとしても，高い金利でしか貸してくれないかもしれない．結果として，税金を払いきれないで，その土地を売らざるをえないかもしれない．これは，追い出し税効果と呼ばれるものである．

9.10 (b)

9.11 法定外税は，①国税またはほかの地方税と課税標準を同じくし，かつ，住民の負担が著しく過重となること，②地方団体間における物の流通に重大な障害を与えること，③ ①および②のほか，国の経済施策に照らして適当でないことのいずれかがあると認める場合を除き，総務大臣はこれに同意しなければならないとされている．（地方税法第261条，第671条，第733条）．したがって，上の条件を満たすものであれば，自治体は独自に課税できることになる．

住民税，固定資産税以外の課税の中でも，法定外税は，それぞれの地域の特性に応じて，柔軟に対応できるというメリットを持っている．したがって，課税上の自主権を発揮し，地方住民が受益と負担の関係を身近なものとして理解する上でも，法定外

税は有益な手段である。

9.12 （c）と（g）

9.13 国（所得税）から地方（個人住民税）へ，3兆円規模の税源が移譲されたのに合わせて，個人住民税の税率構造が，一律10％（＝10％比例税率）に変わった。

「0〜200万円の所得」への課税は，適用人員が非常に多い。逆に，「700万円超の所得」への課税は，適用人員が少ない。その結果，「3兆円移譲」が実現する。これに対応して，所得税（国税）を増減させるため，各納税者にとっては，税負担中立である（[現行] 4段階（10％, 20％, 30％, 37％）→ [税源移譲後] 6段階（5％, 10％, 20％, 23％, 33％, 40％））。

10％比例税率化には偏在是正効果がある。また，所得にかかわらず，等しく10％の税を納めることで，地方税の応益原則が強化される。ところで，所得税と個人住民税の人的控除差に基づく負担増を調整するため，個人住民税における減額措置が創設された。住宅ローン減税（2006（平成18）年までに入居した者に限る）による控除額が減少する者について，個人住民税の減額措置も創設された。

10 国際経済

10.1 まず貨幣市場の需給均衡において，$Y=500$ のときの利子率を求める。

$200 = 0.4Y + 100 - 10r$

$Y = 500$

より，r を求めると，$r = 10$。

生産財市場において，$Y=500$, $r=10$ が成立するような G がここでの財政政策である。

$Y = 0.7(Y - 0.2Y) + 40 + 160 - 6r + G + 70 - 0.1Y - 20$

$Y = 500$

$r = 10$

より，G を求めると，$G = 80$。

財政収支は，$T - G$ だから，$0.2Y - 80 = 0.2 \times 500 - 80 = 20$

すなわち，20の財政黒字となる。

10.2 （c）

10.3 資本移動がゼロの場合は，経常収支と貿易収支は一致し，純輸出がゼロになるように，為替レートが決まる。その結果，IS, LM 曲線は，閉鎖経済の場合とまったく同じ形になる。したがって，財政政策の効果は閉鎖経済の場合と同じである。これ

は，変動相場制度の隔離効果と呼ばれている．

10.4 (b)

10.5 (d)

10.6 まず関税のケースでの，輸入量を求める．国際価格が 80 で関税が 20 だから，国内価格は 100 となる．このときの X 財に対する需要と供給を計算すると，

　　　需要量：$450 - 2 \times 100 = 250$

　　　供給量：$3 \times 10 - 100 = 200$

したがって，輸入量は，$250 - 200 = 50$ となる．

輸入制限が 50 であるとき，独占企業の最適行動を考えよう．逆需要関数は，

$$P = -\frac{Q}{2} + 225$$

　　　$Q = q + 50$　　（Q：総供給，q：独占企業の供給）

独占企業の限界収入 MR は，

$$\left(\frac{-(q+50)}{2} + 225\right)q = -0.5q^2 + 200q$$

を q について微分したもので与えられる．

　　　$MR = -q + 200$

これが，限界費用 $MC = \dfrac{q + 100}{3}$ に等しくなければならない．

　　　$q = 125$

よって，

$$P = -\frac{q}{2} + 225 = 137.5$$

10.7 移転価格税制は，国内の企業が国外にある関連企業と取引を行う際に，第三者との通常の取引価格（独立企業間価格）とは異なる価格を用いたことにより，その所得が減少している場合，その取引価格を独立企業間価格に置き直して，課税所得を算定する制度である．

　自国企業の外国にある関連企業が，外国の課税当局によって移転価格の適用を受け，その所得が増額された場合には，それに対応して自国企業の申告所得の減額を行わないと，もとの取引価格と独立企業間価格の差に対応する所得が両国で重複課税され，経済的な国際的二重課税が生じている．両国の税務当局間で独立企業間価格について合意されれば，それに基づき自国の関連企業の所得を減額する調整が行われる．対応的調整である．

10.8 一般にわが国の居住者個人や内国法人が株主となっている外国子会社の所得に

対しては，わが国の課税権は及ばず，わが国の株主に配当がなされた段階でのみ，わが国で課税される。子会社をタックス・ヘイブンに設立して，ここに所得を留保し，親会社への配当を行わなければ，わが国への課税を回避できる。

タックス・ヘイブン税制は，このような租税回避行動に対応して，その本店所在地における税負担がわが国の法人税負担に比べて著しく低い外国子会社の留保所得を，一定の条件のもとで，株式の間接・直接の所有割合に応じてわが国の株主の所得とみなして，課税する制度である。

10.9 (e)

10.10 親会社が外国子会社から受け取る配当を益金不算入とするもの。対象となる外国子会社は，内国法人の持株割合が25％（租税条約により異なる割合が定められている場合は，その割合）以上で，保有期間が6月以上の外国法人。外国子会社から受け取る配当の額の95％相当額を益金不算入（配当の額の5％相当額は，その配当に係る費用として益金に算入）。

従来は外国子会社からの受取配当金を益金に算入する一方で，間接外国税額控除という制度を活用して国際的な二重課税を排除していた。外国子会社からの配当を益金に算入してしまうと，外国での法人税と日本の法人税の二重課税が生じる。そこで，外国子会社が外国で課された法人税のうち，内国法人が受け取った配当に係る部分の金額を，内国法人が負担した法人税とみなして日本の法人税から控除するという間接外国税額控除によってこの二重課税を排除してきた。いわば，外国で負担した外国法人税を日本の法人税の前払いとみなす制度である。

これに対して，外国子会社配当益金不算入制度では，外国子会社からの配当に日本の法人税を課さないことによって，二重課税を排除しようというもの。つまり，従来は外国子会社配当について日本の法人税率で法人税が課されていたものが，外国子会社配当益金不算入制度では，外国の法人税率による課税で完結するという変更があった。

10.11 (e)

10.12 (b) と (d)

索　引

あ　行

赤字公債　28
赤字国債　137
足による投票　183, 184
アダム・スミス（Adam Smith）
　　4, 6, 117, 232
あるべき税制　118
安全網　33
安定化機能　2

育英事業費　73
依存財源　190
一時的拡大　168
一括固定税　83, 86, 87, 89
一般会計　234
一般会計予算　16, 70
一般財源　190
一般消費税　103
　　──の経済的な効果　103
一般政府　2
移転価格税制　214, 217, 264
イベントの経済効果　206
医療保険　60

ウィークエスト・リンク　237

追い出し税効果　262
応益原則　183, 186, 200
応益性　261
応能原則　186
大きな政府　6, 7

か　行

会計検査院　26
会計年度　15
会計年度独立の原則　20
外形標準課税　194
外国債　135
外国税額控除制度　216

概算要求　27
概算要求基準　27
外部性　39
外部ラグ　259
開放経済での IS–LM 分析　207
格差是正の経済政策　106
攪乱税　83
課税　83
　　──の分類　83
課税競争　185
課税原則　117
課税最低限の設定　109
課税自主権　199
環境税　225
関税のコスト　215
間接外国税額控除制度　216
間接税　83, 244
完全雇用財政赤字　175
簡素　254
簡素な税制　124
管理特別会計　16

機会の均等と結果の格差　2
企業課税　99, 100
　　──の古典的見解　99
　　──の根拠　99
基礎的財政収支　146
基礎的財政収支対象経費　146
帰着　101, 248
機能性　18
義務教育国庫負担金　73
義務的経費　27
逆進税　83, 126
逆弾力性の命題　102
給付付き税額控除所得税　130
給与比較のラスパイレス指数
　　190
教育振興助成費　73
教育の経済的意味　73

狭義の公債管理政策　143, 149
行政の原則　18
居住地主義　214
均一課税の命題　102
均衡予算乗数　158, 164
均等割　193
近隣窮乏化政策　211

食い逃げ効果　194, 203
クッション政策　175
国と地方の役割分担　197
　　歳出面　197
　　歳入面　197
クラーク＝グローブス・メカニ
　　ズム　39
クラウディング・アウト　143
クラウディング・アウト効果
　　144, 164
クラブ財　260
繰越明許費　15
繰延債　135
グローバル経済での財政運営
　　221
クロヨン　123

計画機能　233
計画策定，実施計画，予算編成
　　制度　19
計画性　18
計画別予算　19
経済活動の安定化　55
経済協力費　69, 70
　　財源　69
経済金融危機　33
経済政策　175
経済性質別分類　241
経済成長　170
経済成長モデル　171
経済的原則　18

索　引　　　267

経常財源　190
継続費　15
ケインズ（Keynes, J. M.）　6, 7, 11, 12, 157, 163, 180, 181, 232, 233, 259
ケインズ政策　54
ケインズ的な財政政策　180
ケインズ・モデル　157, 163
決算　234
限界税率　86, 89
減税乗数　158
建設公債　28
建設国債　137, 254
源泉地主義　214
限定性　18

小泉改革　34
公開性　18
広義の公債管理政策　143
公共経済学　10
公共財　39～41, 47
　──の概念　39
　──の最適供給　42
　──の中立命題　48
　──の特徴　39
　──の問題点　39
公共事業　77
公共事業関係費　77
　──の配分　78
公共支出　190
公共選択の理論　6
公共投資　77, 79, 243
　──の財源調達　80
公共投資関係費　27
公共部門　2
公債　28, 135
　──の大きさを示す指標　137
　──の種類　135
　──の中立命題　153, 168
　──の発行　135
公債依存度　137
公債管理政策　143
公債残高　138, 145
公債残高対 GDP 比　137
公債発行　255

──の現状　137
──の推移　137, 140
──のタイミング　137
──の歯止め　137
──の問題点　143
公債費　137
公示機能　233
公助　174
恒常可処分所得　167
恒常的拡大　168
恒常的政府支出　167
厚生経済学の基本定理　1
公的企業　2
公的教育の根拠　73, 74
公的固定資本形成　77
高等学校の実質無償化　76
後年度負担　67
交付国債　156
公平　254
公平性　18
公務員人件費　58
効率性　18, 87, 118
効率性と公平性のトレード・オフ　93, 103, 105
国際課税　214, 218
国際公共財　222
国際貢献　67
国際的リスクへの対応　223
国債と地方債の違い　194
国債の償還期限　137
国債発行の新しい手法　156
国際平和維持活動　67
国税　84
国立大学法人運営費交付金　73
国庫　235
国庫金　235
国庫債務負担行為　15
固定資産税　194
固定相場　207
固定相場制度　209
　──における財政政策の効果　209
古典派　6
コブ＝ダグラス型の効用関数　88, 94
個別消費税　104

──の帰着　102
──の転嫁　102
コレット＝ヘイグの命題　103

さ　行

財政赤字　175, 176
財政学　11
　──の課題　2
　──の発展　10
財政（の）硬直化　139, 143
財政再建　34
財政出動　34
財政状況の国会，国民に対する報告　19
財政政策　157, 178, 207, 211
　──の効果　211
　──の効果の分析　207
財政投融資　32, 33
財政投融資制度　31
財政の機能　1
財政破綻　146
財政への信認低下による世界経済への影響　221
財政法　137
財政融資　32
財政融資資金　32
最適課税問題　102
最適課税論　118, 252, 253
財投債　32
歳入債　135
歳入歳出予算　15
財の輸出入とマクロ経済　207
財務原案　27
財務省　25, 27
裁量的経費　27
サエズ（Saez, E.）　244
先送りの経済学　14
サプライサイド経済学　10, 12
サプライサイドの重要性　168
サムエルソン（Samuelson, P.）　42, 237, 259
サムエルソンの公式　44
サムエルソンの条件　44, 237
サムエルソンのルール　42, 43, 45, 237
産業投資　32

268　　　　　　　　　索　引

サンクコスト　228
暫定予算　234
三位一体改革　199

シーリング　27
志願制　242
事業税　193
事業特別会計　16
事業の実施主体　78
資源配分機能　55
資源配分上の機能　1
資源配分の効率性　4
資産課税　95
資産効果　145
自主財源　190
支出税　118, 252
市場の失敗　1
事前議決の原則　19
自然災害　174
失業対策　61
実施ラグ　259
自動安定化　2
使途別分類　241
シビル・ミニマム　183
資本移動　209, 211, 212
　──が完全な場合　211
資本コスト　99
資本所得税　94
資本蓄積への効果　62
資本利得課税　95
シャウプ（Shoup, C. S.）　109, 119
シャウプ勧告　109
社会的な価値判断　90
社会福祉　60
社会保険　60
社会保障改革　64
社会保障関係費　60, 241
社会保障の経済(的)効果　62
社会保障費　60
従価税　102
衆議院の予算先議権　25
囚人のディレンマ　225
自由貿易への対応　222
住民税　193
従量税　102

受益者負担　183, 200
受益者負担の原則　186
主計局　25
主税局　27
主要経費別分類　241
準公共財　39
純粋公共財　39
少子化対策　66
乗数　157
消費税　84, 101, 125, 252
消費における非競合性　39
剰余金繰入れ　255
将来世代に対する負担　143, 151
所管別分類　241
所得格差　170
　──の程度　90
所得効果　84, 87
所得再分配機能　2, 55
所得税　84, 109, 252
　──の仕組み　113
　──の特徴　109
所得割　193
神経経済学　14
新古典派（成長）モデル　171, 172
新古典派のマクロモデル　167, 169
新古典派モデル　167
伸縮性　18
人的資本効果　95
垂直的公平　118, 251
水平的公平　118, 251
　──の原則　115
スタグフレーション　180

生活保護　60
政権交代の可能性　54
政策協調　211
政治経済学　10
性質別分類　190
政治的な景気循環の理論　179
税支払いのタイミング効果　103
税収可能曲線　91

税制　107
税制改革　107, 117, 119, 126, 129
　──の評価　119
税と社会保障の一体改革　35
政府開発援助　69
政府関係機関予算　234
政府支出　55
　──の大きさ　55
政府支出拡大の効果　168
政府消費　58
政府に対する見方　6
政府の失敗　8
政府保証　32
整理特別会計　16
セーフティ・ネット　33, 58, 62
世代会計　175, 176
世代間負担　129
ゼロベース予算　19
線形の所得税体系　86
総計予算の原則　19
総合課税の原則　109
総合課税の問題点　115
総固定資本形成対GDP比　78
相続税　127
租税収入の構成　108
租税の分類　110
租税負担率　107
ソフトな予算制約　185, 224

た　行

代替効果　84, 87
ダイヤモンド（Diamond, P.）　244
対GDP比1％枠の原則　67
ただ乗り　238
　──の問題　39, 41, 237
タックス・ヘイブン税制　214, 265
短期公債　135
　──の種類　137
短期国債　137
地域選択の効率性　192, 261

索　引

小さな政府　6, 7
地価　97
地球温暖化対策税　226
地代　97
地方公共財　183
地方交付税　262
地方交付税制度　196
地方債　194, 201, 203
　　――の協議制度　202
　　――の事前協議制度　194
地方財政　188
　　――の改革　197
　　――の現状　190
　　――の財源　190
地方支出の原則　183
地方譲与税　262
地方税　84, 192
　　――のあるべき理念　200
　　――の現状　193
地方分権　185, 188, 260
中位投票者　49
中央集権　260
中期国債　137
中期的な予算管理　29
中立　254
中立性　118
超過負担　85, 88
　　――の公式　85
長期公債　135
長期国債　137
超長期国債　137, 254
徴兵制　242
直接税　83, 244
直間比率　119

通貨統合の制約　224

ティブー（Tiebout, C. M.）　184
定率繰入れ　255
転嫁　101, 248
天然資源の経済効果　228
電力供給の課題　82

統一性　18
動学的不整合性　175

投資　100
統制機能　233
党派的景気循環論　36
トーゴーサン　123
特定財源　190
特別会計　234
　　――の改革　17
特別会計予算　16
独立税主義　192
特例公債　28
特例国債　137
閉じこめ効果　95, 247

な　行

内国債　135
内生的成長モデル　171, 173
内部ラグ　259
ナショナル・ミニマム　200
ナッシュ（Nash, J. F.）　47
ナッシュ均衡　47, 48, 50～52, 239
「何でもあり政策」　34
南北問題　225

二重課税の調整　214, 216
日本の財政運営　34
ニューロエコノミクス　14
認知ラグ　259

年金改正　63
年金課税の考え方　133
年金保険　60
年度性　18

納税者番号制度　253
ノードハウス（Nordhaus, W.）　179
ノン・アフェクタシオン　18

は　行

ハーバーガー（Harberger, A.）　99
ハーバーガー・モデル　99
排除不可能性　39
パフォーマンス予算　19
パレート（Pareto, V. F. D.）　1

パレート最適　1, 42, 50, 52
バロー（Barro, R. J.）　151, 256
バローの中立命題　151, 256
ハロッド＝ドーマー・モデル　171

東日本大震災復興特別会計　24
非ケインズ効果　260
非市場国債　255
非線形の所得税体系　86
ヒックス（Hicks, J. R.）　118
費用・便益分析　78, 79
ビルト・イン・スタビライザー　2, 158, 160
比例税　86, 89
貧困の罠　130

フィリップス曲線　180, 181
フェルドシュタイン（Feldstein, M. S.）　10, 12
付加価値税　103
　　――の経済的な効果　103
ブキャナン（Buchanan, J. M.）　6, 233
復活折衝　27
復興国債　156
負の所得税　245
普遍性　262
普遍性の原則　192
プライマリー・バランス　146
文教科学振興関係費　72
文教施設費　73
文教費　72
分権化定理　185
分離課税への動き　109

平均税率　86, 89
ペイゴー原則　29
ベスト・ショット　237
変動相場　211
変動相場制度　212
　　――における財政政策の効果　212
　　――の隔離効果　264
防衛関係費の内訳　67

3分類　67
防衛計画の大綱　68
防衛費　67, 68
　——の便益の評価　67
包括的所得税　118
法人擬制説　99, 246
法人実在説　99, 246
法人住民税　193
法人税　84, 246, 248
ボーエン（Bowen, H. R.）　49, 151
保険衛生対策費　61
保険特別会計　16
保険料水準固定方式　63
補正予算　234
本予算　234

ま　行

マーリーズ（Mirrlees, J. A.）　244
埋没費用　228
マクロ経済学　11
マクロ経済スライド　63
マクロの IS バランス　211
マクロ・バランス　178
マスグレイブ（Musgrave, R. A.）　118, 232
ミル（Mill, J. S.）　232
目的性　18
目的別分類　190, 241
モディリアニ（Modigliani, F.）　151, 256
モラル・ハザード　62, 224

や　行

夜警国家　4, 232

融資特別会計　16
融通債　135
輸入制限のコスト　215
予算　15, 25, 233, 234
　——の形式　15
　——の決算　26
　——の仕組み　15
　——の執行　26
　——の審議　25
　——の編成　25
予算案の決定　25
予算繰入れ　255
予算原則　18, 19
予算制度　19
　——の特色　28
予算総則　15
予算編成過程　25, 27

ら　行

ラーナー（Lerner, A. P.）　151
ラグランジュ乗数法　96
ラッファー曲線　91
ラムゼイ（Ramsey, F. P.）　102
ラムゼイ・ルール　102, 105
リカード（Ricardo, D.）　151
リカードの中立命題　151
利子所得課税　94
利子所得税　95
　——の効果　94
利子所得税率　96
利付国債　137
利払費　138
領土問題の経済学　229
臨時財源　190
リンダール（Lindahl, E. R.）　48
リンダール均衡　48, 51, 238

リンダール反応関数　49
累進課税の原則　109
累進所得税の最適な限界税率　90
累進税　83, 86, 89
累進的な税制　85
ルールか裁量か　175
労働供給の弾力性　90
労働供給への効果　62
労働所得税　84, 88, 92, 95, 103
　——の影響　84

わ　行

ワグナー（Wagner, A. H. G.）　117
ワグナー（Wagner, R.）　232
割引国債　137

欧　字

BRICS　228
EITC　130
FED　175
GDP　55
GIIPS 諸国　221
IS 曲線　163
IS-LM 分析　163, 164
LM 曲線　163
ODA　69
PAYGO　29
PB　146
PKO　67
PPBS　19

著者紹介

井堀 利宏（いほり　としひろ）

1952 年　岡山県に生まれる
1974 年　東京大学経済学部卒業
1980 年　ジョンズ・ホプキンス大学 Ph.D.
現　在　東京大学大学院経済学研究科教授

主要著書

『現代日本財政論』（東洋経済新報社，1984）
『ストックの経済学』（有斐閣，1993）
『日本の財政改革』（ちくま新書，1997）
『経済学演習』（新世社，1999）
『マクロ経済学演習』（新世社，2000）
『ミクロ経済学演習』（新世社，2001）
『経済政策』（新世社，2003）
『入門ミクロ経済学　第 2 版』（新世社，2004）
『入門経済学　第 2 版』（新世社，2007）
『財政　第 3 版』（岩波書店，2008）
『コンパクト経済学』（新世社，2009）
『入門マクロ経済学　第 3 版』（新世社，2011）
『財政学　第 4 版』（新世社，2013）

演習新経済学ライブラリ＝3
演習財政学　第2版

1995 年 3 月 25 日 ⓒ	初 版 発 行
2000 年 9 月 25 日	初版第 6 刷発行
2013 年 4 月 10 日 ⓒ	第 2 版 発 行

著　者　井　堀　利　宏　　　発行者　木　下　敏　孝
　　　　　　　　　　　　　　印刷者　加　藤　純　男
　　　　　　　　　　　　　　製本者　米　良　孝　司

【発行】　　　　　　　　株式会社　新世社
〒151-0051　東京都渋谷区千駄ヶ谷 1 丁目 3 番 25 号
☎(03)5474-8818(代)　　　サイエンスビル

【発売】　　　　　　　　株式会社　サイエンス社
〒151-0051　東京都渋谷区千駄ヶ谷 1 丁目 3 番 25 号
営業☎(03)5474-8500(代)　　振替 00170-7-2387
FAX☎(03)5474-8900

印刷　加藤文明社　　　　製本　ブックアート
《検印省略》
本書の内容を無断で複写複製することは，著作者および出
版者の権利を侵害することがありますので，その場合には
あらかじめ小社あて許諾をお求めください。

ISBN 978-4-88384-191-2
PRINTED IN JAPAN

サイエンス社・新世社のホームページのご案内
http://www.saiensu.co.jp
ご意見・ご要望は
shin@saiensu.co.jp まで．